A influência da Lua na nossa vida diária

Sasha Fenton

A influência da Lua na nossa vida diária

Signos lunares

Tradução: Carmen Youssef

EDITORA PENSAMENTO
São Paulo

Título original:
"Moon signs"

Composição: Círculo do Livro

Edição	Ano
2-3-4-5-6-7-8-9-10	96-97

EDITORA PENSAMENTO LTDA.
Rua Dr. Mário Vicente, 374 - 04270 - São Paulo, SP - Fone: 272-1399

Impresso em nossas oficinas gráficas.

Índice

Índice

Dedicatória

Este livro é dedicado a "Merlin", conhecido também como Brian Mountford, que existe por um ato de magia.

Agradecimentos

A Tony Fenton, pelo apoio e pela ajuda concreta.
A Helen Fenton, por algumas das ilustrações.
A Stuart Fenton, que sabe mais ortografia que eu.
A Malcolm Wright, pelas ilustrações, principalmente dos signos do Zodíaco.
A Linda Tulley, pelo processamento do texto.
A Jason Russell, por alguns dos diagramas.
A Douglas Ashby, pela grande contribuição sobre magia, por muitas informações astrológicas e pela constante ajuda e gentileza.
A Nina Ashby, pela assistência astrológica e por permitir o uso irrestrito de sua biblioteca.
A Sam e Frances Wasman, David Dunn e Joan Jackson, pelas informações sobre jardinagem, mitologia e cabala.
A Denise Russell, pelas informações astrológicas, por permitir o uso irrestrito de sua biblioteca e por me ajudar a manter a cabeça no lugar.
A Simon Franklin, mais ou menos por tudo.
A Robert Curry, pelas informações astrológicas e por permitir o uso irrestrito de seu computador.
A David Baker, pela assistência e pelas recomendações sobre os diagramas.
A Robin Lown, pelas críticas, por me exasperar e fazer-me sempre voltar atrás para *melhorar*.

A Lua clara passeia lá em cima
Ó amada, vem, vem mais perto;
Até os homens solitários, em solitários caminhos,
Desce num sonho de bruma prateada.
Perséfone, Perséfone,
Tudo, no fim, irá para ti.

Aspectos do ocultismo
Dion Fortune

Introdução

O que é um mapa natal?

O signo do Zodíaco sob o qual você nasceu é chamado seu signo do Sol. A maioria das pessoas sabe qual é o seu signo do Sol e provavelmente tem alguma idéia das características abrangidas por esse signo. Quando um astrólogo levanta um mapa natal leva em conta muito mais do que o Sol isoladamente. Por exemplo, ele examina a casa[1] em que estão colocados o Sol e a Lua e também examina os dez planetas do nosso sistema solar em termos de casa e de signo. Examina o Ascendente, o Meio-do-Céu, os nodos da Lua e os aspectos (ângulos geométricos) formados por todos esses fatores entre si. Dependendo de sua abordagem ele pode examinar o *immum-coeli*, o Descendente, os pontos médios, as partes arábicas, as estrelas fixas, as vibrações harmônicas, os vértices e tudo mais em que possa pensar.

Tudo isso o fará mergulhar na personalidade do nativo, mas não na passagem do tempo, configurada nos acontecimentos diários, mensais e anuais de sua vida. Para isso ele precisará examinar as progressões um-dia-por-um-ano (também chamadas direções secundárias), os trânsitos e as fases da Lua. Mas, por favor, não deixe que isso tudo o desanime — não é necessário examinar *todos* esses efeitos; muitas vezes é possível obter informação suficiente com uma astrologia mais simples. De qualquer forma, pense nisso — se *eu* consigo, você também consegue dominar o assunto.

Neste livro vamos limitar-nos a um estudo em profundidade da Lua e de seus efeitos sobre a natureza de todos nós.

Alguns antecedentes do pensamento astrológico

O estudo do Sol, da Lua, e dos planetas visíveis teve papel de peso nas primeiras tentativas do homem de compreender a si mesmo e ao seu ambiente. Essa observação do céu provavelmente surgiu da necessidade de se fixar um calendário e de se entender a passagem do tempo. Quando o homem percebeu que as plantações e os animais

---

[1] *Ver o Capítulo 8, sobre casas astrológicas.*

à sua volta cresciam e prosperavam sob diferentes circunstâncias celestes, ele também começou a notar as diferenças de personalidade encontradas nas pessoas nascidas com os planetas em determinadas posições. Os primeiros horóscopos foram feitos pelos sacerdotes caldeus e se destinavam unicamente aos reis, príncipes e líderes militares poderosos; os primeiros mapas natais de gente comum foram feitos pelos antigos gregos.

A popularidade da astrologia cresceu e diminuiu ao longo dos séculos; ela se confundiu com magia e misticismo, depois foi ridicularizada e completamente rejeitada na era da razão, para reviver, no nosso século, como um valioso auxiliar do estudo da psicologia.

As camadas da sua personalidade

Ao que parece, a maioria de nós tem uma personalidade formada mais ou menos como uma cebola. Temos um atraente revestimento externo que pode ser completamente diferente, quanto à cor e à textura, do que quer que esteja lá dentro. À medida que retiramos uma a uma essas camadas, iniciamos uma jornada interior até atingirmos o tenro núcleo da personalidade da cebola — estas são as camadas regidas pela Lua, e portanto associadas às mais íntimas necessidades da personalidade. O posicionamento da Lua revela nossos sentimentos interiores e anseios íntimos. Mostra-nos como reagimos às situações em que os outros nos colocam e como nos comportamos quando nossas paixões são despertadas. Essa personalidade subjacente se manifesta com mais facilidade quando estamos cansados, doentes ou esgotados. A posição da Lua mostra nossa capacidade de adaptação, nossos processos corporais, o estado de espírito, as obsessões e nossas necessidades mais profundas. O signo da Lua de uma pessoa pode ser o mesmo do Sol ou um outro completamente diferente.

Há uma boa probabilidade de que a primeira impressão que damos aos outros seja a mostrada pelo Ascendente[1]. Falo em probabilidade porque em astrologia nada é branco-e-preto. A maioria das pessoas é exteriormente como seu Ascendente; algumas projetam um signo solar forte, e ainda outras têm mapas natais dominados pelo fato de haver muitos planetas colocados num determinado signo. Simplificando ao máximo podemos esperar que o Ascendente seja o aspecto que mostramos ao mundo, o Sol represente a personalidade básica do dia-a-dia, os planetas mostrem as variações do tema, o Meio-do-Céu mostre as aspirações e objetivos mundanos, e a Lua indique o aspecto mais profundo e mais oculto. Dessa forma uma pessoa que tenha por exemplo o Ascendente em Leão, o Sol em Touro e a Lua em Gêmeos será mais ou menos assim:

Ascendente Leão: Comportamento mais visível: majestoso, postura aparentemente responsável e organizada, amor pelas crianças.

Sol em Touro: Natureza prática e afável, teimoso, amante do lar, porém metódico.

[1] *Ascendente: ponto inicial do mapa natal; representa o local, na superfície da Terra, onde, no dia do nascimento, ocorreu o nascer do dia.*

Lua em Gêmeos: A personalidade subjacente precisa de liberdade, de mudanças de cenário e de pessoas novas na vida; não sabe lidar com os problemas emocionais dos outros; altamente ambicioso.

Aqui está outra configuração:

Ascendente Peixes: Comportamento mais aparente: suave, meigo, carinhoso e confuso. Parece que precisa ser pajeado.

Sol em Libra: Sério, sociável, amistoso, atraente, *sexy*.

Lua em Capricórnio: Por dentro é muito ambicioso, bom com os pais, tímido, esconde muito bem seus verdadeiros sentimentos.

Alguns astrólogos acreditam que a posição da Lua no mapa natal de um homem influencie a escolha de sua esposa, mas pessoalmente não tenho tanta certeza; depende do que o homem espera de sua mulher. Um homem que deseja uma mulher que compreenda as suas ambições em relação à carreira pode escolher alguém cujo Sol esteja no mesmo signo do seu Meio-do-Céu; um homem que deseja uma mulher com uma determinada aparência pode procurar alguém que agrade o seu planeta Vênus, mas tudo isso é complicado e foge um pouco ao assunto. Por enquanto vamos simplesmente ficar com a Lua e seu posicionamento.

Em primeiro lugar, para descobrir a posição da sua Lua veja as instruções e as tabelas no Apêndice 1.

Capítulo 1

Dados sobre a Lua

Dados Astronômicos

A distância média entre a superfície da Terra e a da Lua é de 376 284 quilômetros, ou cerca de 250 000 milhas. A Lua leva 27,32 dias para dar a volta em torno da Terra, e também leva 27,32 dias para fazer a rotação em torno de seu eixo — portanto ela tem sempre a mesma "face" voltada para a Terra. Seu diâmetro é de 3475,6 quilômetros, e sua temperatura vai de 101° Celsius positivos a 153° Celsius negativos. O interior da Lua ainda é tão quente que se compõe de rochas derretidas; há cerca de 3 000 lunemotos por ano. A superfície da Lua é mais cheia, e também mais quente, no lado que fica voltado para a Terra.

Tanto a Lua como a Terra se formaram quando o sistema solar começou a existir. A Lua foi atraída pelo campo gravitacional da Terra, formando um sistema planetário duplo ou binário. Os planetas duplos giram um em torno do outro mais ou menos como as crianças que se alternam pulando corda; nesse caso, devido ao tamanho relativo da Lua e da Terra, é a Lua que faz a maior parte do movimento (mas não todo ele). O primeiro pouso na Lua ocorreu às 2h56 GMT do dia 20 de julho de 1969, com Armstrong, Aldrin e Collins, na Apolo 11.

A Lua tem cerca de um quarto do tamanho da Terra e uma superfície mais ou menos equivalente à da Ásia; contudo, suas montanhas alcançam a altura de 8 000 metros, maiores que todas as da Terra.

Como não há atmosfera na Lua os meteoritos caem sobre ela sem haver combustão pela fricção durante a descida.

Eclipses

Os eclipses da Lua ocorrem quando a Terra fica entre ela e o Sol, e somente quando a Lua está cheia. Há aproximadamente de três a quatro eclipses por ano, a maioria parcial. Os eclipses totais duram alguns minutos, mas um eclipse parcial pode durar cerca de uma hora.

Marés

Há duas marés altas por dia; as áreas de maré alta na Terra acompanham a Lua. Na época da Lua nova e da Lua cheia, quando o Sol, a Terra e a Lua estão alinhados, as marés são mais altas.

Fases da Lua

A Lua não irradia luz própria, mas apenas reflete a luz do Sol. As fases da Lua dependem de sua posição entre a Terra e o Sol.

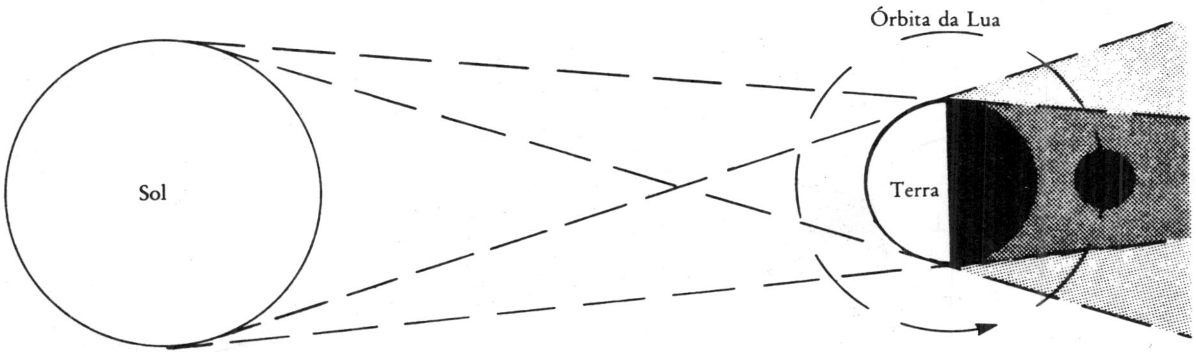

Fig. 1.1

ECLIPSE DA LUA

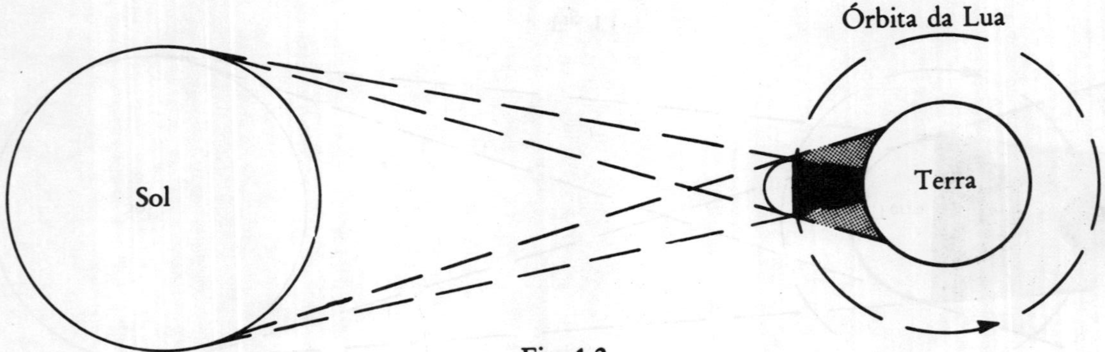

Fig. 1.2

ECLIPSE DO SOL

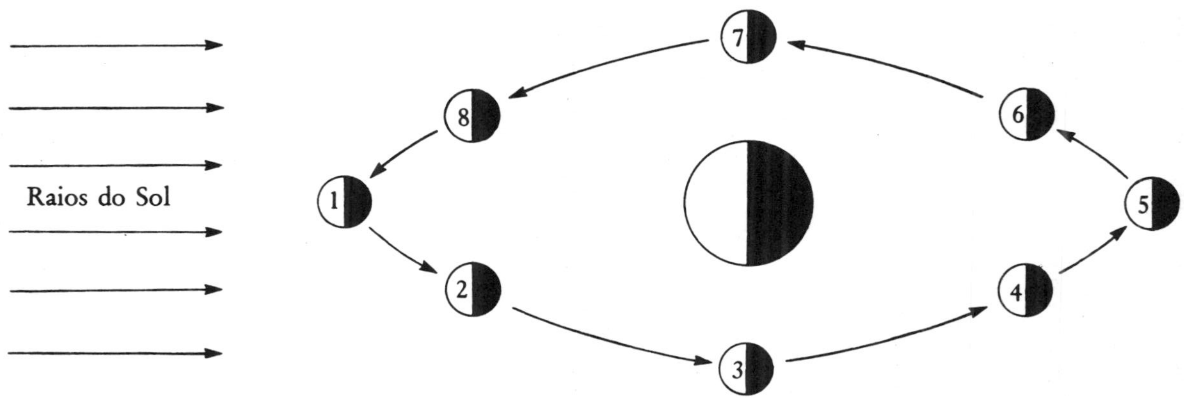

Fig. 1.3 ÓRBITA LUNAR

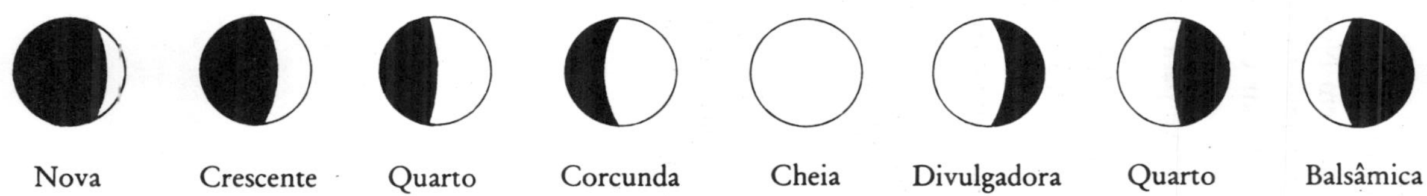

Fig. 1.4
FASES DA LUA

Ajustes da Tabela de Signos da Lua

As tabelas deste livro mostram a hora em que a Lua entra num novo signo, *em Greenwich*. Se você nasceu em qualquer lugar da Grã-Bretanha, a hora mencionada neste livro se aplica a seu caso. Quem nasceu na Europa provavelmente não precisará fazer ajustes; porém se você nasceu num local mais afastado, por exemplo nos Estados Unidos ou na Índia, precisará transformar a hora do seu nascimento em hora GMT.

Se você nasceu em Nova York, por exemplo, precisará acrescentar cinco horas à hora do seu nascimento, para transformá-la em GMT; caso tenha nascido em Calcutá precisará subtrair cinco horas.

A lista abaixo serve para quem nasceu nos EUA.

GMT (usada neste livro todo) Longitude 0°	
Hora padrão do leste: 75° oeste	acrescente 5 horas
Hora padrão do centro: 90° oeste	acrescente 6 horas
Hora padrão da montanha: 105° oeste	acrescente 7 horas
Hora padrão do Pacífico: 120° oeste	acrescente 7 horas
Hora padrão de Yukon: 135° oeste	acrescente 9 horas
Hora padrão de Alasca/Havaí: 150° oeste	acrescente 10 horas
Hora de Bering: 165° oeste	acrescente 11 horas

O mapa de fusos horários serve para quem nasceu na maioria dos outros lugares; mas não deixe de verificar se estava em vigor o horário de verão quando você nasceu. Nesse caso subtraia uma hora.

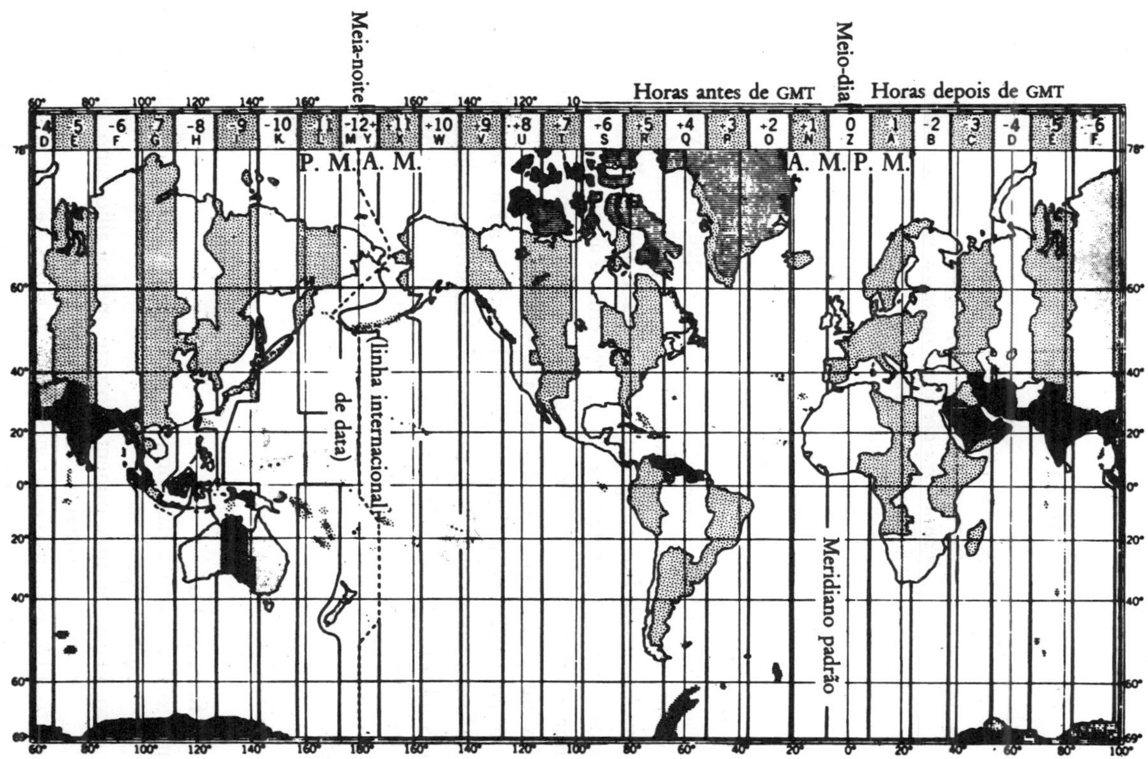

Fig. 1.5 FUSOS HORÁRIOS DO MUNDO

Capítulo 2

Tradição popular sobre a Lua

Cultivo pela Lua

Se você cobre de flores a terra prenhe,
Marque bem a Lua propícia ao seu nascimento
Pois a terra obedece à silenciosa rainha da noite
E aguarda o seu curso, que veste de raios prateados
A eterna ronda do tempo e guia as estações.

de The English gardener
(O jardineiro inglês)
(Século XVII)

Se você quiser tirar o maior proveito da posição da Lua no seu jardim é preciso levar em conta tanto as fases da Lua quanto os signos que ela atravessa. Quando a Lua está passando de nova a cheia é chamada Lua crescente; quando está passando de cheia a nova é chamada Lua minguante. Considera-se que é melhor semear plantas que dão frutos acima da terra durante a Lua crescente, e as que dão frutos embaixo da terra, durante a minguante. Entretanto, é muito melhor semear as que atravessam o inverno (as bienais e as perenes) durante a crescente.

É bem sabido, naturalmente, que em geral chove após a Lua nova ou cheia, mas recentemente foram feitos estudos sobre o efeito da Lua sobre as colheitas e os animais.

Alguns estudos mostraram que as batatas criadas em condições de laboratório a um nível constante de calor e luz continuam reagindo aos ritmos lunares. Um cientista chamado Frank A. Brown levou algumas ostras da costa americana do Atlântico para aquários artificiais no interior de Illinois. Depois de duas semanas as ostras adaptaram seus períodos de abertura e fechamento, de acordo com as marés do Atlântico, para a época das supostas "marés" de Illinois.

Plantio pelas fases da Lua

Primeiro quarto: Plantas folhudas como repolho, aipo, escarola, espinafre e alface; também pepino.

Segundo quarto: Feijão, ervilha, pimenta, tomate, melão, alho, feno, cereais e grãos tanto no primeiro como no segundo quarto.

Terceiro quarto: Plantas bienais e perenes; também raízes, cebola, trigo do inverno, árvores e arbustos.

Último quarto: Não plante nada — em vez disso arranque as ervas daninhas.

Plantio pelos signos do Zodíaco

Áries: As sementes germinam e também se estragam rapidamente, mas podem ser usadas para se obter uma safra precoce.

Touro:	Propício para a maioria das plantas, principalmente para o crescimento de raízes, para o transplante e para muitas flores.
Gêmeos:	Não é particularmente bom, exceto para plantas que crescem em ambientes úmidos, como o aipo.
Câncer:	Época muito produtiva para plantar; promove o crescimento dos talos das folhas. As vinhas produzem plantas robustas, capazes de sobreviver ao mau tempo.
Leão:	Não é uma época produtiva para plantar nem para transplantar.
Virgem:	O plantio nessa época resulta em plantas duras, lenhosas, sem utilidade.
Libra:	Época fértil para plantar, mas pode haver muita floração e poucas sementes.
Escorpião:	Boa época para transplantar e podar; boa também para plantas que precisam sobreviver ao inverno.
Sagitário:	Plante árvores frutíferas, feno e cebola; com exceção a isso não é uma época boa para plantar.
Capricórnio:	Boa época para enxertar e podar árvores, e também para plantar árvores e arbustos ornamentais.
Aquário:	Só cebolas e pinheiros devem ser plantados nessa época.
Peixes:	Acredita-se que essa seja uma boa época para plantar tudo, exceto batatas, que só darão brotos.

Mais algumas sugestões sobre o cultivo pela Lua

Comece a fazer um composto orgânico quando a Lua estiver no último quarto, principalmente em Escorpião.

Cultive e are o solo quando a Lua estiver no último quarto, em Áries, Gêmeos, Leão, Virgem ou Aquário.

Seque a colheita no terceiro quarto de um signo de Fogo.

Fertilize quando a Lua estiver em Câncer, Escorpião ou Peixes; Touro e Capricórnio também servem, mas não são tão bons. Se usar um fertilizante orgânico, escolha a Lua minguante.

Enxerte em Capricórnio, Câncer ou Escorpião, na Lua crescente.

Colha durante o terceiro e o último quartos de Áries, Leão, Sagitário, Gêmeos ou Aquário. Colha as raízes que você quer que produzam brotos, na Lua cheia, e logo depois dela, num signo de Ar ou Fogo, os grãos destinados ao armazenamento. Colha durante a Lua minguante num signo de Ar ou Fogo.

Irrigue quando a Lua estiver em Câncer, Escorpião ou Peixes.

Para fazer a grama crescer mais, corte-a no primeiro ou segundo quartos; e no terceiro ou último quartos, se quiser limitar seu crescimento.

Colha cogumelos durante a Lua cheia.

Pode durante a Lua minguante.

Pulverize, arranque ervas daninhas e elimine as pragas durante o último quarto, num signo de Fogo.

Plante batatas durante a "escuridão da Lua" (isto é, Lua nova). Encontrei um conselho para plantá-las na sexta-feira santa, quando os santos poderes estão com força máxima! As ervilhas devem ser plantadas na "luz da Lua" (Lua cheia).
(Meu marido fez a experiência, este ano, de cortar a grama conforme essas antigas instruções, para limitar seu crescimento. A grama cresceu como nunca, e minha reputação ficou na lama o verão inteiro!)

Capítulo 3

A deusa da Lua

As mil faces da deusa da Lua

Na mitologia e em muitas religiões a Lua representa a força feminina que reflete a força masculina do Sol. Em hebraico ela é conhecida como Levanah; na mitologia romana é Diana e na tradição grega é Perséfone e também Afrodite. Na tradição egípcia ela é Ísis, a parte feminina da poderosa trindade de Osíris, Ísis e Hórus.

Para os que seguem as antigas tradições de bruxaria ela é Brid, deusa-virgem da Lua crescente, Diana, deusa-mãe da Lua cheia, e Morrigan, deusa-velha da Lua minguante. Os versos que se seguem foram extraídos de um ritual associado à deusa da Lua:

"Contemple a deusa de três formas;
Ela que é sempre três — virgem, mãe e velha.
Entretanto é sempre uma;
Está em todas as mulheres, que estão todas nela.
Contemple-a, lembre-se dela,
Não esqueça nenhuma de suas faces".

Se você quiser que a deusa lhe conceda um desejo, pegue um pedaço de papel da cor planetária da pessoa (ou do objeto) referente ao seu desejo; em seguida acenda uma vela e espere que ela queime completamente — quando isso acontecer o feitiço começará a funcionar. A invocação abaixo ajudará.

"Sobre esta vela escreverei
O que peço esta noite de ti.
Concede-me meu desejo;
Dedico este rito a ti.
Confio que me darás esta graça
Ó adorável deusa da Lua."

A principal preocupação do homem primitivo era sobreviver. Até hoje, em algumas regiões do mundo onde a vida é primitiva, a sobrevivência ainda não é garantida. Para essa gente a agricultura e a criação de animais caminharam juntamente com o desenvolvimento do calendário e também da religião e da superstição. Se uma oferenda para uma determinada divindade ajudasse a aumentar as colheitas, então obviamente era isso que se devia fazer. Até hoje muita gente boa gosta de dar graças a Deus pelo alimento antes ou depois das refeições. Até eu, uma completa pagã, simplesmente não consigo comer as primeiras frutas e vegetais da estação sem oferecer uma oração hebraica.

A maioria das religiões leva em conta, até certo ponto, a posição da Lua no calendário de festividades; por exemplo, na tradição cristã a Páscoa e o dia de Pentecostes ainda "flutuam" de acordo com a órbita da Lua. É interessante observar que a Páscoa era uma festa greco-romana associada a Afrodite e Diana e, anteriormente, uma festa associada a Istarte, a predecessora de Afrodite/Diana. Essas deusas, como o próprio início da primavera, falam da fertilidade, do crescimento e da renovação da vida. Se você puder viajar até a cidade de Éfeso, redescoberta na Turquia, encontrará bem no sopé da colina, do lado esquerdo, o Templo de Diana, que fica perto do local ainda mais antigo do Templo de Afrodite/Istarte. Istarte é a Deusa da Fertilidade que às vezes é mostrada segurando ovos — seriam ovos de Páscoa? — e que tem muitos seios.

Na tradição judaica fazem-se preces especiais quando as festas caem na época da Lua nova (Boruha Levanah); são feitas preces para cada Lua nova no começo do mês lunar (Rosh Hadesh). Os astrólogos observam atentamente a Lua, e há alguns que sequer pensam em novos projetos quando a Lua está "vazia de curso", isto é, quando não faz aspectos maiores com outros planetas. Acredito que, em todas as tradições e credos, o Sol e a Lua foram, são e sempre serão a luz que nos faz voltar a cabeça e os pensamentos para o céu.

A imagem da Lua como a mulher suprema, a mãe completa, está vigorosamente representada na deusa egípcia Ísis, que regia os remédios de ervas e a magia lunar. Se você deseja invocar a deusa Ísis desenhe um círculo tarde da noite, concentre seus pensamentos e visualize uma imagem da deusa enquanto faz seu pedido. Acima de tudo peça amor e força para ser capaz de lidar com seus problemas e viver uma vida benevolente e honesta. Segue-se um pequeno trecho do ritual da Adoração de Ísis.

"E sobre essas marés a Grande Deusa preside, sob a forma de Lua. Enquanto ela passa do nascente ao poente as marés lhe respondem. Ela se ergue do mar como a Estrela vespertina, e as águas da Terra transbordam. Como Luna ela submerge no oceano, e as águas refluem para o interior da Terra e ficam tranqüilas no grande lago de escuridão onde estão refletidas a Lua e as Estrelas. Todo aquele que ficar tranqüilo como o negro lago subterrâneo de Perséfone verá as marés do Invisível em movimento e conhecerá todas as coisas. Por isso Luna é também chamada a doadora de visões."

Na tradição cabalística a Lua, agora conhecida como Levanah, está associada à parte da Árvore da Vida chamada Yesod. Yesod, o Alicerce, fica na direção da base da Árvore, logo acima de Malkuth. Yesod é o novo caminho da inteligência pura e purifica as emanações. Abrange duas imagens totalmente diferentes; a Lua das águas de Levanah, presidida pelo arcanjo do elemento Água, Gabriel, e também a imagem mágica de um belo jovem nu, conhecido por sua força, ao lado do poderoso nome de Deus de Shaddai el Chai, o todo-poderoso Deus vivo. Nada na Cabala é fácil de entender, mas a idéia que está por trás de Yesod é que o universo era um caos de vapor e água, transformado em ordem pela força e poder de Deus. Gênese — Boraishis. Eis aqui uma versão greco/hebraica do ritual de adoração a Ísis.

"Nossa Senhora é também a Lua, que alguns chamam Selene, outros Luna, mas que os sábios chamam Levanah, pois aí está contido o número do seu nome. Ela é a regente das marés de fluxo e refluxo. As águas do Grande Mar obedecem-lhe, assim como as marés de todos os mares da Terra, e ela rege a natureza das mulheres."

Enquanto lia as provas deste capítulo decidi examinar um pouco mais a fundo a frase "pois aí está contido o número do seu nome". Isso me levou a uma fascinante linha de pesquisa, em que descobri que o "número do alfabeto" das letras hebraicas dos nomes Levanah e Luna era igual, ou seja, lamed, vov, nun e hey. A numerologia, é claro, é igual: 30, 6, 50, 5, totalizando 91.[1] Ainda não tive oportunidade de encontrar um alfabeto grego antigo, mas suponho que, quando isso acontecer, vou descobrir que Selene tem o mesmo valor numérico. Isso me levou a investigar ainda mais a numerologia da cabala hebraica, especialidade de toda a vida de meu avô. Esse tipo de pensamento esotérico obviamente está além do propósito deste livro, mas serve para mostrar quanto conhecimento está encerrado nesses antigos relatos.

Na arte divinatória cabalística Yesod rege os instintos, os padrões de hábitos, o alimento, o ambiente doméstico, o sexo e os órgãos sexuais. Também é a esposa na interpretação para um homem, e o nono mês de gravidez.

Antes de deixarmos o mundo da religião e das crenças mágicas, gostaria de aconselhar a realização de todos os rituais e trabalhos psíquicos durante o dia (exceto a invocação de Ísis), mesmo que você só esteja fazendo experiências para formar sua opinião. Digo isso porque a nossa resistência é menor quando escurece, e entidades de níveis inferiores podem ser atraídas devido ao desequilíbrio de forças entre a Lua e sua mente cansada. Se você estiver bem sintonizado com as suas próprias fases lunares evite fazer qualquer trabalho psíquico nas épocas em que sabe que estará em baixa. Eu sei, por exemplo, que tenho tendência a me sentir cansada, rabugenta e inconveniente todo mês logo após a Lua nova, provavelmente porque nasci alguns dias depois de uma Lua cheia.

Boa sorte com a magia, e que a Deusa da Lua dirija seus instintos para maior compreensão e para a capacidade de ajudar os outros no caminho da iluminação.

---

[1] *A verdadeira numerologia hebraica é como a romana, onde há letras que representam centenas, milhares, etc.*

Capítulo 4

Elementos e triplicidades

Os elementos

Lendo este livro você notará que uso as antigas idéias de Terra, Ar, Fogo e Água, além das triplicidades astrológicas de signos cardeais, fixos e mutáveis, e também os conceitos de signos masculinos, femininos, negativos e positivos. Essa antiga espécie de código é uma chave de valor inestimável para o entendimento do caráter básico de cada signo. O que se segue deve ajudá-lo a entender a lógica que há por trás desses princípios.

Terra

Está relacionada com segurança, estrutura, crescimento lento, comportamento convencional e resultados concretos. As pessoas cujos mapas contêm uma alta concentração de planetas e pontos em Terra são sensíveis, possivelmente perseverantes e seus pontos de vista são muito práticos. Agem com meticulosidade e cuidado, dificilmente são extravagantes e são muito atenciosas em relação à família e aos amigos íntimos. Apegam-se às suas posses e podem às vezes importar-se demais com dinheiro. Detestam desistir do que quer que seja e sempre tentam terminar as tarefas começadas. Existe nessas pessoas um sentido de maturidade, mas pode faltar-lhes espontaneidade. Sua virtude é a confiabilidade; seus vícios são o excesso de preocupação e o oportunismo.

Ar

Está relacionado com comunicações, associações de todo tipo, educação, idéias teóricas, busca de respostas para as perguntas e instrução de um modo geral; também se relaciona com a rede do sistema nervoso. Essas pessoas podem ter mentalidade séria, com alto grau de envolvimento com o sistema educacional ou com a mídia, ou podem ser tipos joviais, despreocupados, adquirindo seu conhecimento da atualidade nos jornais e nos bares. Pode-se vê-los dissertando sobre algum conceito de sua preferência ou discutindo sobre qualquer coisa, desde uma questão literária até um evento esportivo. Dão bons jornalistas e lojistas, professores e vendedores, porque estão sempre atualizados. Apesar de terem bom coração, tendem a esquecer-se de seus muitos amigos quando estes estão longe.

Fogo

Aqui as idéias-chave são entusiasmo faiscante, iniciativa, intuição, otimismo e fé no futuro. As pessoas com um forte *stellium* em Fogo no mapa natal nunca deixam a infância realmente para trás e, por isso, são muito sintonizadas com pessoas e idéias jovens. Essa gente divertida exibe um egoísmo considerável, mas também uma generosidade espontânea. Preocupam-se em dar início a alguma coisa, gerar ação e ritmo, mas mais tarde podem deixar os detalhes a cargo de outros. As pessoas de signos de Fogo pegam as idéias com rapidez, e, quando entram na dança, encaram a vida com esportividade, como se fosse uma espécie de jogo. Essas pessoas acham impossível guardar dinheiro, mas invariavelmente encontram uma forma de escapar do desastre.

Água

Diz respeito a emoções e sentimentos, começos, fins e transformações importantes da vida, e também ao estado de espírito e aos anseios íntimos. As pessoas de Água demoram a responder às perguntas e podem parecer lentas ao captar conceitos novos. Custam a mudar, preferindo permanecer em caminhos testados e aprovados. Sua principal necessidade é estar perto da família, além de ter segurança financeira. Fiéis, leais e muitas vezes bastante tensas, essas pessoas sabem intuitivamente o que convém a elas e às suas famílias. São sensatas e confiáveis, mas sujeitas a depressão e doenças quando a vida não lhes sorri. Têm compreensão das necessidades dos outros, mas às vezes não se esforçam para fazer algo a esse respeito. A maioria das pessoas de Água tem veia artística, gostando particularmente de música.

As triplicidades

Cardeal

Implica ação, iniciativa. As pessoas com um forte elemento cardeal no mapa não gostam de ser dominadas por ninguém; iniciam projetos, principalmente relacionados com negócios. São determinadas por natureza e têm um irreprimível desejo de serem bem-sucedidas. Outra forma de encarar a cardinalidade é vê-la como um começo, pois ela proporciona a energia e a iniciativa necessárias para dar a partida.

Fixa

Essas pessoas gostam de ficar no mesmo lugar — na mesma casa e no mesmo emprego — tanto quanto possível. Têm força e resistência para levar as coisas até o fim e para manter o *status quo*. Aqui há sempre uma dose de estabilidade, mesmo que seja só para levar até o fim exercícios mentais ou idéias. Isso pode ser encarado como uma forma de continuidade, pois implica um esforço constante para levar as coisas até o fim.

Mutável

Essas pessoas também podem insistir em estilos de vida antiquados, ou por medo da mudança ou por quererem manter a paz. Tentam adaptar-se ao comportamento dos outros e satisfazer as necessidades deles. São capazes de adaptar seu estilo de trabalho a qualquer situação vigente no momento e de levar os projetos até o fim, passando por todas as modificações necessárias sem muita dificuldade. Seu raciocínio é mais amplo e mais horizontal que o dos outros dois tipos, mas também é possível que se aflijam e se queixem em vez de criar coragem e agüentar (fixo) ou começar de novo (cardeal). Outra maneira de encarar a mutabilidade é vê-la como o elemento transformador, capaz de alterar uma situação ou de levá-la à sua conclusão.

Masculino e positivo

Expansivo, sociável, dogmático, *aparentemente* confiante, *aparentemente* corajoso.

Feminino e negativo

Introspectivo, tímido, temperamental, não-dogmático, *aparentemente* fraco, *aparentemente* medroso, receptivo.

N. B.

Lembre-se: tudo isso é aparente, não é necessariamente assim.

Capítulo 5

O signo de sua Lua natal

Lua em Áries ♈ (regida por Marte) ♂

O Sol não te castigará durante o dia, nem a Lua durante a noite.

Salmo 121

O signo de Áries é masculino, positivo, de Fogo e cardeal, ao passo que a Lua, pela associação com o signo de Câncer, é feminina, negativa, de Água e cardeal. Esse posicionamento da Lua confere a quem o tem uma necessidade subjacente de poder e um desejo de liderança. Isso pode levá-lo a tentar alcançar o topo de sua carreira ou tornar-se líder de qualquer grupo a que pertença. As mulheres com essa colocação da Lua enfrentam um conflito emocional na personalidade, devido à sua natureza íntima altamente assertiva; muitas vezes solucionam esse conflito escolhendo parceiros fracos, pois assim podem inverter os papéis tradicionais masculino/feminino. Uma dessas mulheres é Bernadette.

Bernadette é uma mulher de negócios esforçada e bem-sucedida, que viaja longas distâncias para ganhar o dinheiro de que sua família precisa. O marido, um homem sensível e com talentos artísticos, tem um emprego meio rotineiro numa oficina mecânica da cidade e é superprotetor e carinhoso com os filhos. "Eu não escolhi essa forma de vida", diz Bernadette, "simplesmente parece que assim funciona melhor. David não agüenta muito a competição e realmente fica bem mais à vontade com as crianças do que eu."

Algumas preferem a vida de solteira e uma carreira exigente ao trabalho doméstico e à maternidade. Carol está agora chegando aos quarenta anos e dirige um bem-sucedido negócio próprio de relações públicas. Teve casos amorosos longos, mas nunca se casou. "Há alguns anos eu me questionei se deveria ter um filho e criá-lo sozinha, porque já sabia que o casamento não era para mim. No fim decidi ficar como estou, mas até hoje não estou certa de ter tomado a decisão correta."

Os dois sexos têm um gerador interior de energia, vigor e coragem. A cardinalidade desse signo significa que você às vezes perde tempo. Diante de um problema prefere destrinchá-lo imediatamente. Na verdade pode conseguir que alguém faça isso por você, mas quem ajuda o faz com prazer. Sua mente é bastante original e, se houver outros fatores estimulantes no seu mapa, pode ser que você consiga transformar suas idéias em projetos financeiramente rentáveis, que podem dar-lhe os meios de subir a escada do sucesso; entretanto, é possível que você seja idealista e entusiástico a ponto de não ser realista. Às vezes há uma tendência a fazer as coisas em escala grandiosa demais; o excesso de otimismo pode toldar sua mente e dar-lhe expectativas irrealistas. Você precisa correr um certo risco na vida, o que pode refletir-se no emprego ou na vida pessoal.

Como reage rapidamente a qualquer situação, pode-se contar com você nas crises; não se perturba com a visão de pessoas em dificuldades — na realidade, faz o que pode para ajudá-las. Tem reações emocionais rápidas e instintivas, e às vezes um comportamento excessivamente impulsivo, mas o tempo e a experiência de vida podem suavizar algumas de suas arestas. Tome cuidado para não ser muito crítico e impaciente com as pessoas que vêem e fazem as coisas de modo diferente do seu, porque isso pode levá-lo a uma postura tacanha e intolerante. Você se irrita facilmente e pode ter dificuldade em manter a calma, graças ao efeito cumulativo combinado da Água da Lua e da impulsividade ígnea do signo de Áries. A tensão pode ser liberada em explosões súbitas de mau gênio e cortantes comentários sarcásticos. Se houver um pouco de Aquário em seu mapa, o seu vigor pode fazer de você um enérgico reformador social. Prefere que os outros tenham uma conduta franca e honesta em relação a você, e a menos que haja um motivo muito bom para manter segredo, você também prefere ser direto e honesto. Seu excelente senso de humor ajuda-o a sair de muitas dificuldades; você é capaz de aceitar as brincadeiras que os outros fazem a seu respeito.

Sua capacidade de colocar idéias em prática pode ser uma inspiração para os outros. Sua perspectiva otimista e sua fé no futuro também podem motivar as pessoas. Você sabe, instintivamente, como levantar o moral dos outros. Entretanto, às vezes pode exceder-se e entrar de cabeça numa situação sem medir as conseqüências — por isso, precisa cultivar o senso de proporção. Quando estiver tomado de entusiasmo, tenha cuidado para não passar por cima dos sentimentos dos outros, embora você nunca tencione ferir ninguém. Você tem pouca paciência com as pessoas que se encaramujam, emburram e não dizem a ninguém qual é o problema; o seu gênio esquentado pode torná-lo insensível às vezes, mas você não guarda rancor. O coração do ariano lunar é caloroso, e você é o primeiro a ajudar e confortar as pessoas em dificuldades Respeita as crenças dos outros e gosta de assegurar a independência deles; sua mente aberta possibilita que se relacione com gente de todas as classes e cores. Você realmente não suporta gente neurótica que se lamenta sem ter motivo. Ajuda qualquer pessoa com problemas concretos, mas tem pouca paciência com dúvidas e preocupações emocionais, que você mesmo tende a evitar.

Você é mais do tipo urbano que do campo, mas gosta de respirar ar puro e adora tomar sol. Está comprovado que muitos arianos lunares são excelentes esportistas. As qualidades ígneas de Áries indicam necessidade de excitação e mudança; um emprego monótono pode servir para pagar as contas, mas não vai satisfazê-lo por muito tempo. Essa necessidade de excitação também pode fazer com que os relacionamentos constantes pareçam perder a graça, e isso eventualmente o leva a escolher parceiros instáveis. Alguns, por outro lado, procuram estabilizar sua natureza íntima casando com alguém muito mais plácido e confiável; um pequeno número é capaz de terminar um relacionamento só porque este se tornou monótono. Tenho uma teoria de que as pessoas dos dois sexos com a Lua em Áries preferem parceiros mais jovens, indicando que sentem prazer em moldar os outros aos seus desejos. Porque aparentemente não confiam na própria capacidade de controlar seus gastos, muitos escolhem um parceiro cuidadoso com as finanças. Você gosta da conquista amorosa e se apaixona com razoável facilidade, mas a chama pode extinguir-se rapidamente. Um relacionamento baseado na amizade tem mais chance de durar do que uma paixão repentina, mas é preciso haver excitação, sexo e ardor, ou absolutamente não vai funcionar. As mulheres com a Lua em Áries têm lá no íntimo um toque de masculinidade, o que *não* significa que sejam todas lésbicas latentes, mas simplesmente que estão insatisfeitas com o papel feminino tradicional. Às vezes pode ser muito difícil viver com as pessoas com esse posicionamento da Lua, qualquer que seja o sexo, porque elas podem adquirir o hábito de fazer exigências e procurar defeitos nos outros devido a medos irracionais baseados em ameaças imaginárias à sua independência.

Você pode tornar-se um bom dono ou dona-de-casa, desde que tenha tempo e dinheiro de sobra; caso contrário ignora o seu ambiente. Gosta de comprar aparelhinhos para a casa e consegue agüentar mais que a maioria das pessoas o barulho e a bagunça das reformas de vulto.

Como pai ou mãe você é solícito, mas infelizmente é capaz de menosprezar um filho que considere fraco ou bobo. Você faz o possível para dar a seus filhos todo o necessário, e move céus e terra para garantir-lhes uma boa educação. Pode realmente não querer passar muito tempo com os filhos; seu relacionamento com eles funciona melhor quando seu emprego é gratificante, tendo assim possibilidade de gastar a maior parte de suas energias fora de casa. Você nunca hesita em despender dinheiro com a aparência de sua família, pois acha que boas roupas dão uma boa impressão.

Sexualmente você pode ter uma atitude direta, mas pode querer dominar e controlar seu parceiro. Falar de sexo o excita, mas uma música de fundo durante o amor pode esfriá-lo! Você gosta de diversão e risadas enquanto faz amor, mas acima de tudo precisa da amizade do seu parceiro tanto quanto de sexo.

Muitos gostam de arte, principalmente música e dança, e alguns seguem uma carreira artística; sem dúvida todos precisam de uma dose de criatividade no trabalho. Muitas pessoas com o Sol, a Lua ou o Ascendente em Áries passam a vida toda *desejando* estudar música ou arte, mas de alguma forma acabam nunca se enfronhando realmente no assunto, talvez por terem muito medo do fracasso.

Atitude em relação à carreira

A posição da Lua no mapa natal raramente determina a carreira seguida de fato, mas pode mostrar as motivações íntimas. Você se sente melhor num emprego onde possa tomar suas próprias decisões e pode preferir ser autônomo. Se não for muito impaciente pode chegar a um cargo de executivo numa organização grande e bem-estruturada. Gosta de exercer poder e deve ser um gerente ou funcionário sensato e benevolente; é capaz de delegar tarefas aos outros e deixá-los levar o trabalho adiante. Para você é impossível aceitar ordens de alguém que não lhe inspire respeito, e se alguém tentar intimidá-lo reage com muita raiva. Por sua vez é preciso também tentar não intimidar ou rir dos outros.

Você precisa de oportunidade para usar seu senso de iniciativa, e acha impossível trabalhar para uma pessoa desanimada. Pode sentir-se atraído pelo trabalho na área militar ou paramilitar, bem como no campo da engenharia, da eletrônica ou em qualquer ocupação que influencie o público. Pode apreciar o trabalho na mídia e a exposição ao público, que lhe permite ser abertamente adulado. Você tem facilidade com *marketing*, promoção e criação de novas idéias. Seu calcanhar de Aquiles pode ser a suscetibilidade às lisonjas. Se houver outras indicações no mapa natal pode ser um professor muito bom. O gosto pela mecânica e pelos veículos faz de você um bom motorista e até um bom piloto. Pode aprender com razoável facilidade as tecnologias modernas dos computadores e da telecomunicação. Poderia ganhar a vida com esportes ou danças, possivelmente como professor.

Pais e antecedentes

Essa posição da Lua mostra um relacionamento difícil com o pai; pode ser que você o tenha amado e odiado ao mesmo tempo, além de tentar rivalizar com ele. Na fase de crescimento provavelmente você se envolveu numa série de confrontos verbais diretos com ele. Há uma luta pela supremacia emocional nesse relacionamento, onde o pai vê o filho como irrealista e o filho vê o pai como excessivamente restritivo ou não prestativo. De fato, o pai às vezes mostra desprezo pelo filho. Sua mãe pode ter sido fria com você, ou pode simplesmente ter estado ocupada demais para dar-lhe muita atenção. A própria família pode estar vinculada a alguma organização grande e muito estruturada, como as forças armadas ou o funcionalismo público. A criança com a Lua em Áries pode seguir os passos dos pais na mesma organização, mas só se sente feliz nesse ambiente se alcançar logo uma posição importante, com poderes de decisão.

Desde cedo seus pais o estimularam a ser independente. Provavelmente aplaudiam e estimulavam qualquer atividade física (esportes, natação, dança) e queriam que você fosse bem na escola. Você não tem muita ligação com o passado e nem mesmo com a sua família, sobretudo se achar que eles não o valorizam.

É possível que sua mãe tenha precisado enfrentar algum tipo de circunstância que a tenha forçado a deixá-lo arranjar-se sozinho. Provavelmente isso ocorreu devido a problemas daquela época de sua vida; entretanto, pode ser que ela fosse vaidosa, egoísta e se aborrecesse muito depressa com os encargos da maternidade. O signo da Lua às vezes pula uma geração — por isso, algumas circunstâncias aqui descritas relativas à *sua* infância podem na verdade aplicar-se *ao que sua mãe passou* quando jovem. É possível até ter havido ciúme e rancor entre você e seus irmãos.

Saúde

Como a Lua às vezes reflete doenças crônicas ou contínuas, nesse caso as dificuldades se localizariam na região da cabeça, dos olhos, do nariz, das orelhas, dos dentes superiores e da garganta. A sua impetuosidade pode provocar acidentes bobos, como cortes, queimaduras e contusões em conseqüência de deixar cair objetos sobre seus pés.

Lua em Touro
♉ (regida por Vênus) ♀

Ah, Lua do meu deleite, que nunca mingua,
A Lua do Céu se eleva mais uma vez:
Quantas vezes, daqui por diante, ao nascer ela procurará
Por mim nesse mesmo jardim — em vão!

(Do Rubaiyat, *de Omar Khayyam)*

O signo de Touro é feminino, negativo, de Terra e fixo, enquanto a Lua, pela conexão com o signo de Câncer, é feminina, negativa, de Água e cardeal. A Lua, portanto, está bastante bem em Touro, acrescentando à personalidade uma dose de estabilidade e proporcionando um jeito descomplicado de reagir aos prazeres sensuais. Você gosta de comer, beber, fazer amor e de ouvir música. O aspecto feminino desse posicionamento impede que você tenha muita iniciativa — na verdade, prefere navegar pela vida numa rota constante, ao invés de enfrentar muitas tempestades e rupturas. A fixidez de Touro estabiliza a inquietação natural da Lua e faz de você uma pessoa muito resoluta e determinada, principalmente quando se trata de conseguir o que quer ou conservar o que tem. Em todas as ocasiões você tenta manter o *status quo*, e pode achar que são as circunstâncias da sua vida que o obrigam a ser assim. É possível até que você venha a adotar por muito tempo um estilo de vida que não escolheu. Diz-se que a Lua está "exaltada" no signo de Touro, o que proporciona uma sensação interior de força e resistência. Os taurinos lunares, dessa forma, fazem-se notar pela saúde, em geral robusta, e pela capacidade de conseguir resultados práticos em tudo o que empreendem.

As pessoas que têm a Lua num signo de Terra adoram o mundo da natureza, o que significa que você pode ter um *hobby* relacionado com a botânica ou com a biologia animal. Pode envolver-se em movimentos de preservação da natureza (mais provável ainda se tiver qualquer coisa em Aquário no seu mapa natal). Mesmo sem ter um envolvimento ativo nessas atividades, você adora ficar em ambientes abertos ou no seu jardim. Muitos taurinos lunares decidem trabalhar como representantes ou até como leiteiros, pois assim podem andar por aí, sintonizados com as estações do ano. Você sente forte necessidade de construir para o futuro e criar algo que seja útil e duradouro, o que pode refletir-se na escolha da carreira. Gosta do mar, mas não com a mesma intensidade do canceriano solar ou lunar; não sente um grande ímpeto de fugir e de entrar na marinha. Sua afinidade com a natureza pode levá-lo a interessar-se pelas antigas religiões ligadas à magia da terra e pelas "confrarias".

Você não se relaciona levianamente; a fixidez de Touro, além do seu anseio íntimo de construir e preservar, levam-no a encarar com muita seriedade qualquer forma de compromisso emocional. A maioria dos livros de astrologia diz que essa posição da Lua gera possessividade ou ciúme, o que até certo ponto é verdade. O problema é mais possessividade que inveja ou ciúme, mas este é um conceito meio sutil. Não inveja o que os outros possuem, ou os relacionamentos que têm, mas se o *seu* parceiro o trocasse por outra pessoa, você realmente ficaria muito enciumado. Acredita no objeto do seu amor quando ele promete deixar o parceiro para ficar com você; depois, se descobre que ele está relutante, passa anos realmente muito contrariado. Para você não é fácil desistir de bom grado e aceitar a derrota, principalmente quando se trata do que considera uma espécie de traição. A tenacidade e a resistência são ao mesmo tempo a força e a fraqueza desse posicionamento da Lua por signo.

Seus sentidos são desenvolvidos, principalmente o tato e o olfato; você gosta do aroma das flores e do toque do veludo. Seu gosto musical é bem desenvolvido; uma mulher com a Lua em Touro disse-me que detesta o som de uma canção mal executada, mas adora o som da risada. Obviamente, essa sensualidade leva ao amor pelo sexo, com todos os seus perfumes, texturas e paixões; ainda que para você o relacionamento seja mais importante que o sexo em si. Gosta de carinhos e afagos, de caráter sexual ou afetuoso; o ideal para você seria que esse aconchego todo se desse dentro do casamento.

Sob circunstâncias normais você é confiável e estável nos relacionamentos. Prefere ser fiel ao parceiro, mas se por algum motivo achar que isso é impossível, faz um grande esforço para esperar os filhos crescerem, antes de efetivamente sair de casa. Tenta cumprir seu dever, por mais tempo que isso envolva. Curiosamente você é bem paquerador, mas é uma paquera "social", não para ser levada a sério. Não paquera para despertar o ciúme da sua parceira, mas só por diversão. As pessoas próximas a você podem considerá-lo invasor e possessivo ("Aonde você vai e a que horas pretende voltar?"), mas sua intenção não é irritá-las nem demonstrar falta de confiança: tudo que deseja é certificar-se de que sua família está segura. Meu marido, Tony, com a Lua em Touro, gosta de me ter por perto. Não tem medo que eu vá fugir com outra pessoa — simplesmente se preocupa comigo. Quando um amigo comentou o assunto com ele, sua resposta foi: "Se Sasha não está em casa na hora que disse que estaria, começo a pensar que ela sofreu um acidente. Preciso levantar cedo para trabalhar; se fico acordado preocupado com ela isso me chateia". Não há como mudar a natureza dessa pessoa; basta sentir-se grato pelo fato de que eles se preocupam — há muita gente que não se importa.

Você assume a paternidade com naturalidade, ama seus filhos e tem paciência com os filhos dos outros. Se se casar com alguém que já tenha filhos, lida muito bem com a situação. Tem uma atitude responsável com as pessoas que dependem de você, tanto com os familiares mais jovens quanto os mais velhos, e até com os animais, sem fazer muito estardalhaço a respeito disso. É muito amoroso e carinhoso e sente um prazer verdadeiro em cuidar das pessoas que ama, ou até em servi-las, mas, compreensivelmente, fica ressentido quando esse cuidado é encarado como "nada mais que sua obrigação" ou menosprezado. Você é bom para cuidar de doentes, desde que não haja muita sujeira para limpar. Uma coisa que detesta de verdade é a visão de sangue (principalmente o seu). Às vezes esse tipo de cuidado prático não é suficiente, e você pode deixar escapar algum elemento essencial da personalidade do seu parceiro, deixando de dar-lhe a compreensão de que precisa. Bethany, uma amiga minha realmente sensível e inteligente, resumiu isso desta forma: "Eu simplesmente não conseguia atinar com o que o meu ex-marido de fato queria de mim, na maioria das vezes. É óbvio que alguma coisa estava me escapando, mas até hoje não tenho certeza de saber o que era".

Você tem uma forte necessidade de sentir a proximidade de uma família; seu senso de lealdade faz com que se lance em defesa de qualquer membro da família criticado por um estranho. Entretanto, está convencido de que você tem todo o direito de criticá-los! Sua profunda ligação com a família, o orgulho, às vezes indevido, que sente por eles, sua vontade de que eles tenham o que há de melhor e sejam os melhores podem fazer de você uma pessoa excessivamente crítica e às vezes até tirânica (sobretudo quando está de mau humor). Um curioso defeito seu é a aparente incapacidade de lidar com pessoas sem autoconfiança — é até capaz de suprimir o pouco que lhes resta. Você precisa encontrar certa dose de resistência, e pode efetivamente menosprezar o parceiro, ou até os filhos, se os achar fracos demais. Respeita a força, talvez porque precisa "alimentar-se" da força do outro. Não é necessariamente competitivo, já que é capaz de ajudar o parceiro ou um colega a progredir. Acima de tudo você precisa de um parceiro estimulante, com interesses análogos aos seus. Emocionalmente tende à formação de hábitos, não se interessa por muita mudança ou excitação, e precisa tomar cuidado para não deixar a monotonia se infiltrar em seu comportamento sexual.

Você se sente atraído pela beleza e por pessoas de natureza alegre e agradável. O que mais detesta é gordura, feiúra e gente que usa roupas sujas e de mau gosto. Tanto as pessoas que o cercam como o próprio ambiente precisam ser limpos e bonitos.

Uma de suas qualidades é o simples bom senso (coisa rara, talvez?). Gosta de pagar as contas em dia, é cuidadoso com dinheiro e gosta de ter umas economias para se garantir, mas apesar disso não tem sorte exagerada com dinheiro e *pode* cair na conversa de algum vigarista atrevido. Às vezes você perde o juízo. Outras, perde a paciência, o que pode ser uma experiência interessante para as pessoas que o rodeiam, pois quando a sua zanga é desencadeada é realmente de meter medo — pode tomar conta de você e fazer com que se prejudique ao se vingar de alguém.

Você controla muito bem seus sentimentos e sabe escondê-los dos outros, talvez devido à educação que teve na infância; como este é um signo feminino e emocional, essa repressão pode levar a oscilações de humor. Você pode se descarregar em inesperadas reações de raiva; por exemplo, se alguém fura a fila na sua frente, sua reação pode ser diferente de um dia para o outro. Como é bastante cauteloso por natureza, prefere deixar a conversa a cargo dos novos conhecidos; só depois de conhecer melhor as pessoas é que se descontrai e se abre. Socialmente você não está acima de uma certa manipulação, que em geral aparece sob a forma de humor com o intuito de desfazer um clima tenso. Você é quase sempre prudente e raramente diz o que não deve. Depois de formar uma opinião tem dificuldade em mudá-la. E pode ter o infeliz hábito de censurar os outros.

Atitude em relação à carreira

Eu uso a palavra "atitude" porque o posicionamento da Lua não sugere por si só nenhuma carreira específica; entretanto, passamos tanto tempo trabalhando que é bom entender nossas motivações íntimas.

Sem dúvida você tem ambição em relação a si mesmo e a sua família. As mulheres com esse posicionamento parecem ter recebido uma lição dos pais: sejam fiéis à idéia antiquada do papel feminino. Por isso muitas vezes começam trabalhando como secretárias, enfermeiras ou babás. Todas as mulheres com a Lua em Touro com quem conversei disseram-me que se ressentiam amargamente desse fato, como também da conclusão implícita: elas não eram tão brilhantes ou tão importantes quanto os irmãos. Mais tarde todas elas mudaram para tipos de trabalho tradicionalmente menos femininos.

Como acontece com os dois outros signos de Terra, Capricórnio e Virgem, os taurinos lunares de ambos os sexos precisam deixar de lado seus sonhos e ambições devido a considerações de ordem prática. Mais tarde podem não se dar ao trabalho de reativar esses sonhos, o que na minha opinião é uma pena. Uma mulher me disse que sempre sonhou em conduzir a tocha olímpica. Muitos sonham em ser músicos, dançarinos ou cantores; com um pouco de sorte vindo de outro lugar do mapa, é bem possível que façam carreira no mundo dos espetáculos. Seu lado prático faz com que proporcionem aos outros as coisas de que precisam — assim, você pode lidar com alimentos, móveis, objetos domésticos ou mesmo com coisas que ajudem as pessoas a se embelezarem a si mesmas e às casas onde moram. Outras profissões tipicamente taurinas são construção, arquitetura, agricultura, jardinagem comercial, maquiagem, música, arte e dança. Como estamos falando da Lua, você não seguirá necessariamente uma carreira taurina, mas a necessidade de ser útil, de circular e de ajudar a criar algo durável e agradável aos olhos é uma poderosa força motivadora. Você não se sente atraído por empreendimentos especulativos, o que é bom, pois não é um jogador de sorte, nem é muito bom para administrar as crises de negócios. Não lhe interessa muito mandar memorandos ou elaborar relatórios comerciais — para começar detesta tudo que é muito sem graça; entretanto, se precisar, você os fará meticulosamente.

Alguns comentários finais a respeito da atitude no trabalho. Você prefere achar um emprego firme e manter-se nele. Termina praticamente tudo o que começa e, mesmo não sendo terrivelmente analítico, consegue lidar com detalhes sem se entediar. Sua persistência faz com que seja bom na área de vendas, e o seu discernimento em matéria de beleza pode levar a uma carreira em *marketing* (principalmente produtos de luxo). Muita coisa depende do resto do mapa — por exemplo, um toque de Peixes, Aquário ou Sagitário acrescenta o ingrediente da imaginação. Você detesta ser apressado e é capaz de dar conta de qualquer coisa quando pode trabalhar no seu próprio ritmo.

Pais e antecedentes

De acordo com a maioria dos livros de astrologia você deve ter tido bons pais e desfrutado de uma infância feliz e tranqüila. Minha experiência como astróloga me diz que não é bem assim. Sempre que a Lua está num signo fixo, pelo menos um dos pais tem um atitude opressiva e intransigente em relação ao filho. Isso pode se dever ao fato de o próprio pai ter tido uma vida dura, adquirindo em conseqüência uma postura áspera e antipática. Uma alta proporção de taurinos lunares tem pelo menos um dos genitores nascido no signo de Aquário, o que leva a uma total falta de compreensão e de comunicação. E tudo isso leva a uma capacidade quase escorpiana de esconder dos pais o que você pensa e sente. Como mecanismo de sobrevivência, tudo bem; o perigo é transferir essa conduta para outros relacionamentos, ou para futuras relações com figuras "de autoridade".

É provável que um de seus genitores tenha sido criado num ambiente onde havia alguma carência — mais provavelmente pobreza, falta de oportunidade e de segurança material do que falta de amor (embora isso também possa ter ocorrido). Esse genitor, assim, ficou com a sensação de que as *coisas* são mais seguras do que as pessoas, e que para sobreviver é preciso conquistar bens e dinheiro. Na cabeça dele parece haver pouco espaço para amor, compreensão e sensibilidade em relação ao filho. Pode ser que você tenha vindo de um lar confortável, onde suas necessidades práticas eram satisfeitas, mas onde houve alguma falta de compreensão. Um de seus genitores pode ter sido doente, hipocondríaco ou simplesmente pusilânime. Você nutre um sentimento de desprezo por ele, sentimento que esconde muito bem — até de si mesmo. Pode achar que o genitor mais fraco poderia ter feito mais por você e também por si mesmo.

A maioria das mulheres com esse posicionamento da Lua casa-se bem jovem e logo tem filhos. Sendo o discernimento do taurino lunar o que é, é possível que seu primeiro casamento se revele um erro. Aparentemente você se sente atraída por tipos excitantes, que a seus olhos complementem a sua lentidão. Esses tipos são excitantes *demais* para se tornarem bons homens de família, e assim a decepção é mais ou menos inevitável. O resultado disso pode levar a taurina a uma carreira excitante, como conseqüência da necessidade de sobreviver financeiramente.

Saúde

Na medida em que a Lua influencia a saúde no mapa natal, uma Lua aflita em Touro ocasionaria problemas na região do maxilar inferior, das orelhas, da garganta, do aparelho fonador e das amígdalas. Pode haver problemas de tiróide e talvez até de diabetes. Você pode ter a famosa tendência taurina a engordar, que eventualmente será atenuada pela presença de muito Ar no mapa.

Lua em Gêmeos
♊ (regida por Mercúrio) ☿

Quando chegaram lá, a Brisa do Oeste pediu-lhe para ensinar-lhe o caminho para o castelo que fica a Leste do Sol e a Oeste da Lua, pois ela deveria ter o Príncipe que lá morava.

(De um livro de velhas lendas norueguesas que eu li e reli, rabisquei e quase destruí de tanto manusear, quando era pequenina.)

O signo de Gêmeos é masculino, positivo, de Ar e mutável; a Lua, pela associação com Câncer, é feminina, negativa, de Água e cardeal. Portanto, a Lua, não está muito à vontade nesse signo, o que pode levar a alguns conflitos de personalidade. A instabilidade de Gêmeos, aliada à natureza flutuante da Lua, pode tornar suas emoções um pouco mutáveis demais, com os nervos à flor da pele. Se você tem algum aspecto firme, como o Sol ou o Ascendente em Leão ou Touro, o nervosismo de Gêmeos fica limitado apenas a acessos de irritabilidade. Você não tem paciência com pessoas exigentes e não sabe lidar com gente cronicamente doente. Sua saúde também não é muito boa, mas você tenta ignorar os surtos de doença e é muito improvável que falte ao trabalho para se recuperar.

A mutabilidade desse signo lhe proporciona fascinação por pessoas e lugares novos e interessantes, e isso o leva a tipos de emprego onde você sempre encontra gente nova e vai de um lugar para outro. Você gosta de estar por dentro de tudo e detesta perder qualquer coisa que aconteça. É provável que sua vida particular seja menos mutável, mas você sem dúvida tem muitos amigos e em geral está ao telefone, onde existir um.

As mulheres com a Lua em Gêmeos precisam trabalhar fora. Isso é mais pronunciado no tipo lunar do que nas mulheres com o Sol em Gêmeos, porque a natureza subjacente é altamente ambiciosa e um tanto interesseira. Ambos os sexos gostam de ver a casa limpa e arrumada, mas não se interessam muito em participar das tarefas domésticas; gostam de apresentar-se bem e costumam sentir-se confiantes quando saem, sabendo que estão bem vestidos. Sua mente é muito ativa e você pode ser um intelectual, mesmo que tenha pouca educação formal. É um leitor sério, um autodidata. Sua mente (a menos que Mercúrio esteja mal colocado) é muito rápida e atilada; seu senso de humor é refinado e ágil — você tem o dom de fazer comentários divertidos e espirituosos. O reverso da medalha é que quando irritado você pode tornar-se sarcástico. Os geminianos lunares pensam com razoável profundidade e têm menos propensão a satisfazer-se com o conhecimento superficial que as pessoas com o Sol em Gêmeos; além dessa profundidade de pensamento, entretanto, sua cabeça também parece um depósito de lixo cheio de fragmentos de informação. Apesar de ter uma atitude conversadeira e cordial com todas as pessoas novas que apareçam nas proximidades, você tem um forte relacionamento com a família e conserva durante anos os amigos mais íntimos. Seu estado de espírito muda rapidamente, mas você não emburra nem tem paciência com as pessoas que o fazem. A sua capacidade de prestar atenção é estranha; você se entedia com gente que se queixa dos problemas ou fala longamente sobre algum assunto de que goste, mas fica séculos preso a um livro interessante ou a um programa de TV. Seus processos mentais são lógicos e você aprende de forma ordenada, mas é capaz de unir essa abordagem lógica à percepção instintiva ou mesmo psíquica, se outras áreas do seu mapa contribuírem para isso.

Existe alguma coisa de Peter Pan nesse posicionamento da Lua, o que, na minha opinião, também se aplica aos outros signos de Ar, Libra e Aquário. De certa forma, você nunca se vê como totalmente adulto, sendo capaz de exibir na intimidade um comportamento bem infantil. O reverso dessa medalha é que aparentemente você conserva um ar e uma perspectiva joviais da vida por mais tempo que a maioria das pessoas. Tem criatividade e capacidade artística; é possível que pinte, faça enfeites ou roupas atraentes, e pode ter interesse por estilismo ou técnicas de computação. Você tem gosto apurado para se vestir e sabe compor um traje que combine.

Tendo oportunidade, você aprende a dirigir ainda na adolescência, explora as cercanias e depois corre o mundo assim que tem condições. Sente-se mais atraído pelas cidades que pelo campo, gostando principalmente de visitar cidades do exterior. Você é engenhoso e em geral descobre um jeito de resolver os problemas práticos; provavelmente tem muita habilidade manual.

Embora não seja um reformador social você detesta o racismo e os maus-tratos com quem não pode se defender, como as crianças e os animais. Como pai quer estar seguro de que seus filhos são bem tratados, mas não tem vontade de dedicar todo o seu tempo a cuidar deles. Seu pior defeito é uma certa frieza interior — realmente não suporta gente que quer apoiar-se em você, e pode dar a impressão de preocupar-se muito pouco com os outros. Quando necessário é capaz de dar ajuda prática, mas acha difícil lidar com os problemas emocionais dos outros. Sendo lógico por natureza, você não entende a princípio como nem por que se meteram nessa trapalhada emocional. Fique atento e tome cuidado para que sua espirituosidade não se transforme em sarcasmo.

Curiosamente, é possível que às vezes você se sinta deprimido, ficando abatido a ponto de achar que a vida é uma total perda de tempo. Uma das razões para essa sensação pode ser a exaustão, pois você tem pouca reserva de energia a seu dispor e tem o hábito de ultrapassar seus limites quando há trabalho a fazer.

Alguns podem adiar o casamento ou a paternidade/maternidade até se acharem maduros o suficiente para lidar com a situação; mas quando resolvem enfrentá-la têm uma atitude bastante séria. Você é um pai ou mãe encantador, porque nunca chega a ser um adulto acabado — assim, tem facilidade de relacionamento com as crianças. É capaz de ir à falência para dar aos filhos uma boa educação; para eles nunca faltam livros, materiais escolares ou qualquer outro tipo de estímulo mental. Como valoriza a vida familiar, você tenta ficar próximo dos netos.

Pode ser que tenha um problema de verdade na área dos relacionamentos; sua vida muito agitada deixa-o cansado e tenso demais para se relacionar intensamente. Até certo ponto esse é um mecanismo que o ajuda a evitar a realidade dos relacionamentos responsáveis. Essa história de "muito ocupado" pode ocultar um profundo poço de infelicidade não expressa. É possível que você evite o envolvimento emocional, preferindo manter seus contatos com o sexo oposto num nível meio superficial. Pode atrair (ou escolher) um parceiro do tipo fraco e dependente, atraído pela força interior que você tem — lembre-se de que Gêmeos é um signo *positivo* —, mas se sente muito melhor ao lado de alguém independente. Helen, uma jovem agente de viagens com a Lua em Gêmeos, diz: "Em relação ao compromisso, sinto mais tédio que medo. Na minha idade (vinte e poucos) ainda sinto vontade de fazer experiências. Tenho de admitir que até certo ponto morro de medo da idéia de me amarrar". Talvez você precise sintonizar-se com os seus sentimentos antes de poder entender os dos outros. Você pode ser um teórico e, no que diz respeito às emoções, preferir ler e raciocinar sobre questões emocionais a sentir a sua realidade. Até certo ponto isso se origina na desconfiança pelo sexo oposto e talvez na falta de autoconfiança sexual. Você não gosta de sentir-se emocionalmente confinado. Malcolm, gerente de vendas muito bem-sucedido de uma firma de aluguel de carros, disse-me há pouco tempo que aos quarenta oito anos de idade ele tinha acabado de se apaixonar, pela primeira vez na vida. "Por quê?", perguntei, "por que só agora?" "Bem", respondeu ele, "acho que a idéia de ser vulnerável ou de me comprometer totalmente me deixava nervoso. No passado, tive algumas aventuras bem bobas com uma série de mulheres sem nenhuma importância — acho que estava fugindo da realidade."

Você não sente inveja do sucesso alheio; como a maioria dos outros signos lunares masculinos, mede o seu sucesso em termos das *suas próprias* realizações. Não sendo ciumento nem possessivo, ressente-se muito quando os outros têm esse tipo de comportamento em relação a você. Entretanto, orgulha-se de suas realizações e também de sua família; é capaz de fazer tanta pressão sobre os filhos na área educacional quanto sacrifícios para ajudar a família.

Para você o sexo começa na cabeça — e se não tomar cuidado também pode não sair de lá. Como os piscianos lunares, você pode sentir-se melhor imaginando do que praticando o sexo. Se encontrar um parceiro compatível que o encoraje a relaxar-se, é capaz de fazer toda essa sexualidade que está na sua cabeça inundar o corpo todo, podendo tornar-se o amante que sempre quis ser. Fica desconcertado com grosserias. Seus nervos são sensíveis; assim, um ambiente tranqüilo, um amante divertido e alguns drinques fazem maravilhas. É possível que tenha experiências bissexuais e que, na intimidade, goste de ler livros vulgares ou até de ver filmes obscenos! Curiosamente, tanto os geminianos solares como os lunares têm o tato desenvolvido. Gostam de abraçar, de tocar e serem tocados, desde que não sejam sufocados nem apertados demais. Antes de terminar com esse fascinante assunto da sexualidade, vale a pena observar que qualquer pessoa com Gêmeos bastante enfatizado no mapa é capaz de fazer duas coisas ao mesmo tempo!

Atitude em relação à carreira

A posição da Lua não indica carreiras específicas, mas mostra as motivações íntimas. Gente, atividade mental, palavras e viagens são ingredientes essenciais de sua vida profissional. Você pode trabalhar em vendas, comunicações por telefone ou telex, ou *marketing*. Pode gostar de escrever, principalmente de jornalismo, bem como de todas as formas de ensino. O tipo de instrução recebida pode variar bastante, mas muitos são autodidatas, e depois passam a ensinar, possivelmente na área de esportes ou dança. Em geral você conquista o respeito dos outros, não só pelo que sabe mas também pela maneira agradável de tratar as pessoas.

Você deve ter uma mente ordenada (a não ser que haja indicações contrárias no seu mapa), sendo capaz de organizar a si mesmo e aos outros. Gosta de viagens, sobretudo aéreas; muitos geminianos lunares trabalham na aeronáutica ou na área de turismo. Parece que todos adoram dirigir, e é possível que também saibam pilotar aviões. Você é rápido para pegar idéias novas e sabe comunicá-las bem; é muito bom para lidar com pessoas e pode ser um gerente maravilhoso. Nos negócios, pode ser matreiro e astucioso — adora levar vantagem e pode não ser sempre cem por cento honesto. O melhor para você é trabalhar em conjunto com uma pessoa prática. Como este signo rege as mãos e os braços, é possível que você seja um excelente artesão, tipógrafo, manicura ou até quiromante.

Curiosamente, pode interessar-se por religião e misticismo, mas só num nível superficial. Pode gostar mais do lado social dos grupos religiosos que dos elementos mais profundos de sua filosofia.

Pais e antecedentes

Há uma boa probabilidade de que um de seus pais — possivelmente o pai — tenha sido autoritário, o que o fez perceber a necessidade de ser obediente e agir de acordo com as idéias paternas sobre a conduta. Na infância sua casa provavelmente era cheia de livros e acessórios educativos; seus pais devem tê-lo matriculado de bom grado em todo tipo de cursos. Em sua casa deve ter havido boas conversas e visitas interessantes. O mais provável é que você tenha nascido de um parto relativamente fácil; pode ser o filho mais velho de uma família pequena ou o único irmão entre várias irmãs, ou vice-versa. Existem alguns indícios de uma profunda infelicidade na infância, e a sensação de não se encaixar em nenhum lugar, nem no lar nem na escola. Pode ser que você tenha sido alvo de preconceitos raciais ou religiosos. Também pode ter sido desfavoravelmente comparado aos irmãos, a um filho morto ou até a um de seus pais. É possível que tenha sonhado em trabalhar no exército ou num hospital, mas, de alguma forma, ou isso não acontece ou quando acontece não dá certo para você.

Há indicações de que sua mãe é fora do comum — uma mulher de carreira, altamente intelectual ou apenas excêntrica! Ela deve ter-lhe mostrado, por menções diretas ou pelo exemplo, que na vida as mulheres precisam ser independentes. Se você for mulher isso vai influenciá-la a ter uma profissão; se for homem, a escolher uma parceira que tenha uma profissão.

Os problemas associados a esse posicionamento podem pular uma geração e aplicar-se mais de perto à vida de um de seus pais na infância.

Saúde

Este não é um posicionamento saudável para a Lua, sobretudo se também houver aspectos difíceis com outros planetas. Você pode ter pulmões fracos; também pode haver problemas com os braços e as mãos. Alguns geminianos lunares sofrem acidentes realmente horríveis que afetam os braços, as mãos, os dentes e o rosto. Essa posição lunar pode levar à necessidade de reconstruir ossos e feições. É possível que você tenha alergias e sofra de uma ou duas enfermidades entre as doenças nervosas ou de auto-imunização. Pode ser asma, eczema, reumatismo, enxaqueca, psoríase, úlcera, colite, etc. Seus nervos podem ser seu pior inimigo. Você precisa dar vazão à energia nervosa: os esportes, as atividades ao ar livre ou mesmo o sexo podem ajudar!

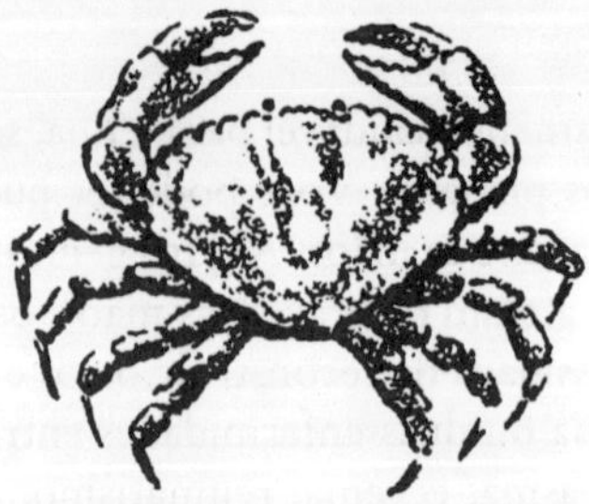

Lua em Câncer
♋ (regida pela Lua) ☽

Era a adorável Lua — erguendo
lentamente o rosto branco entre
ondas de nuvens cor de bronze flutuando e vagando
de leve, lá longe, de leve...

It was the lovely Moon
de John Freeman (1880-1929)

O signo de Câncer é feminino, negativo, de Água e cardeal. A Lua é o planeta que rege este signo, e portanto aqui ela está bem à vontade. A Lua rege a personalidade interior; assim, como os que têm o Sol em Câncer, sua reação às pessoas e aos lugares é muito forte, fato que você automaticamente leva em consideração ao tomar qualquer decisão. Você é muito sensível, o que lhe permite sintonizar-se muito rápido com os sentimentos dos outros, a ponto de poder sentir se estão infelizes ou sofrendo. É capaz de sentir um ambiente "estranho" assim que entra numa sala. A menos que haja forças muito conflitantes no seu mapa, você deve ter a habitual capacidade canceriana de ouvir com simpatia. Nos negócios deve sentir instintivamente quando alguma transação está para dar errado — ou certo!

O lado negativo dessa moeda é o excesso de sensibilidade. À semelhança dos outros signos femininos de Água, Peixes e Escorpião, é possível que você encare as coisas de um modo muito pessoal, remoa, emburre e não se abra com ninguém. Dizem que o humor dos cancerianos muda com cada maré, mas isso é um exagero. As mulheres com a Lua em qualquer um dos signos de Água são muito suscetíveis aos problemas menstruais e às oscilações de humor associadas aos hormônios. O pior aspecto desse posicionamento é que você pode incorrer em chantagens emocionais, afastando-se dos outros ao mesmo tempo que emite vibrações desaprovadoras. Num dia muito ruim você pode ser assediado por sentimentos de paranóia ou por aquele tipo de inveja que faz com que se comporte de modo totalmente ressentido. Em certas ocasiões também pode ser crítico ao extremo, com mania de descobrir defeitos. Esse tipo de comportamento é raro, porque você é uma pessoa amável e atenciosa demais, muito receptiva às necessidades dos outros para ser assim desagradável por muito tempo.

Você tem a capacidade de ajustar-se ao ambiente e acomodar-se bastante bem aos outros (os signos de Água encontram seu próprio nível). Pode queixar-se de uma determinada situação, mas tira o máximo proveito dela e muitas vezes encontra meios de mudar e manipular as circunstâncias a seu favor. Lembre-se de que Câncer é um signo *cardeal* e que a Lua representa nossos instintos. A *sua* reação instintiva é corrigir as coisas e criar um ambiente melhor. Existem os iniciadores e os seguidores; a capacidade de dar início a projetos e/ou completá-los depende de uma série de fatores do mapa natal, mas a sua reação instintiva é colocar as coisas em movimento e estimular alguém para levá-las a cabo (ou encontrar quem o faça). Se você estiver de fato sem saber o que fazer com algum problema, sempre pode assumir uma expressão meio patética, na esperança de que alguém fique com pena e ajude a resolvê-lo.

Você tem consideração pelos outros, sobretudo por sua família, e assim lhe seria quase impossível abandoná-la; isso só aconteceria se você fosse inexoravelmente coagido a tanto. Acredito que faria várias tentativas de endireitar as coisas antes de desistir. É paciente com as crianças e os jovens, e por certo gosta muito de animais. Não é inteiramente egoísta, mas só consegue descontrair e apoiar os outros depois que *você* está acomodado e satisfeito. Sua maior necessidade é a segurança *emocional*, ou seja, ter um parceiro em quem possa confiar, ter harmonia dentro de casa e amigos que o ajudem a aumentar sua autoconfiança. A falta de confiança nas próprias capacidades e a sensação de uma relativa falta de valor são seus piores inimigos, e é isso que pode fazê-lo sentir inveja e ressentimento em relação aos outros, muitas vezes de modo bem injustificado.

Você gosta de crianças e da companhia delas; é amável com seus filhos e com os dos outros também. Entretanto, fica muito ressentido quando outra pessoa "larga" os filhos com você. Sua bondosa natureza íntima reage à vulnerabilidade e à honestidade das crianças. Você pode continuar um pouco ligado demais aos filhos, depois de adultos, ou então querer que eles sejam independentes e descobrir que não consegue livrar-se deles! Por outro lado, é possível que sua mãe continue a sufocá-lo muito depois de você ter se tornado adulto! Pode ser bastante difícil esquecer a infância, pois tem uma leve tendência a viver no passado.

Você reage a qualquer situação difícil ficando inquieto. Tem uma preocupação autêntica com a família; e também com dinheiro, saúde, a conjuntura nacional e a iminência de uma guerra nuclear. Tem uma tendência a atrair parasitas que se penduram em você e fazem-lhe exigências. Isso fica mais evidente nas pessoas que têm o Sol ou o Ascendente num signo firme de Terra ou num entusiástico signo de Fogo. Para sua sorte, você é esperto o suficiente para detectar a aproximação desses tipos e descartá-los com muito mais facilidade do que por exemplo uma pessoa de coração mole com a Lua em Peixes. Quando gosta de alguém e essa pessoa fica doente você é muito bom; quando acha que ela está sendo magoada você toma as suas dores. Infelizmente, a menos que haja bastante força em outro lugar do mapa, você não chega a *fazer*, na prática, nada para ajudar.

Você pode ser voluptuoso, mas não é ganancioso. Não tem muito apetite — dá preferência a pequenas porções de comida, bem preparada e bem apresentada. Seu estômago sensível pode rejeitar alimentos condimentados. (Um amigo com a Lua em Câncer me disse que não consegue comer cebola crua.) Talvez goste de bons vinhos, mas não há indícios de que esse posicionamento da Lua provoque excessos. Pode ser um bom cozinheiro, mas isso vai depender de outros fatores do mapa natal, além do estilo de vida. Detesta cenas e brigas e irrita-se facilmente com barulhos ásperos e dissonantes. Agüenta o maior caos no trabalho, mas precisa de paz e harmonia em casa. Pode ter a característica canceriana do colecionador, que junta desde antigüidades valiosas até quinquilharias. Não gosta de perder nada — nem ninguém.

Todos os seus sentidos são aguçados, sobretudo a audição; você de fato detesta sons dissonantes. O olfato, tato e paladar são bem desenvolvidos; você pode sofrer de hipermetropia. Sua reputação sexual é merecidamente boa. A idéia de uma experiência que envolva todos os sentidos, e ainda amor e afeto, é demais para você deixar passar. Sendo por natureza gentil e amável, deve ser um amante atento e até hábil. É provável que o fato de ser do tipo fiel atenue a necessidade de ter experiências sexuais muito variadas. Duas amigas minhas casadas com pessoas de Lua em Câncer dizem-me que seus parceiros são bons amantes.

Você gosta de estar com gente nova e conhecer lugares novos, mas também tem uma ligação com o que é antigo. Gosta de uma fofoca quase tanto quanto seus primos geminianos. Tem o hábito de observar o comportamento dos outros, como uma forma de autoproteção. Por ser cauteloso sob o ponto de vista emocional, demorando a apaixonar-se e abrir-se à perspectiva da dor e da rejeição. Os outros podem apaixonar-se por você, graças à sua imediata compreensão dos problemas deles. Parece que você *conhece* os outros psiquicamente. Mas a pessoa que fica caída por essa atitude empática talvez se decepcione se esperar que você se mexa e resolva os problemas para ela. Isso depende mais do seu signo do Sol e do Ascendente.

Sendo cauteloso, você pode reagir de maneira um pouquinho hostil em relação a pessoas desconhecidas. Se você tiver um Ascendente muito expansivo, como por exemplo Sagitário, sua atitude será aberta e confiante, mas a cautela continuará escondida lá no fundo. Por natureza você é honesto, tanto em relação a dinheiro quanto no sentido geral; é uma pessoa em que se pode confiar em todo tipo de situação confidencial, ou em relação a qualquer informação. Entretanto uma de suas características menos agradáveis é exibir de vez em quando um toque de "esperteza", adulando pessoas de quem quer se aproximar ou de quem quer tirar proveito. Em geral essa jogada dá resultado, mas não vai pegar quando você estiver lidando com pessoas mais perspicazes.

Você pode ser ligeiramente mesquinho em relação a pequenas coisas. Essa característica também se aplica à Lua em Escorpião e Peixes. Minha amiga Linda me diz que fica aborrecida quando os filhos desperdiçam pasta de dente; além disso ela junta todas as sobras de sabão e mistura tudo de novo para poder usá-las até o fim! Eu, que tenho a Lua em Peixes, devo reconhecer que também faço essas pequenas economias. Os cancerianos solares e lunares têm dificuldades em jogar qualquer coisa fora. De vez em quando você decide esvaziar os armários, mas depois guarda quase tudo de novo. É sentimental demais em relação às suas quinquilharias para conseguir desfazer-se delas. Precisa ter uma base de operações, assim não apenas a casa mas também o escritório são importantes para você, que não quer que eles sejam muito tumultuados nem "limpos". A menos que haja uma forte dose de Virgem ou Libra em seu mapa natal você não é muito cheio de nove-horas quanto ao aspecto da casa; consegue fazer de qualquer lugar um lar.

Seus gostos e aversões são fortes; lembre-se de que Câncer é um signo cardeal, e que você também tem uma coragem singular, que o diferencia dos outros. Por exemplo, é eficiente na hora de fazer perguntas, sondar, descobrir o que move os outros, e ficar em dia com o falatório local. Também não está acima de uma forma branda de "inquisição".

Os cancerianos lunares têm boa memória; assim, é possível que você guarde rancor quando fica magoado, mas que também se lembre das pessoas que o ajudaram. Sendo meio sentimental, gosta de lembrar de aniversários e datas comemorativas, e fica zangado quando alguém se esquece do seu. Sua intuição é muito forte — isso tanto pode ser uma ferramenta útil na vida cotidiana como uma verdadeira ponte para alguma espécie de trabalho psíquico. Um bom número de cancerianos lunares têm *hobbies* paranormais ou psíquicos. Como sabe guardar segredos, pode trabalhar como uma espécie de conselheiro psíquico, que precisa ouvir as confidências dos outros. Você gosta do campo e adora o mar. Se a sua Lua em Câncer estiver *muito* destacada no mapa natal, pode optar por um emprego no mar ou próximo a ele. Outro interesse seu é o passado. Você pode estudar história ou colecionar antigüidades.

Nos relacionamentos você desempenha um papel paterno e pode assumir uma atitude exageradamente responsável em relação aos outros, tentando organizá-los ou dar ordens demais, ou fingir-se de criança na expectativa de ser só mais uma vez perdoado por má conduta. É possível que isso também pule uma geração, e nesse caso você pode estar sendo vítima de um comportamento desse tipo, em vez de agir assim. Para você é natural preocupar-se com as pessoas de quem gosta. Com a ajuda de outros fatores planetários você pode ser nos relacionamentos a parte que atribui culpas e se queixa — o que é o caso sobretudo quando em algum lugar do seu mapa há um fator forte em Peixes.

Atitude em relação à carreira

Sem indicar possibilidades específicas de carreira, a Lua mostra como você encara a *idéia* do trabalho. A menos que haja outros fatores no mapa, como uma ênfase no signo de Libra, você trabalha com afinco e dedicação. Sua natureza íntima leva-o para o tipo de emprego onde você pode ser útil. Muitos cancerianos lunares trabalham em hospitais, escolas e com velhos; outros são atraídos pelo mundo dos negócios. Alguns são levados para o campo de antigüidades, moedas raras, casas majestosas ou genealogia. A área de seguros com seu cunho "protetor" pode atraí-lo. Muitos retomam a educação mais tarde, quando a carreira original deixa de ser viável ou quando acham que precisam adquirir determinadas qualificações que podem ser úteis para progredir profissionalmente. Muitos cancerianos solares e lunares dirigem pequenos negócios, lojas e pequenas agências. Tendo habilidade manual, podem trabalhar como encanadores, carpinteiros, etc. Os cancerianos lunares também são excelentes professores.

Você não prejudica a carreira do seu parceiro; na maioria dos casos está muito disposto a vê-lo progredir, e podendo você o ajuda. Sua sensibilidade significa que pode tornar-se um bom vendedor ou executivo, gerente de pessoal ou conselheiro. A política eventualmente representa um apelo, bem como a contabilidade. A maioria tem um lado teatral e pode ser levada para o mundo dos entretenimentos ou dos esportes. A desvantagem aqui é a irregularidade da oferta de trabalho e a incerteza geral dessa área; sendo você um indivíduo responsável, talvez fique mais satisfeito num emprego seguro, deixando para cantar e dançar nas horas de lazer. Você daria um excelente parceiro para uma pessoa bem atirada, mas de fato não tem estômago para empreendimentos de alto risco ou venais.

Pais e antecedentes

Nesse posicionamento a Lua sugere que você nasceu de um parto fácil. Seu lar de origem deve ter sido confortável, com um relacionamento agradável entre as pessoas da família. Provavelmente você é o filho mais velho (embora a tendência para isso seja muito mais forte quando o Ascendente está em Câncer). Os antecedentes e a história da família são importantes para você, que pode tentar reconstituir a sua árvore genealógica. É possível que a família viaje bastante e que você vá junto, mas não há indícios de muitas mudanças de casa. Sua mãe pode ter sido tradicional e comum, mas possivelmente foi superprotetora com você.

Saúde

Esse posicionamento da Lua sugere uma saúde robusta, com bom poder de recuperação depois de doenças e operações. As áreas frágeis associadas à Lua em Câncer seriam o peito, os seios e o estômago, mas no mapa a Lua não é o indicador mais óbvio de saúde.

Você tem muita sintonia com seu corpo; assim, quase chega a sentir dor antes de alguma coisa começar a funcionar mal! A menos que a Lua esteja muito aflita e que haja outros fatores muito importantes no mapa natal, não há razão para supor que você seja mais suscetível do que qualquer outro signo à temível doença, o câncer.

Lua em Leão
♌ (regida pelo Sol) ☉

E quando a lua estava elevada
Chegaram dois jovens amantes recém-casados;
"Estou meio cansada de sombras", disse
A dama de Shalott.

Alfred Tennyson

O signo de Leão é masculino, positivo, de Fogo e fixo, enquanto a Lua, pela associação com o signo de Câncer, é feminina, negativa, de Água e cardeal. À primeira vista parece que a Lua não fica muito à vontade em Leão, o que sob muitos aspectos não é verdade. Em nome da conveniência os astrólogos chamam todos os corpos do sistema solar de "planetas". O Sol, naturalmente, é uma pequena estrela, enquanto a Lua é o satélite da Terra. Esses dois corpos celestes dominam a visão que o homem tem do céu, e seus movimentos dominam a vida de todos os seres vivos sobre a face da Terra.

Do ponto de vista astrológico as principais diferenças entre o Sol e a Lua estão nas atitudes que eles emprestam aos relacionamentos, sobretudo entre gerações diferentes. O poder do Sol parece dominar a Lua, impregnando as mais profundas camadas da personalidade de características leoninas, que depois transbordam até a superfície. Caso tenha esse posicionamento lunar, você é basicamente amável, generoso e digno, com uma necessidade instintiva de estimular os outros. Lá no fundo você tem um verdadeiro toque da nobreza leonina. Vale a pena lembrar que muitos membros de família real têm a Lua em Leão. Sendo naturalmente majestoso, honesto e digno de confiança você acha difícil comportar-se de maneira desumana ou tortuosa, e é orgulhoso demais para viver à custa dos outros. Sua necessidade de *aparentar* honestidade e honra pode não refletir a realidade; mas se for pego praticando um ato covarde ou desleal, ou caso se torne evidente que você nutre sentimentos de inveja, sua reação pode ser de raiva e agressividade. Quando sua dignidade é ferida você se refugia num pedestal.

A fixidez desse signo lhe dá determinação para levar as coisas até o fim e terminar tudo o que começa. É possível que você seja obstinado demais e queira ditar ordens. Às vezes pode ser teimoso e inflexível.

De vez em quando você parece comportar-se de forma distante e superior — esse é o escudo que usa nas situações não-familiares. Quando magoado, refugia-se no que chama de silêncio majestoso e que os outros chamam de amuo; sob circunstâncias normais, entretanto, você é alegre, amistoso e aberto. Ocasionalmente, tem dúvidas sobre seu próprio valor, mas às vezes sente uma intensa superioridade. Sempre que a Lua se encontra num signo fixo as emoções são mantidas sob controle; assim, podem irromper com força de tempos em tempos. Quando pressionado ou agredido você pode tornar-se bastante agressivo. Se for muito ferido fica desconfiado, cheio de ódio e de desejos de vingança.

Os leoninos lunares podem se dispor ao extremo auto-sacrifício pelas pessoas que amam, mas queira Deus que a pessoa amada saiba dar valor ao sacrifício! Você coloca o objeto de seu amor num pedestal e fica magoado quando descobre que ele é apenas humano. Seus sentimentos intensos fazem-no ansiar por emoção, drama, romance e paixão; com um pouco de sorte você encontrará tudo isso num relacionamento fixo; caso contrário procurará romance, paixão, etc. fora do casamento. Pode até criar tensão dentro do relacionamento para mantê-lo vivo. Pelo mesmo motivo precisa de uma carreira instigante; é capaz de suportar bem a insegurança de uma carreira, contanto que não seja monótona. Contentamento demais o enjoa.

Sua mente é aberta e dificilmente adere a uma religião ou ideologia política das mais fanáticas. Pode ter uma perspectiva religiosa e filosófica diferente da de seus pais, mas isso não deve ser um grande problema em sua vida. Mesmo não sendo nem um pouco bitolado você pode achar difícil mudar de ponto de vista e pode ter opiniões bastante arraigadas.

A Lua está associada ao lar; assim, você terá uma casa atraente, com uma decoração interessante. É muito preocupado com a aparência pessoal, podendo mesmo ser vaidoso (na realidade os homens com esse posicionamento lunar são piores que as mulheres). A desgraça da sua vida é o cabelo. Você pode achá-lo grosso demais, fino demais, armado demais, ondulado demais; se for homem, pode achar que é pouco demais! Pode se sentir vaidoso em relação ao corpo que tem e até em relação ao seu desempenho sexual. Uma mulher casada com um homem muito simpático com a Lua em Leão me disse que ele faz sexo como se fosse uma festa! Como amante, à semelhança do leonino solar, você pode ser autoritário e exigente, mas também pode ser tranqüilo, descontraído e amável. Seria muito atípico encontrar um depravado completo com esse posicionamento lunar. Sendo romântico, você gosta de jantar fora, de dar e receber presentes, de se lembrar dos aniversários. É exigente na escolha do parceiro; você quer nada menos que o melhor. Tem um forte impulso sexual, mas não se satisfaz por muito tempo com um relacionamento baseado apenas em sexo. Precisa de romance e paixão e acima de tudo precisa ser amado. Mesmo assim acha difícil viver sem a satisfação e o bem-estar do sexo; a vida sem o amor, em todos os sentidos, seria fria demais até como hipótese. Você não se importa em tomar as iniciativas no sexo e é capaz de incentivar um parceiro menos experiente. Seus sentidos são desenvolvidos, e assim tudo o que diz respeito a sexo o atrai, desde que possa ser feito com um certo grau de decoro. O banco de trás de um carro num estacionamento molhado simplesmente não é para você (a não ser que seja um Rolls-Royce!).

É possível que você sinta necessidade de se ligar a alguma fonte de poder. Nesse caso trabalhará com pessoas poderosas e bem-sucedidas, com animais grandes e fortes; ou então pode ficar fascinado com o poder da magia e do mundo espiritual. Isso eventualmente fará com que você goste de assumir riscos por tabela, o que é uma característica lunar. Sua coragem, seu Fogo e entusiasmo podem levá-lo a aprender com as pessoas poderosas que o cercam, e a tirar proveito pessoal dessas lições, o que naturalmente é uma característica solar.

Você faz qualquer coisa pela pessoa que ama, mas tem necessidade de que reconheçam sua generosidade de espírito. Como esse signo é fixo, você resiste às mudanças e tem dificuldade em admitir a derrota em qualquer situação; assim, fica difícil desembaraçar-se dos prejuízos e recomeçar. É possível que você mantenha o emprego errado por um tempo longo demais, e também que mantenha um relacionamento arruinado por muito tempo depois de ter chegado o momento de acabar com ele. É possível que você seja um pouco bom demais na manutenção do *status quo* — sobretudo em situações emocionais. Pode ser emocionalmente autocentrado, e talvez tenda a se pendurar em quem ama — e isso também se aplica aos seus filhos. Laura, uma amável e perita quiromante de quarenta e poucos anos, acabou de abandonar o marido paranóico e violento, depois de muitos anos de maus-tratos; mas ainda se acha incapaz de romper de todo com ele e de pedir o divórcio. "É definitivo demais", diz ela.

A não ser que as características do Sol e do Ascendente sejam muito diferentes, você é sociável e gosta de receber convidados; mas como é muito mais tímido que a personalidade leonina solar, é possível que só receba os outros de um jeito tranqüilo. Gosta de esportes e da companhia de jovens. Pode envolver-se com alguma organização como a dos escoteiros, das bandeirantes ou da Cruz Vermelha. Você não tem necessidade de ser o centro de atração no mundo, mas gosta muito de ser o centro da sua própria casa. Se ficar em evidência, sabe lidar com a situação, mas não procura isso conscientemente, como faz uma pessoa com o Sol em Leão. Gosta de saber onde estão os vários membros de sua família e de certificar-se de que todos estão bem; sente uma necessidade interior de organizar a vida deles e fazê-los andar na linha.

A menos que esteja magoado, sua natureza íntima é brincalhona, alegre e amigável, o que faz de você uma pessoa popular. Aprecia a beleza, a criatividade e a arte, e tem uma noção instintiva de estilo. Orgulha-se das pessoas que ama e até de seus amigos, e prefere não se cercar de pessoas desmazeladas. Nunca esquece uma mágoa, mas seu forte senso de lealdade implica que você se lembre também das pessoas que o ajudaram. Precisa sentir-se ligado a um algum lugar, que tanto pode ser uma casa quanto uma região do país com a qual sinta uma afinidade especial. Tem necessidade de espaço e odeia ambientes apinhados de gente; gosta de viajar para o campo e passar as férias num local quente e agradável. Precisa de férias e pausas, pois tende a empenhar-se muito no trabalho e na própria vida. Sua vitalidade nunca se esgota por muito tempo, porque você tem reservas interiores de força.

Como pai ou mãe é excelente; muitas vezes trata como jovens adultos os filhos, cuja dignidade sempre preserva. Não procura pendurar-se a eles à medida que crescem. É capaz de ensiná-los e incentivá-los com brincadeiras; às vezes é possível que não seja muito paciente, mas não deixa de fazer um carinho quando estão desanimados ou doentes.

Atitude em relação à carreira

O posicionamento da Lua não indica uma carreira específica, mas mostra as inclinações e impulsos íntimos. Os leoninos, tanto solares como lunares, aprendem com mais facilidade depois que deixam a escola. É possível que você faça um curso bem puxado quando já estiver às voltas com uma carreira, um lar e uma família, talvez com o intuito de conseguir um emprego melhor ou simplesmente para se satisfazer. Você não confia em sua capacidade, e assim qualquer realização sua ajuda-o a continuar, na busca de outros êxitos. Mesmo que não tenha muita educação formal você entende as pessoas e aprende muito com a vida. Sente uma necessidade interior de ocupar uma posição executiva e, se as circunstâncias não o permitirem, você pode tornar-se autônomo, um rei no seu próprio território, embora possa precisar de alguém por perto para ajudá-lo a tratar dos detalhes.

Você dá um bom empregador, que entende a necessidade de preservar a dignidade dos outros.

É um indivíduo voltado para a carreira e, com a boa concentração e capacidade organizacional que tem, sua ascensão profissional pode ser constante. Precisa fazer nome em algum campo criativo, e pode empenhar-se para aperfeiçoar alguma coisa capaz de lhe trazer uma fama tranqüila. Sua capacidade de causar a impressão certa pode levá-lo para a área de *marketing*, recursos humanos, exposições de obras de arte ou antigüidades. O maior problema é que você é capaz de ter sonhos grandiosos, mas pode ser acomodado demais para transformá-los em realidade. Quer ser o primeiro do seu ramo, mas é estranhamente não-competitivo e autocentrado demais para se preocupar com os outros; seus altos padrões já são um adversário suficiente. Você é bom para acalmar os outros e lidar com situações delicadas, e assim pode sentir atração por algum tipo de serviço social relacionado com pessoas problemáticas, principalmente jovens. Sua atração pelo *glamour* pode levá-lo a se interessar por algum tipo de espetáculo. Tem um lado criativo, ou seja, pode encaminhar-se para a dança, o canto ou para alguma forma de trabalho artístico. Devido à atração por crianças e jovens, você pode ser professor (principalmente se houver Gêmeos, Aquário ou Sagitário em seu mapa). Pode dar preferência ao jardim-de-infância ou ao trabalho educativo com delinqüentes juvenis. Seu amor pelas coisas boas da vida pode transformá-lo num bom dono de restaurante ou de hotel, mas para você o melhor é um emprego que o deixe em evidência. Tudo bem se você trabalhar nos bastidores organizando os outros, mas não vai querer, sob hipótese alguma, ser o encarregado da limpeza e da cozinha.

Você é competente e capaz, desde que possa trabalhar em seu próprio ritmo; detesta ser apressado ou sofrer pressões.

Pais e antecedentes

Provavelmente existe alguma coisa errada aqui. Talvez seu pai tenha sido autocrático, autoritário ou apenas incapaz de se relacionar com os filhos. Talvez você tenha se dado muito melhor com a mãe. Você mesmo pode ser muito dado a pressionar os filhos, mas pode ser que esse posicionamento reflita o que ocorreu uma geração antes: *você* ter sido pressionado por seus pais, cuja expectativa sobre si era maior do que a sua capacidade de realização na época. O ambiente pode ter sido tradicional ou mesmo, sob certo sentido, religioso, envolvendo rituais e determinados tipos de comportamento. No pior dos casos pode ser que seu pai lhe inspirasse medo ou lhe desse a impressão de que você não poderia corresponder a alguma imagem impossível de perfeição. Ele mesmo pode ter sido um homem muito bem-sucedido ou ter tido uma realização precoce. Os leoninos lunares têm muito maior chance de obter êxito na vida mais tarde. Você precisa de amor dos pais, incentivo e aprovação; se essa necessidade for atendida pelo menos por um dos pais, além dos irmãos e irmãs, ótimo; caso contrário, você pode tornar-se um carente emocional. A última coisa de que precisa é de um pai ou uma mãe intelectual de um signo de Ar.

Saúde

A Lua não é o único indício de problemas de saúde no mapa, mas pode apontar estados crônicos subjacentes. Você precisa moderar o consumo de comidas e bebidas, fazer exercícios e levar uma vida regrada, porque pode ter um coração fraco. Eventualmente, podem ocorrer problemas de coluna, com maior probabilidade de se manifestarem quando você se sente infeliz ou preocupado.

Lua em Virgem
♍ (regida por Mercúrio) ☿

Lua sem brilho traz chuva, lua vermelha traz ventania,
Lua branca não traz nem chuva nem neve.
(Provérbio)

O signo de Virgem é feminino, negativo, de Terra e mutável; a Lua, pela associação com Câncer, é feminina, negativa, de Água e cardeal. Isso significa que há uma aliança desconfortável entre o signo de Virgem e a energia da Lua. Você pode achar muito difícil moldar o seu mundo da forma como gostaria; parece que a cardinalidade da Lua (cardinalidade implica ação) é refreada no signo mutável e negativo de Virgem. Se você não conseguir ser bem-sucedido no emprego, nem criar o tipo certo de ambiente ou encontrar o parceiro ideal, é capaz de ficar fisicamente irrequieto e agitado. Pode nunca terminar de fato a decoração da sua casa, testar um parceiro após outro ou tornar-se o seu pior inimigo no trabalho. Quando frustrado, adquire uma tendência a se intrometer, criticar, estragar, perder ou destruir exatamente aquilo de que mais precisa. É capaz de analisar demais a si mesmo e a tudo que o rodeia, escondendo seus medos e fobias debaixo de uma capa de meticulosidade. Tome cuidado para não se deixar apanhar pela necessidade psicológica de controlar todos os detalhes, preparar-se para qualquer eventualidade, de forma a programar não apenas os problemas inesperados da vida, mas também suas surpresas agradáveis.

Virgem é um signo difícil de compreender, e a Lua nessa posição aumenta a complexidade. Vou lançar mão de um pouco da lógica do meu planeta Mercúrio, que está em seu próprio signo, Virgem, para poder analisar os problemas. Como Virgem é um signo de Terra, sugere uma necessidade interior de servir aos outros de maneira prática; assim, você prefere trabalhar num campo onde possa ser útil aos outros. Sente-se mais à vontade no local de trabalho que em sociedade, sobretudo quando está usando ao máximo seus talentos. Como é consciencioso e atencioso em relação à família, demonstra seu amor ajudando-os de forma prática, ou dando-lhes presentes materiais, em vez de fazer demonstrações abertas de afeto ou declarações de amor. É particularmente solícito e compreensivo com os doentes. É confiável, sério, asseado e eficiente em tudo o que faz; leal e honrado, você nunca trai a confiança dos outros. A maioria dos virginianos lunares acorda cedo e parece ter mais vivacidade de manhã que à tarde. A mente é muito clara e lógica, o raciocínio em geral segue linhas realistas, e você prefere pensar antes de agir. Pode ter muita imaginação, se tiver algo como Peixes ou Leão no mapa, mas ela é utilizada em algum tipo de estrutura — escrever poesia, tratar de um jardim ou fazer um programa de computador, por exemplo. Você gosta de debater quando está com pessoas com quem se sente descontraído; nunca engole sem comprovação o que lhe dizem. Tome cuidado para não gastar energia demais em detalhes deixando escapar o principal; tente também não permitir que um problema fique girando em sua cabeça, assumindo proporções desmedidas. Alguns virginianos lunares são decididos reformadores sociais, sobretudo se houver alguma coisa em Aquário no mapa, ou se o Sol ou o Ascendente estiverem em signos expansivos e confiantes. Você é capaz de tomar decisões práticas quase sem a menor delonga e de ir a qualquer lugar de uma hora para outra; quando as decisões têm um conteúdo emocional já não é tão fácil. Curiosamente, embora tenha um espírito rápido, seus movimentos corporais podem ser lentos. As virginianas lunares são boas donas-de-casa e com muita freqüência amam o lar, mas precisam ter um canal de expressão intelectual e oportunidade de trabalhar e ganhar o próprio dinheiro. Embora seus processos mentais sejam bastante lógicos, é possível que você seja muito espiritual. As questões espirituais têm uma lógica aceitável, que você parece captar com mais facilidade que muitas outras pessoas. A religião pode não interessá-lo muito; a fé cega, para você, é sempre inaceitável.

Virgem, sendo um signo mutável, sugere que você é capaz de adaptar-se a quase qualquer tipo de companhia. É pouco dado a preconceitos raciais, religiosos, etc., porque julga todas as pessoas interessantes. É difícil os virginianos lunares manipularem os outros para atingir seus próprios fins. A princípio você é tímido, mas fica bastante sociável quando sente que pode descontrair-se. Embora quase não haja probabilidade de que seja a alma da festa, e menor ainda de que fique bêbado e faça papel de bobo, você aprecia o convívio social, sobretudo a companhia de pessoas espirituosas e interessantes. Mesmo sendo tímido, gosta de recepcionar os recém-chegados, mas depois se retrai para analisá-los.

Duvido muito que encare o dinheiro em termos do poder que pode proporcionar-lhe; você tem pouca disposição de desperdiçar o dinheiro, merecidamente ganho em coisas vistosas; prefere pagar as contas em dia e reservar o que sobra para seu prazer. Um dos seus prazeres favoritos é fazer uma viagem pelo campo ou uma bela refeição num restaurante. Você gosta do ar puro e do litoral, aprecia os exercícios físicos mais ou menos suaves, como caminhar, dançar, jogar *badminton.* Sendo este um signo de Terra, há atração pela jardinagem, sobretudo pelo cultivo de frutas e vegetais para uso próprio; além disso, você enche a casa e o jardim de flores de aroma delicado. Seus sentidos do tato e do olfato (e também seu estômago) são sensíveis; assim, os bons produtos cultivados em casa têm a sua preferência. A leitura e a música proporcionam-lhe uma forma passiva de escapismo. Uma forma ativa de escapismo muito popular entre os virginianos solares e lunares é a representação teatral, que lhes dá oportunidade de esquecer quem são, por algum tempo, assumindo uma personalidade totalmente diferente. Também lhes dá oportunidade de fazer bobagens ou afrontas sem o perigo de serem levados a sério.

Para você os relacionamentos podem ser um campo minado; tende a fazer-se útil e então pergunta por que está sendo usado pelo parceiro. De certa forma o relacionamento mais bem-sucedido no seu caso seria com alguém que tivesse uma carreira importante e interessante, e a sua contribuição seria tornar mais fácil a vida dessa pessoa. Precisa haver uma ligação mental entre você e seu parceiro; é bom quando há interesses ou trabalho em comum. Você está disposto a esforçar-se pelo relacionamento. Alguns se ligam a uma personalidade cintilante e glamourosa e sentem prazer em participar de sua vida. Qualquer relacionamento baseado apenas no sexo não duraria por muito tempo. Muitos livros de astrologia sugerem que os virginianos solares e lunares são assexuados — *isto simplesmente não é verdade.* Entretanto, pode haver alguns problemas muito penosos associados ao sexo e aos relacionamentos sexuais. Creio que o problema vem de duas fontes; primeiro, o aparente ridículo do ato sexual o constrange com facilidade; você acha difícil despojar-se de sua dignidade e fazer os ajustes necessários para sucumbir aos sentimentos. O segundo problema é que você pode envergonhar-se da própria capacidade de sentir paixão, talvez devido a influências e incidentes da primeira infância. Qualquer pessoa com *qualquer* planeta pessoal em Virgem (Sol, Lua, Mercúrio, Vênus e Marte) fica instantaneamente gelada quando seu desempenho é criticado.

Você pode preencher seu tempo com o trabalho, no intuito de evitar tratar de tudo o que se relacione com o sexo. A timidez aqui não ajuda, mas essa situação pode ser quase totalmente superada se você encontrar um parceiro amável e encorajador. Uma coisa que de fato ajuda é a sua capacidade de adaptação: todos os signos mutáveis tentam enquadrar-se nos requisitos dos outros; assim, tendo uma chance e recebendo muita atenção terna e amorosa, você pode satisfazer o seu potencial sexual, sobretudo com o amante "certo". A vulgaridade faz com que você se afaste na mesma hora. A crítica o arrasa em todos os sentidos, e não apenas sexualmente. Em relação aos outros, você tem sentimentos críticos ao extremo, mas como esse é o lado íntimo, lunar, de sua natureza, talvez guarde seus comentários para si mesmo — a não ser quando fica muito zangado e tudo vem à tona.

Quando um relacionamento vai mal é possível que você fique desesperado, até com uma depressão suicida. Precisa tomar cuidado com as profecias que você mesmo faz cumprir, por exemplo quando diz a si mesmo que vai se decepcionar e isso acaba acontecendo; a falta de confiança e muito pouca fé no futuro podem na realidade fazer acontecer uma coisa dessas. Eventualmente você exagera no sentido contrário, mantendo um tal controle sobre as emoções que nunca se permite o luxo do amor e do romance — o que é uma pena, pois você de fato precisa de um parceiro e também de uma família.

É possível que o relacionamento com os filhos lhe pareça difícil, levando-o a dar atenção demais às suas necessidades práticas e educacionais e de menos à necessidades de amor e de afeto. Por outro lado os filhos podem ser a forma ideal de vazão para o seu amor acumulado, proporcionando-lhe uma oportunidade de dar e receber afeto sem reservas. Você é capaz de fazer traquinagens, rolar pelo chão e interpretar personagens para diverti-los, de um jeito que nunca seria capaz de agir com os adultos. Ensinar é algo que você faz com naturalidade; assim, gosta de abrir a cabeça dos filhos para o mundo dos livros, dos museus, da natureza. Com um casamento seguro e amoroso você adquire confiança e realmente começa a florescer.

Você tem um apurado senso de humor, que muitas vezes é capaz de salvá-lo de muita infelicidade associada a este signo. Se encontrar um parceiro inteligente, com quem possa dar risada, estará com tudo. Sendo leal e tendo padrões muito elevados de conduta, você pode ter a expectativa de receber o mesmo tratamento. Se o seu parceiro tem o hábito de circular e deixá-lo sozinho quando os dois vão a alguma festa, isso o aborrece enormemente. Você precisa de carinho e consolo, sobretudo quando as coisas não estão correndo bem para o seu lado; antes de mais nada precisa sentir solidariedade em seus relacionamentos, sentir que o círculo familiar fica unido, um apoiando o outro contra o mundo.

Atitude em relação à carreira

Via de regra, a posição da Lua não indica nenhuma carreira específica, apenas as motivações interiores da pessoa. Nesse caso, entretanto, o signo de Virgem domina a personalidade de tal forma que você se identifica muito mais com o que *faz* do que com aquilo que você *é*. Nosso mundo já tem um número demasiado grande de pessoas que gostam de perder e desperdiçar — talvez precisássemos de mais alguns virginianos lunares para impedir-nos de perder e desperdiçar o que sobra do nosso planeta. Você aprende com rapidez e gosta de manter mente e corpo atarefados; até suas atividades de lazer são salutares e proveitosas, como os esportes suaves ou o trabalho em organizações filantrópicas ou políticas. Você tem um lado criativo que pode manifestar-se através da costura, da carpintaria, da culinária ou da literatura, pois gosta de solucionar problemas e juntar as diversas partes para formar um todo.

Você aprende com rapidez técnicas como datilografia, direção de carro e contabilidade. É um escriturário exemplar — ordeiro, eficiente, tranqüilo, limpo, prático e solícito. Desde que o Sol ou o Ascendente estejam num signo expansivo, pode ser que goste da vida num ramo especializado das forças armadas. Para você não é mistério algum aprender e dominar questões altamente técnicas.

Você tem uma afinidade natural com toda a área da saúde; os virginianos lunares são bons em enfermagem, medicina e dietética. Mesmo não sendo dado a grandes demonstrações de sentimentos, você é capaz de entender a dor dos outros. Seu interesse pela saúde não se restringe à área de assistência e cura, mas também abrange a prevenção de doenças, para começar — assim, você defende os regimes, o exercício e a moderação na vida. Pode até ser hipocondríaco, ou de fato sofrer de uma série de enfermidades e distúrbios nervosos sem importância, porém irritantes. Graças à sua mente clara, lógica e analítica, é um candidato natural às áreas de computação, contabilidade, análise de sistemas e mensuração e pesagem eletrônicas. A pesquisa, sobretudo na medicina, o agrada. O ensino pode atraí-lo — tanto ensinar a criancinhas quanto a alunos mais velhos altamente inteligentes, tranqüilos e dispostos a aprender. A matemática e as matérias científicas lhe convêm, mas as línguas podem constituir um problema. Você é capaz de aprender bem a gramática, mas na hora de falar pode se atrapalhar, a não ser que tenha no Ascendente algum signo bem desinibido, como Sagitário.

Para você pode ser difícil gerenciar outras pessoas, porque para delegar é preciso ter confiança na própria capacidade de liderança, além de confiar na capacidade dos outros de realizar um bom trabalho sob suas ordens. Você tende a se zangar quando depara com uma atitude de ineficiência displicente. Pode não ser excessivamente ambicioso, mas gosta de fazer tudo bem feito e ser valorizado por isso. O sucesso dos outros não o incomoda.

Pais e antecedentes

No melhor dos casos, o ambiente da sua infância deve ter sido bastante frio; no pior deles, pode ter parecido um pesadelo. "Pesadelo é bem a palavra", diz Anne, analista de sistemas, uma elegante mulher divorciada. "Eu costumava estudar meu pai para avaliar quais as regras que deveria seguir, e logo que eu aprendia o jogo ele mudava as regras. Era impossível ganhar, eu estava sempre errada."

Para começar, seu parto não deve ter sido muito fácil, e assim é provável que o relacionamento entre você e sua mãe tenha começado mal. Havia muita disciplina na sua infância, era importante não se atrasar para as refeições, andar com as orelhas limpas e fazer a lição de casa. Você pode ter sido comparado a outras crianças e recebido a apreciação de que não era bom, inteligente, bonito, alto, etc. como fulano ou fulana. Se fosse uma criança aplicada, naturalmente ordeira, tranqüila, organizada e boa aluna, conseguiria agradar seus pais, e conseqüentemente levar uma vida melhor. Pode ser que a única maneira de conseguir a aprovação deles fosse ser bem-sucedido nos exames ou ganhar medalhas nos esportes, na dança, etc. Em parte sua auto-estima e falta de autoconfiança derivam do nervosismo ou mesmo do medo que você sentia de seus pais; achava que era difícil agradá-los. É até possível que você fosse uma criança tímida por natureza, com pais meio ásperos, ou que tenha sido muito difícil de conviver com um de seus pais

Se seus pais nasceram nos signos de Áries, Escorpião ou Sagitário, eles eram impacientes demais, com escassa compreensão e prontos para criticar. Essa falta de elogios e de incentivos fez com que você se sentisse ressentido, inútil, solitário e reprimido. Pode ter sido preterido por outros motivos, como problemas familiares, um irmão deficiente ou falta de dinheiro. Pode ter aprendido precocemente a odiar. O ódio que sente quando o acusam de preguiçoso é um resquício da infância. A timidez e a repressão podem ter sido resultado de uma doença grave e prolongada durante a infância, e não de pais terríveis.

Sempre é possível que a posição da Lua reflita a experiência de vida de sua mãe; portanto a interpretação pode indicar que sua mãe passou maus bocados na juventude.

Saúde

Os virginianos, tanto solares como lunares, são fortes e saudáveis, porém têm um sistema nervoso delicado. Suas enfermidades incluem enxaquecas, asma, alergias, doenças de pele e úlceras de estômago. A tensão e o excesso de trabalho são seus inimigos; você precisa se exercitar para conseguir relaxar. Os problemas de saúde graves que por vezes aparecem são apendicite, tifo, peritonite e anemia. As pessoas altas podem ter problemas de coluna.

Lua em Libra
♎ (regida por Vênus) ♀

Faça-me voar até a Lua
Deixe-me brincar entre as estrelas
Deixe-me ver como é a primavera em Júpiter e Marte
Em outras palavras, segure a minha mão
Em outras palavras, querida, me dê um beijo.
(Cantado por Frank Sinatra)

O signo de Libra é masculino, positivo, de Ar e cardeal. A Lua, pela associação com o signo de Câncer, é feminina, negativa, de Água e também cardeal. A cardinalidade aqui é o fator mais importante, mesmo que a Lua não esteja realmente bem num signo forte como Libra; a cardinalidade lhe dá o dinamismo interior para movimentar as coisas, embora com *lentidão.* Como signo de Ar, seus processos mentais são lógicos, e desde que tenha um signo solar bastante ativo, você pode conquistar uma posição elevada na vida. Você é ao mesmo tempo ambicioso e acomodado, mas deve ser capaz de se automotivar o suficiente para agir. Nunca perde de vista seus objetivos, nunca desiste de uma meta. Sua mente é justa e equilibrada, e você detesta todo tipo de injustiça; alguns librianos aderem a causas de defesa dos oprimidos. Você se opõe vigorosamente a qualquer forma de racismo. Quando os outros discutem, procura apaziguá-los, mas é capaz de discutir como um jesuíta quando tem vontade. Está sempre aberto a novas idéias, mas não engole sem provas o que os outros lhe dizem. Um número surpreendentemente grande de pessoas com a Lua em Libra também têm o signo de Aquário bem representado no mapa, enfatizando assim a necessidade de independência.

Parece que você precisa de um toque de *glamour* em sua vida, podendo ser levado a trabalhar em alguma espécie de comércio glamouroso ou de luxo. Você faz questão de que tanto sua casa como seu ambiente de trabalho sejam confortáveis e bonitos, com uma atmosfera pacífica e agradável. Não tolera nenhum tipo de feiúra, sobretudo pessoas feias ou sujas. É exigente quanto à aparência pessoal e também bastante inclinado a sentir orgulho do seu visual caprichado. Na verdade, pode ser que, enquanto jovem, você escolha seus parceiros pela aparência e não pela personalidade.

Sempre que a Lua está num signo masculino, o nativo é competitivo por natureza e gosta de chegar lá no alto, mas o que lhe importa de fato é a avaliação que *ele mesmo* faz do seu sucesso. Com a Lua em Libra você pode ter uma atitude do tipo: "Com que direito eles acham que podem me dizer o que fazer?" — semelhante ao que se esperaria da Lua em Áries. Mesmo sendo quase sempre charmoso, é capaz de ser extremamente sarcástico e ferino quando provocado, exibindo um domínio do vernáculo digno de qualquer geminiano solar!

Às vezes seus nervos podem fraquejar; assim, você precisa de paz no ambiente doméstico. Ambos os sexos com esse posicionamento da Lua são bons "donos-de-casa", ligados ao seu pedaço de terra e à sua casa. Você gosta de trabalhos do tipo faça-você-mesmo, culinária, consertos e jardinagem, mas uma vida feita só de trabalhos domésticos seria asfixiante. Seu bom gosto garante que o lugar onde você vive será sempre confortável e elegante. Algumas pessoas podem ter talento artístico, sobretudo no campo da música. Pode ser que tenha uma voz bonita e grave, falando ou cantando. Sem dúvida aprecia ouvir música e detesta sons dissonantes. Todos os seus sentidos são desenvolvidos, mas provavelmente a visão é o mais apurado; quando algo não tem a *aparência* adequada, isso para você é insuportável.

Sendo Libra um signo de Ar, você precisa do estímulo de novos conhecimentos e em geral é receptivo com os recém-chegados. Gosta de viajar, desde que possa fazê-lo com conforto; sente-se muito à vontade nos melhores hotéis e balneários do mundo. Embora goste de sua própria companhia de tempos em tempos, na realidade não consegue viver ou trabalhar sozinho por um período longo. Tem necessidade de manter contato com o mundo e de novos conhecidos e experiências atualizadas para estimular a mente. Gosta de fazer parte de um grupo, mas sem necessariamente liderá-lo, e parece precisar da aprovação de seus pares. Se tiver oportunidade, prefere ficar razoavelmente perto do alto, para poder delegar as tarefas mais desagradáveis a outros!

Você é excelente numa hora de crise, mas incapaz de dar uma ajuda contínua, porque se entedia depressa com os problemas. Não tem paciência com gente tola, embora seja capaz de disfarçar a irritação sob uma capa de civilidade. Suas respostas mentais surpreendem pela rapidez, e quando necessário você é capaz de ser bastante calculista.

O que mais detesta são os barulhos altos e irritantes e, de acordo com meus amigos librianos lunares, o enjôo de viagens! Talvez isso tenha algo a ver com a sua necessidade de exercer controle sobre o meio, ou talvez seja devido à delicadeza da sua vista e da sua audição (através de uma associação reflexa com Áries). Gosta do mar e do campo, mas na realidade é no fundo um bicho de cidade, por dentro de tudo, onde tudo acontece.

Na área dos relacionamentos, você está de fato no seu elemento. Não que seja uma pessoa fácil de conviver. Pode ser crítico, exigente, meticuloso e vez por outra infantil. Entretanto, precisa amar e ser amado, assim como ter amigos de ambos os sexos. Pode ser capaz de usar e até de manipular os outros, mas precisa que precisem de você — portanto, também se deixa usar pelas pessoas que ama. Quando jovem pode ser inconstante nos relacionamentos emocionais, procurando o desafio e a excitação de caras novas quase toda semana. Prefere a fase inicial do romance ao estágio final de um compromisso, porque não gosta de sentir-se emocionalmente cerceado.

Mais tarde a necessidade da segurança de uma família e do amor dos filhos lhe dará o incentivo para que se assente na vida doméstica. Mesmo assim continua sendo um paquerador! Além de precisar de um parceiro atraente, precisa de alguém que possa levá-lo a qualquer lugar. Uma pessoa com classe, que você tenha a certeza de que saberá receber com elegância, que dê uma mão no lado social da sua carreira. Precisa de alguém com senso de humor fino e inteligente, pois você detesta vulgaridade e comentários maldosos. Já vi gente com a Lua em Libra ficar doente por estar infeliz no trabalho ou em casa. Os homens com a Lua em Libra têm uma curiosa divisão na personalidade que, por um lado, lhes confere uma imagem um pouco machista, dotando-os ao mesmo tempo de uma gentileza quase feminina.

Os librianos lunares são muito habilidosos para lidar com máquinas complicadas e, como os outros signos de Ar, todos eles parecem ter um caso de amor com os veículos e a velocidade. Outra faceta desse complexo posicionamento é o cuidado e a gentileza com crianças pequenas e pessoas fracas. Que eu saiba, não há indícios de amor pelos animais, mas você não suporta ferir animais ou vê-los serem feridos por alguém. Seu jeito amável com as pessoas mais fracas que você aumenta o encanto de sua personalidade. Respeita a dignidade dos outros, tratando-os com tato e charme. Os que têm um signo solar forte podem esconder os sentimentos e opiniões fortes debaixo desse exterior charmoso, mas os que têm um signo solar não assertivo podem precisar desenvolver pontos de vista próprios e aprender a assumir uma posição.

Do ponto de vista sexual é possível que você seja um dos melhores amantes do Zodíaco! Naturalmente isso depende de outros fatores do seu mapa natal. Entretanto, alguns artifícios, como roupas de couro, ligas cintilantes e uma parceira exuberante e cooperativa farão você viver ao máximo as suas fantasias. Sua natureza sensual não pode ser negada; com um pouco de sorte encontrará satisfação no casamento. Caso contrário você procurará satisfazer-se, mesmo às custas do seu casamento. É capaz até de relacionar-se bem com um parceiro difícil que o mantenha na linha. Alguém imprevisível o bastante para provocar brigas bem animadas, e ardente o suficiente para satisfazer suas fortes necessidades sexuais.

Sabendo instintivamente quando seu parceiro está doente ou infeliz, você se coloca à altura da situação e faz o que pode para que ele se sinta melhor; na verdade não gosta de ver ninguém desanimado. Sempre dá presentinhos, mas nem sempre se lembra de aniversários, etc. — isso porque você dá com espontaneidade e não com planejamento. Os librianos lunares precisam dar e receber afeto, ternura e simpatia, e também alternar o papel de "pai" e de "filho" no relacionamento. Se você tem o Sol ou o Ascendente num signo de Fogo, pode ter uma dependência um pouco grande demais da aprovação dos outros. Alguns librianos lunares são influenciados com facilidade e levados pelos outros, mas a maioria tem uma perspectiva madura, é capaz de ter opiniões próprias sobre a vida e tenta manter as emoções sob o controle da mente.

Atitude em relação à carreira

A posição da Lua, por si só, dificilmente sugere um tipo específico de carreira, mas pode mostrar as motivações íntimas da pessoa. Em primeiro lugar você quer ter um emprego que lhe dê campo para expressar a criatividade; pode ser no mundo artístico ou semi-artístico, como a arquitetura e a moda. Tem a capacidade de persuasão necessária para tornar-se um bom vendedor, mas não o tipo de energia contínua exigida para essa função, a menos que haja outros fatores fortes em outro ponto do mapa natal. Relações públicas e *marketing* são opções melhores.

A área de abastecimento pode atraí-lo; sem dúvida os hotéis e restaurantes de luxo são o seu hábitat natural. Como você sabe acalmar os outros e é ainda melhor nos momentos de crise, pode tornar-se um bom negociador. Tem talento para a mediação, podendo usar a agilidade mental e o senso de humor para neutralizar situações que podem ser perigosas; assim, pode ter êxito nas negociações trabalhistas ou como político, sobretudo se envolvido com questões urbanas. Recrutamento e administração de pessoal também são possíveis opções de carreira. Você pode dar a impressão de ser apático enquanto trabalha nos bastidores num ritmo febril. Chamo isso de síndrome do "pato", porque o pato dá a impressão de deslizar na água enquanto na verdade está patinhando freneticamente sob a superfície. É um bom ouvinte, desde que seu interlocutor não fique falando por tempo demasiado.

Você gosta do dinheiro pelo que ele pode comprar, mas pode ter uma memória um tanto "conveniente" quando deve dinheiro a alguém; sua memória é muito menos "conveniente" quando os outros devem a você. Não sente necessidade de ter poder, mas sim de uma renda folgada para poder aproveitar de verdade a vida, e assim coloca seu objetivo lá no alto. A única coisa que de fato não consegue fazer é trabalho rude e sujo no meio de gente grosseira.

Você se dá bem com os companheiros de trabalho e colegas. Com a mente lógica que tem, pode tornar-se um bom engenheiro. Aprende sem problema a dirigir e até a pilotar. Por fim pode ganhar algum dinheiro como músico nas horas vagas.

Pais e antecedentes

Com esse posicionamento da Lua, há alguns indícios de que tenha nascido de um parto fácil. Pode ter sofrido pressão do pai no que diz respeito à educação, e talvez tenha tido uma mãe meio esquisita! Isso não significa infelicidade na infância; parece que você foi amado e compreendido por seus pais, e até mesmo um pouco mimado. Seu charme, desde bebê, abriu-lhe todas as portas. Provavelmente sua mãe era ambiciosa, inteligente ou mesmo excêntrica; pode ter esquecido de alimentá-lo ou dar-lhe banho de vez em quando, mas nunca se esqueceu de amá-lo. Sua casa era um lugar estimulante, cheio de livros, conversas e visitas interessantes. Isso significa que você cresceu sem precisar desenvolver uma atitude desconfiada nem se esconder dentro de uma concha resistente. Não obstante, você prefere ser adulto, talvez porque não tenha sido muito feliz no tempo da escola. É possível que você achasse os exames embaraçosos porque testavam o seu *conhecimento* e não o poder da sua personalidade!

Saúde

De modo geral você é forte, mas pode contrair diabetes, cistite ou problemas de pele. Precisa fazer exercícios e controlar o peso (e não fumar), caso contrário pode ficar com afecções no peito ou problemas arteriais ou artríticos. Outras possibilidades são febre do feno e problemas pulmonares.

Lua em Escorpião
♏ (regida por Plutão e Marte) ♇ ♂

Ela tem certa crueldade,
Veja no escuro da Lua
Irmão, pegue essa crueldade, encare-a
com a beleza que tem, e mostre-a.

Páscoa pagã
de Seldiy Bate
(Cortesia da Temple Music)

O signo de Escorpião é feminino, negativo, de Água e fixo, enquanto a Lua, pela associação com o signo de Câncer, é feminina, negativa, de Água e cardeal. Isso poderia sugerir que a Lua está à vontade em Escorpião, mas é preciso lembrar que este é o signo da "queda" da Lua e, portanto, projeta alguns dos mais difíceis aspectos tanto do signo quanto do planeta. A influência de Escorpião sobre a Lua dá intensidade à natureza, além de tenacidade, capacidade e uma forte resistência às doenças. Dota seus nativos de um forte instinto de sobrevivência, somado a uma atração pelos aspectos mais perigosos da vida. Se este é o seu posicionamento lunar, você tem uma tremenda capacidade de recuperar-se das doenças, das decepções e até do limiar da morte.

Há duas necessidades bem distintas em sua personalidade, e tendo em mente que essas necessidades estão subjacentes aos aspectos mais externos e visíveis de sua natureza (que são descritos pelos signos do Sol e do Ascendente), as pessoas podem ter muita dificuldade em entendê-lo. Você parece precisar de desafios e emoções por um lado, e constância e segurança por outro. Como todos os signos fixos, as pessoas com a Lua em Escorpião querem manter o *status quo.* Você prefere permanecer num emprego familiar, morar na mesma casa durante anos e ficar com o mesmo companheiro, mesmo quando a parceria já não é viável. O seu outro lado clama pelo limite, pela borda, por um lugar onde você possa testar a sua força. Alguns escorpianos lunares envolvem-se em negócios arriscados e até ilegais; outros, em romances arriscados ou estranhas ligações sexuais. Parece que você tem a sensação de ser invencível, à "prova de bombas" — e talvez seja assim mesmo! Uma maneira construtiva de lidar com isso pode ser introduzir em sua vida um *hobby* interessante e arriscado, ou participar de uma organização paramédica ou paramilitar. Pode ser que você depare com situações difíceis sem ter feito nada efetivamente para procurar encrenca. Um amigo meu com a Lua em Escorpião tem uma filha que depois de passar por dois episódios sombrios com a lei apareceu em casa grávida de oito meses e meio!

Do ponto de vista emocional, você é ainda mais singular, pois tem a capacidade de usar ao mesmo tempo dois ritmos diferentes. Quando se sente atraído por alguém, é cauteloso e vigilante e pode aguardar e ver o que vai se revelando, mesmo sendo perfeitamente capaz de, com apenas alguns minutos de conhecimento, fazer uma síntese psíquica de qualquer pessoa que pareça ter probabilidade de se tornar importante para você. É possível que manipule os outros, mas com freqüência só faz isso em benefício deles. É tão atencioso com a família e os amigos quanto qualquer canceriano solar. Como todas as pessoas com a Lua em Água, em certas ocasiões você pode causar um certo cansaço emocional, mas detesta que os outros lhe façam exigências emocionais. Está perfeitamente disposto a ajudar alguém durante uma crise — mas se a pessoa continua a exigir ajuda e apoio depois de resolvido o problema imediato, tudo aquilo passa a aborrecê-lo. Você tem um detector interno para identificar as pessoas solitárias e que procuram apoiar-se em você e sugar sua força interior. Todas as pessoas com a Lua em Escorpião têm um detector interno de idiotices, e assim conseguem identificar os impostores mais depressa que a maior parte das pessoas. Às vezes o sofrimento emocional dos outros pode fazê-lo sentir-se inútil e impotente. Seu pior defeito, em termos emocionais, é a tendência ao ciúme e à possessividade; quando a pessoa com a Lua em Escorpião é segura, entretanto, é capaz de viver a vida toda quase sem a maioria desses sentimentos desagradáveis.

Sua casa precisa ser tranqüila, limpa e bonita. Seu gosto pende mais para o antigo que para o moderno; você gasta uma quantidade considerável de tempo e dinheiro cuidando de móveis e decoração, e talvez mais ainda com o jardim, pois seu amor pela beleza e sua forte sensualidade levam-no a apreciar a beleza e o aroma das flores. Gosta do campo e de atividades ao ar livre. O mar o atrai — você adora sentir seu poder e sua força. Provavelmente nada muito bem.

Você mantém as emoções sob rígido controle, tendendo reprimir a raiva e deixar que seus sentimentos criem raízes. O resultado disso são explosões de cólera capazes de afetar sua saúde. Quando você fica doente ou sofre algum revés na vida, sua primeira reação é a raiva; se não puder fazer alguma coisa imediata e prática em relação ao problema, você fica calado, retraído e deprimido. Um *hobby* que envolva dispêndio de energia física pode ser um bom canal de vazão para a considerável energia que você tem; alguns lançam mão de encontros sexuais ocasionais altamente carregados. Em geral você consegue identificar num instante os sentimentos e as motivações dos outros e descobrir seus pontos fracos. Depois, dependendo das circunstâncias, usa essa informação para ajudá-los e incentivá-los, ou então para surpreendê-los e desestabilizá-los. Você é capaz de chegar até a verdade e encará-la, mas tende a esconder seus sentimentos dos outros, para não dar a *eles* uma chance de acabar usando você.

Nem os escorpianos solares nem os lunares gostam do mundo oficial, mas parece que quando precisa você tem uma misteriosa capacidade de "trabalhar o sistema". Busca seus objetivos com persistência; diante da oposição ou contorna o problema ou, como último recurso, abre caminho de modo impositivo. Raramente você pensa em pedir ajuda aos outros, o que lhe parece uma admissão de fraqueza.

Você gosta da vida familiar; se conseguir dar um pouco de espaço aos filhos e deixar que tenham personalidade própria, torna-se um pai ou mãe confiável. Parece que muitos têm filhos difíceis ou doentios, mas conseguem lidar com esses problemas melhor que a maioria das pessoas. Precisa tomar cuidado para não sufocar seus filhos nem tentar moldá-los à força; faça um esforço para deixá-los desenvolver uma personalidade própria. Alguns podem ser exigentes com a comida, devido a problemas de peso ou apenas por capricho. Muitos escorpianos lunares são vegetarianos, em parte por opção pessoal e em parte por amor aos animais.

Você trabalha com afinco e tenacidade e tenta terminar tudo o que começa; não gosta de interrupções. Prefere trabalhar com calma e método e, assim, detesta ser apressado ou sofrer muita pressão. Com um pouco de ajuda do resto do mapa natal é possível que tenha surpreendentes dotes artísticos. Tanto os escorpianos solares como os lunares têm um apurado senso de estrutura, visão de detalhes e o sentido do tato bem desenvolvido. Isso leva a uma capacidade natural de lidar com materiais de maneira criativa. Pode tornar-se excelente como escultor, ceramista, *designer* ou estilista. Pode também ser atraído por outras atividades disciplinadas, como dança e esportes; como você é competitivo, sempre tenta ser melhor que o vizinho.

Você tem uma sexualidade intensa que, se não for totalmente satisfeita, pode deixá-lo irritado ao extremo; é até capaz de arquitetar brigas com o intuito de revitalizar a excitação sexual. Sua mais profunda necessidade é ter um relacionamento estável com alguém em quem possa confiar e que tenha um impulso sexual forte e atraente! Se não se satisfizer no casamento, você procura satisfação fora dele. Pode ter fantasias ocasionais de perversão. Nesse aspecto de sua vida, como em todos os outros, parece que você não é capaz de meios-termos. Precisa tentar não reformar seus parceiros — tente aprender a aceitá-los como são. Seria melhor se você conseguisse liberar sua energia e seu impulso reformador no mundo exterior, com o objetivo de provocar mudanças benéficas. A capacidade para isso depende de outros fatores políticos ou reformadores do seu mapa natal. Sua natureza magnética faz de você um amante provocador de muita excitação, que também tem sensibilidade suficiente para "sintonizar-se" com as necessidades do parceiro e dar-lhe tanto prazer quanto gostaria de desfrutar. Dependendo do estado de espírito do momento, você pode ser muito receptivo às necessidades das pessoas que o cercam, e surpreendentemente (talvez por conveniência) impenetrável. Depende do seu estado de espírito e de saúde em qualquer ocasião.

Há alguns indícios de uma associação desse signo lunar com homossexualismo e bissexualismo. É possível até que você se case com uma pessoa que sinta atração por pessoas do mesmo sexo.

Você tem fortes dons intuitivos e até psíquicos, e pode ser levado a descobrir mais coisas desses aspectos da vida. Sendo mediúnico e clarividente, pode desenvolver um interesse mais profundo pelo estudo de todas as formas do oculto. Você procura significados mais profundos nos fatos do dia-a-dia e pode considerá-los como uma espécie de presságio. Muitos acham que os outros bloqueiam o seu progresso ou são a causa da sua má sorte, em vez de aceitar que de vez em quando as coisas de fato vão mal. Você pode ser supersticioso e ficar intimamente receoso quando depara com circunstâncias novas e fatores desconhecidos na vida. Muitos são atraídos pelas artes da feitiçaria e da magia, o que lhes dá oportunidade de se ligar a energias grupais e da terra. A Cabala é outro interesse em potencial. O aspecto de cura e assistência do trabalho psíquico pode exercer uma atração imediata sobre você, principalmente na segunda parte da vida; é possível que você canalize para a filosofia da cura e para o uso positivo dos poderes psíquicos a considerável energia mental, física e psíquica de que é dotado. Você tem potencial para mudar o mundo por meio da política, da ciência ou até da guerra, mas isso depende de uma estranha combinação de planetas em seu mapa. Seria você a próxima — e última — pessoa a usar o brinquedinho do sr. Oppenheimer?

Atitude em relação à carreira

A posição da Lua no mapa natal não mostra a carreira de uma forma concreta, mas as motivações íntimas capazes de afetar a escolha da ocupação. Você é um trabalhador lento e metódico, que prefere permanecer num emprego a que já está acostumado. Sua voz e seu jeito são agradáveis ao extremo, tornando-o um candidato natural para lidar com pessoas; o prazer que sente no contato com pessoas novas e interessantes, tanto no trabalho quanto socialmente, dá-lhe potencial para ser um bom vendedor. Você é capaz de motivar os outros a agir, é competitivo e ambicioso, porém num estágio mais avançado da vida é capaz de abrir mão das ambições em nome da segurança e da praticidade. Você *deve* fazer questão de lutar pelo sucesso, pois caso contrário pode ficar ressentido e com inveja dos que o conseguiram. Pode aprender com os outros e por seu lado incentivá-los e orientá-los, mas não tem paciência suficiente com *pessoas* para ser um bom professor.

Os assuntos médicos despertam seu interesse — você não se perturba facilmente com a visão de sangue. A paciência que tem com as coisas (e não com as pessoas) pode torná-lo um excelente cirurgião; para você, psiquiatria também pode ser uma carreira natural. Qualquer ocupação que o leve ao cerne da questão será atraente; assim, você pode acabar envolvendo-se com a área legal, forense ou política. Pode ter lucros espetaculares nos negócios, e de vez em quando perdas ainda mais espetaculares.

Muitos escorpianos lunares adoram o mar, e como navegadores, pescadores, nadadores e mergulhadores, além, é claro, de membros da marinha, fazem dele seu meio de vida. Você acha atraente a vida nas forças armadas, já que ela exige o tipo de habilidade e de dedicação que faz parte da sua natureza.

Pais e antecedentes

Há indícios de que o seu nascimento acarretou um problema para os seus pais. Muitos escorpianos lunares nascem em situações de certa forma "inconvenientes" e são adotados logo depois do nascimento. Por outro lado alguns nascem em famílias que já têm alguns filhos e realmente não querem ter mais. Não há dúvida de que você está numa faixa de onda diferente (talvez até num planeta diferente) da de seus pais, e na infância deve ter sido mal interpretado o tempo todo. Pode ter tido más experiências, pois não era de fato o tipo de filho que eles estavam esperando, ou pode ter ficado em desvantagem quando comparado a outras crianças da família. "Meus pais pareciam ter muito mais tempo para meu irmão do que para mim", diz Lorna, uma mulher bonita e ativa que encontro sempre na piscina. "O fato de ser homem já lhe dava uma vantagem natural, mas ele também era considerado 'o inteligente'. Sabe, fazendo agora um retrospecto da nossa vida, acho que no fim das contas me saí tão bem quanto ele, mesmo sem instrução acadêmica e sem o amor incondicional de meus pais. Não, não sinto amargura; agora não."

Na pior das hipóteses, pode ser que seus pais o tenham maltratado, que você tenha sido vítima de violência, abuso sexual ou simplesmente levado a crer na sua completa inadequação. Pode ser que eles tenham dito — ou insinuado silenciosamente — que você nunca estaria à altura dos magníficos padrões deles. As atitudes negativas calam fundo nos signos fixos; se você não tomar cuidado pode carregar pela vida toda o ódio e a raiva de sua infância. Pode sentir até hoje que é um estorvo para os outros e ficar imaginando por que eles apenas toleram você. Não obstante, muitos escorpianos lunares amam muito os pais um pouco impróprios que tiveram, e mais tarde adotam de fato uma atitude atenciosa — embora um pouco formal — em relação a eles.

Uma peculiaridade associada ao Sol ou à Lua em Escorpião é a possibilidade de alguma morte na família na época do seu nascimento, ou logo depois dele.

Você tanto pode ter ido muito bem como muito mal na escola. Pega rapidamente os assuntos relacionados com esporte e arte, mas pode ter tido dificuldade em acompanhar o ritmo e a disciplina habituais das aulas. Alguns, ao chegarem à adolescência, fazem um grande esforço para superar qualquer tipo de deficiência da infância. Outros casam para melhorar de situação.

Saúde

Mesmo sendo em geral muito saudável, você pode preocupar-se com a saúde. Seus pontos fracos são as artérias e as veias; mais tarde pode vir a ter pressão alta. Pode sofrer de dores de cabeça e enxaquecas e também de outras formas de alergia, como a febre do feno. O problema principal parece estar nos órgãos reprodutores: muitas mulheres com esse posicionamento têm períodos menstruais horríveis e podem precisar submeter-se a uma histerectomia com o objetivo único de deter o infindável fluxo sanguíneo.

Lua em Sagitário
♐ (regida por Júpiter) ♃

Atrás dos olhos sonhadores
Sombras de sono levaram-no embora
Lá fora há uma lua pálida
E você está longe de casa.

De When tomorrow comes
(Cantado pelos Eurythmics)

O signo de Sagitário é masculino, positivo, de Fogo e mutável, e a Lua, pela associação com o signo de Câncer, é feminina, negativa, de Água e cardeal. O planeta e o signo nada têm em comum entre si; portanto, cada um se opõe ao outro, de certa forma. Os problemas resultantes são sentidos na área das emoções e dos relacionamentos com os outros. Se este é o seu signo lunar, provavelmente você não recebeu muito afeto físico de seus pais. Talvez eles não fossem do tipo que gosta de afagar e acariciar, ou você pode tê-los afastado. Há crianças que detestam ser beijadas e afagadas pelos adultos, embora a maioria goste de ser objeto de cuidado e afeto por parte da família. É possível que seus pais precisassem empenhar-se no trabalho e não sobrasse muito tempo para você; mais tarde tudo isso pode levá-lo a dissociar amor de sexo. Verifiquei que esse problema é maior para os homens que para as mulheres com a Lua em Sagitário. Você pode evitar o contato físico com os outros na vida normal cotidiana, ou pode ter dificuldade em acariciar e afagar seu parceiro quando faz amor. Se tudo isso lhe parece demasiado verdadeiro, não se desespere: mais que todos os outros signos do Zodíaco, você tem o cérebro e a coragem necessários para enfrentar seus problemas, pedir ajuda e acabar se desvencilhando deles. Aqueles que não apresentam esse problema são tão carinhosos que preferem escolher um parceiro rechonchudo!

Qualquer problema físico que você possa ter é mais do que contrabalançado por seu excelente cérebro. Você se interessa por tudo, mas não vai atrás das aparências. Gosta de ler, e nas raras ocasiões em que assiste à TV gosta dos programas com conteúdo. Alguns têm um modo de pensar profundamente filosófico. Possivelmente você foi criado numa família religiosa, rejeitou depois as idéias deles e mais tarde veio a conhecer outras idéias, que considera mais adequadas. Há muitos sagitarianos solares e lunares no movimento espiritualista e também entre os que se ocupam de nossas cabeças, todos tentando tornar a vida dos outros um pouco mais significativa. Você é intuitivo, tem uma clarividência excepcional e talvez seja também um bom curador, embora possa ainda não estar consciente de ter todos esses dons.

Precisa de liberdade pessoal e independência, e sobretudo tem necessidade de ditar as regras da sua própria vida em vez de estar sob as ordens de alguém. Precisa ter possibilidade de ir e vir conforme a sua vontade; não consegue ficar engaiolado em nenhum lugar — pode até sentir claustrofobia dentro de um elevador ou no banco de trás de um carro de duas portas. Fica fascinado com rostos novos e precisa ter muitos amigos, pois se entedia quando tem de passar todos os dias na companhia das mesmas pessoas. Sagitário é um signo mutável: você se adapta à maioria das situações e gosta de gente de todo tipo, tem a mente aberta, nunca é racista nem intolerante. Como a maioria das pessoas de signos mutáveis, de vez em quando tem necessidade de ficar sozinho para pensar e recarregar as baterias emocionais. Sua visão é excepcionalmente clara, e você consegue enxergar o cerne dos problemas quando os outros só vêem confusão; tem recursos para resolver a maioria dos problemas, seus e dos outros, embora saiba apreciar a ajuda que lhe é oferecida. Você dá assistência a qualquer pessoa que esteja passando por problemas ou por uma crise. Como está seguro da capacidade que tem nas épocas difíceis, é possível que você tire os outros do caminho para poder resolver você mesmo os problemas. Esse comportamento nem sempre é apreciado pelas pessoas que você tira do caminho!

Os sagitarianos solares são sociáveis e expansivos, mas os lunares são mais tímidos. Isso depende do tipo de Sol e de Ascendente que você tem no mapa natal; mesmo assim, você tem algumas das características sagitarianas por excelência. Pode ser um bom ator e sem dúvida tem a capacidade de despertar o interesse dos outros de entusiasmá-los e motivá-los. As carreiras sagitarianas tradicionais — religião, lei e ensino — podem não se aplicar diretamente a você, que no entanto muitas vezes ensina os outros, de uma maneira ou de outra, e tem elevados códigos de honra e de ética. Também pode ter a tradicional falta de tato sagitariana, mas como a Lua é sensível aos sentimentos dos outros, isso não é muito provável. Você é sensível ao ambiente; por exemplo, logo que entra numa sala percebe se ocorreu alguma discussão ali. Pode reagir com exagero a quem lhe demonstra hostilidade. Tem um gênio explosivo e fala de um jeito incisivo e objetivo, podendo assim tornar-se um adversário desagradável ou mesmo perigoso. Como a maioria dos signos de Fogo, entretanto, não guarda rancor e prefere esquecer os sentimentos ruins, encarando o futuro com otimismo.

A Lua está associada ao lar, e Sagitário é um signo de destreza; assim, você deve sair-se bem nos trabalhos que requeiram habilidade manual, além da culinária. A princípio isso pode parecer estranho, pois a grande maioria dessas pessoas fica o maior tempo possível fora de casa, e *detestaria* passar a vida cuidando da decoração ou da cozinha. Entretanto, tenho observado que todos os sagitarianos lunares são absolutamente inspirados quando se trata de cozinhar para os convidados, e mesmo não cuidando eles mesmos da decoração têm gosto e sabem escolher muitíssimo bem os materiais e o estilo. Se tiver alguma coisa em Câncer no mapa você sem dúvida fará trabalhos de carpintaria em casa. Faça o que fizer, você sempre termina arrumando tudo; não gosta de bagunça nem de sujeira e não tolera viver num ambiente caótico. Tem necessidade de paz e tranqüilidade em casa, pois despende muita energia na carreira e precisa revitalizar-se numa atmosfera pacífica e amorosa para poder dar um descanso ao seu delicado sistema nervoso.

Você aprecia os esportes e pode ser um bom nadador; é ativo demais para gastar seu tempo livre sem fazer nada — assim, interessa-se por qualquer tipo de esporte ou dança, o que também traz à tona seu espírito competitivo. Mesmo que possa ser um pouco tímido você gosta de canto, de música ou de *hobbies* artísticos, mas talvez prefira participar de um grupo ao invés de atuar sozinho, como faria um sagitariano solar. Sua natureza ativa faz com que escolha uma ocupação em que tenha oportunidade de circular e encontrar pessoas e onde possa ficar em pé e não sentado. Seu padrão de trabalho pode oscilar entre a atividade frenética e uma aparente preguiça. Isso acontece porque você não sabe manter uma rotina constante; pelo contrário, entra com tudo quando está motivado, e depois recupera as energias, provavelmente enquanto faz planos para a próxima arrancada.

Se por qualquer motivo precisar deixar sua casa, logo que possível toma providências para montar outro canto agradável. Você é atraente e um tanto vaidoso da sua aparência, gosta de comprar roupas bonitas, com uma tendência a "se presentear" esquecendo-se ao mesmo tempo, bem a propósito, que há contas a pagar. Para você a aparência e o corpo são muito importantes, pois a atividade é parte integrante da sua natureza.

Como acontece com a maioria dos signos mutáveis, você tem uma estranha dualidade. Deseja algo ardentemente e depois de consegui-lo perde o interesse. Precisa de segurança e ao mesmo tempo de liberdade, o que pode fazer com que pareça irresponsável aos olhos dos outros; mas de alguma forma você sempre encontra uma solução, e quando as coisas vão mal parece ser fértil em expedientes. Contrai dívidas mas detesta ficar devendo. É capaz de enquadrar os problemas dos outros dentro de uma perspectiva, mas pode ser imprestável quando se trata de resolver suas próprias confusões. Uma amiga minha, bem típica dessa lunação, foi abandonada pelo marido; reagiu largando o emprego e gastando o dinheiro em roupas e coisas bonitas, que era, aliás, a última coisa que ela deveria fazer. Essa é uma reação quase pisciana de recusa a encarar a realidade — porque nesse momento a realidade é dura demais! A última divisão que ocorre é em sua atitude nos relacionamentos pessoais: você precisa e quer amar e ser amado, mas pode ter dificuldade em ser fiel, pois lá fora há muitas pessoas interessantes, que ficam fascinadas tanto por sua aparência quanto por seu carisma. Você precisa de um parceiro realmente compreensivo. Outra peculiaridade é que na verdade você prefere a amizade à aventura amorosa, e pode dar a impressão de prometer muito e não oferecer nada. É muito estranho. Você não poderia aturar alguém que tentasse impor-lhe regras; numa situação dessas você proclamaria a sua independência.

Também no trabalho você pode manifestar uma certa dualidade. Tem altas ambições, mas não é sempre mercenário. Precisa do dinheiro para pagar as contas e tornar a vida divertida, mas não para ter poder ou impressionar os outros. As mulheres dessa lunação gostam de administrar as próprias finanças. Você precisa trabalhar com alguma coisa de que goste e que o mantenha em contato com as pessoas. Os outros podem achá-lo preguiçoso devido ao seu hábito de preparar o trabalho em casa, antes ou depois do expediente, o que faz com que a dose de esforço que você devota de fato ao trabalho não apareça. Fazendo uma metáfora, você lembra o pato que, como todos nós sabemos, desliza suavemente pela água, mas na verdade está patinhando com toda a fúria sob a superfície! Por mais que você goste de sua ocupação, precisa descontrair-se e ter uma vida social; via de regra, não é do tipo fanático pelo trabalho. É uma pessoa bastante completa. As mulheres deste signo podem engajar-se em causas — nós as vemos salvando baleias ou gritando "abaixo a bomba!" Isso pode dar origem a problemas na esfera doméstica, pois às vezes sobra muito pouco tempo para a família. Por serem um pouquinho mandonas, as mulheres com a Lua em Sagitário precisam de um marido bem compreensivo. Elas têm o bom senso de arranjar o marido certo — quando não são bem-sucedidas da primeira vez, tentam de novo. Ambos os sexos gostam de crianças, mas passar o dia inteiro cuidando de bebês não é estímulo mental suficiente. Muitos são ótimos com crianças maiores, podendo envolver-se com o movimento de escotismo ou algo do gênero. Os sagitarianos lunares são excelentes professores.

Seu senso de aventura implica que você é capaz de encarar qualquer coisa, desde asa-delta até alpinismo — você desfruta toda experiência que surja em seu caminho. Este é o signo dos viajantes; como a Lua está associada às viagens, sobretudo por água, isso significa que você aproveita todas as oportunidades de viajar para qualquer parte, de uma hora para outra. Fica fascinado pelo deserto e pelas áreas montanhosas — lá no alto pode enxergar quilômetros à frente.

Quem decidir viver a seu lado terá um parceiro feliz e otimista, desde que você tenha liberdade para cuidar de suas coisas. Não tolera gente que tenta dominá-lo ou controlar seus atos, nem conseguiria viver com alguém dado a lamúrias e recriminações. Acha que o tipo mais difícil de aturar, em casa ou na vida pessoal, é aquele que lhe faz críticas e ao mesmo tempo se considera perfeito. Sua intensa necessidade de liberdade e de independência implica que você passa muito tempo fora de casa, talvez viajando a negócios. Uma pessoa parecida com você pode fazê-lo feliz, pois também de sua parte não haveria tentativa de prendê-la. Se seu parceiro é ambicioso você o ajuda a progredir na carreira. Se gozar de liberdade e confiança provavelmente decidirá permanecer fiel; mas se for reprimido mostrará seu ressentimento saindo da linha. Seu comportamento imprevisível pode tornar difícil viver ao seu lado.

Você não descarta um relacionamento ao primeiro obstáculo; tenta fazer todo o possível para consertá-lo. Adapta a sua personalidade e as suas necessidades ao parceiro, tanto quanto possível, para fazer o relacionamento dar certo. Existe possibilidade de você ficar preso a um parceiro que tenha algum tipo de doença mental. Enquanto fazia a pesquisa para este livro, descobri que os sagitarianos lunares têm muita ligação com a doença mental — seja por meio de parentes idosos, filhos esquizofrênicos ou cônjuges depressivos. Às vezes você fica tão ocupado tentando adaptar-se ao comportamento irrealista *deles* que começa a imaginar se o louco não é *você!*

Você pode escolher, para casar, uma pessoa fora dos moldes tradicionais — por exemplo, alguém mais velho ou mais jovem, ou de antecedentes raciais ou religiosos diferentes. Pode exercer uma forte atração sobre pessoas de um tipo que realmente não consiga aturar, ou pode sentir-se atraído por alguém que lhe agrada sob certos aspectos e sob outros lhe inspira repulsa. É difícil encontrar alguém que lhe convenha sob todos os aspectos — isto é, do ponto de vista mental, físico e espiritual.

Como pai ou mãe você tem orgulho dos filhos e faz o possível para ajudá-los a subir na vida. Respeita suas necessidades de espaço e identidade próprios, bem como de dignidade. É possível que você viva afastado dos filhos durante uma parte de sua infância, por precisar trabalhar em outro local ou em razão de divórcio.

Muitos são filhos de pessoas nascidas em outros países. Na realidade isso acontece com mais freqüência quando o Ascendente está em Sagitário, mas muitas vezes também se aplica à Lua. Pode haver parentes irlandeses ou judeus — a emigração ou então a vida longe de casa é possível. Até certo ponto isso pode explicar algumas das divisões da sua personaldiade: por exemplo, se você recebeu uma educação diferente das pessoas que o cercam, foi criado numa religião anacrônica no país onde vive, ou até se fala uma língua diferente da de seus pais. Perguntei a minha amiga Susan sobre sua infância, passada numa série de países diferentes, e ela me disse que era difícil ser sempre a criança que falava a língua errada ou que tinha um sotaque diferente.

Atitudes em relação à carreira

A posição da Lua no mapa natal não mostra a carreira escolhida, mas pode revelar a motivação íntima. No caso de Sagitário, sua maior necessidade é a liberdade de ação e a possibilidade de comunicar-se com os outros, se possível numa escala mais ou menos grande. Você é um professor nato, mesmo que não trabalhe diretamente com educação; gosta de ajudar e orientar os outros e de transmitir o conhecimento acumulado ao longo de sua vida. A maioria é de uma modéstia surpreendente em relação ao trabalho e às realizações que consegue, tendendo a não se autopromover muito; assim, só quando os outros chegam a conhecê-lo melhor é que ficam sabendo como você é culto na realidade.

Você iria gostar de uma ocupação na área de difusão ou de publicações, e até como animador. Muitos são bons atores e cantores, mas se não tiverem uma dose de Áries ou de Leão no mapa podem ser tímidos demais para abrirem caminho dessa maneira. Você tem adaptabilidade suficiente para se relacionar com qualquer pessoa e para trabalhar em qualquer lugar, mas seus padrões são altos e você presta muita atenção ao ambiente em que está; assim, não poderia fazer nada que fosse realmente de baixa categoria, clandestino ou que implicasse trabalhar num ambiente sujo e bagunçado. É teimoso o bastante para terminar o que começa, mas é possível que inicie projetos demais e se esgote tentando executar todos ao mesmo tempo.

A área de viagens pode atraí-lo, pois você adora expandir horizontes, tanto no sentido prático como mental. Alguns podem trabalhar em projetos arriscados que envolvem intuição e capacidade de fazer prognósticos acertados. Pode ser algo do gênero mercado de futuro ou Bolsa de Valores, ou qualquer outro negócio relacionado com jogo. Devido ao seu ocasional excesso de otimismo, pode meter-se em encrencas de vez em quando. Faça o que fizer, mesmo se a autoconfiança abandoná-lo no pior momento da carreira, o seu louco senso de humor sempre virá socorrê-lo. Os sagitarianos lunares são excelentes vendedores, desde que acreditem no produto que estão vendendo.

Pais e antecedentes

Você teve um relacionamento bom com seus pais, mas de certa forma distante, talvez por estarem eles ocupados ou por não incentivarem a proximidade. "Eu simplesmente não conseguia prender a atenção de meus pais", diz Joe, vendedor de uma companhia eletrônica. "Meu pai tinha uma vida atarefada, que o levava a viajar, talvez parecida com a minha. Mamãe estava sempre às voltas com suas amigas da igreja." A história de Joe é típica, até mesmo nesse detalhe — a vida do sagitariano lunar, como pai, pode acabar se assemelhando à de seus pais.

Pode ser que seus pais sejam de outro país, com uma cultura diferente da sua; possivelmente de outra região do país, mas com uma perspectiva de vida ou uma religião diferente.

Na escola você se saiu bem; se não nos estudos acadêmico pelo menos em alguma outra coisa, como artes, dança, música ou esportes. A parte maior e mais importante de sua educação ocorre num estágio posterior da vida. Você era popular na escola, graças à aparência agradável e à atitude amistosa e aberta.

Saúde

É possível que sofra de alguma das enfermidades sagitarianas — problemas nas pernas e nos quadris, varizes, flebite, reumatismo e distúrbios sanguíneos. As mulheres dessa lunação podem ter problemas menstruais, seguidos de uma histerectomia.

Lua em Capricórnio
♑ (regida por Saturno) ♄

A primeira vez que vi seu rosto
O Sol nasceu em seus olhos
Você me deu a Lua e as estrelas de presente.
(Cantado por Roberta Flack)

O signo de Capricórnio é feminino, negativo, de Terra e cardeal, enquanto a Lua, pela associação com o signo de Câncer, é feminina, negativa, de Água e cardeal. Assim, o planeta e o signo são bastante compatíveis; entretanto, diz-se que a Lua está em detrimento em Capricórnio, porque este signo é oposto ao de Câncer, domicílio natural da Lua. Isso significa que o lado emocional de sua vida pode ser um pouco reprimido.

Qualquer que seja a sua aparência exterior, por dentro você é sensível, vulnerável e tímido, sobretudo no que diz respeito aos sentimentos pessoais. A qualidade de Terra de Capricórnio faz de você uma pessoa prática e sensata; assim, se achar que uma idéia lhe é útil, você a aproveita; caso contrário, rejeita-a. Mesmo se tiver um signo extrovertido no Ascendente, você é tímido na juventude, e mais tarde disfarça essa característica com uma capa de polidez. Por dentro, contudo, você é bastante profundo e imperscrutável. Resiste às doenças graves, e além da resistência física você tem considerável força de caráter; tudo isso lhe permite sobreviver a quase tudo, além de dotá-lo de uma espécie de tenacidade e determinação que faz com que termine sempre o que começa. Você dificilmente tira licença no trabalho, mesmo quando *está* doente.

Muitos entram nos negócios por conta própria, dando a si mesmos uma oportunidade de criar algo seu que resista ao teste do tempo. Você aprende a se disciplinar desde pequeno, e sente em seu íntimo que a vida é um assunto sério. Tem a sensação de que deve trabalhar para consolidar as finanças enquanto é jovem, para poder relaxar e desfrutar os resultados mais tarde. Como é provável que viva até uma idade avançada, você está certo em pensar assim. Outras razões para trabalhar como autônomo são que você ocupa um cargo de responsabilidade e sabe exercer autoridade sem agir de modo arbitrário.

Precisa de segurança; a idéia que faz do inferno é depender dos outros, pois detesta ser uma carga ou passar pelo constrangimento de precisar pedir ajuda. É engenhoso e trabalha com afinco, mas pode ser um pouco ardiloso e um tantinho desonesto quando tem um objetivo em vista (lembre-se, o trapaceiro Dick Nixon tem a Lua em Capricórnio). A seriedade da sua natureza é atenuada por um senso de humor deliciosamente irônico e inteligente. Você não faz brincadeiras ferinas com os outros; apenas vê o mundo de um jeito original, julgado muito engraçado por aqueles que entendem o seu senso de humor. Também gosta da companhia de pessoas espirituosas.

Você aprende com facilidade e pode ser um erudito, mas na realidade se sai melhor nos assuntos práticos. É capaz de pensar e planejar em grande escala e de maneira estruturada; aprende com facilidade regras e métodos, seja os da matemática, da engenharia, ou mesmo marcação dos passos de uma dança. Prefere não jogar com a vida, e sim planejar o rumo que vai tomar, avançando e parando depois um pouco para consolidar sua posição.

Embora valorize mais o material que o espiritual, o aspecto mais importante da sua vida talvez seja o relacionamento com a família. Você é muito solícito e leva muito a sério as responsabilidades para com a família. É responsável e fiel no casamento, e tenta fazer com que quase todo tipo de situação dê certo. De vez em quando o trabalho pode interferir em sua família; mas se alguém ficar doente receberá no mesmo instante toda a sua atenção. Curiosamente você gosta de ficar sabendo de todas as fofocas das redondezas, não só as da família. É capaz de regalar-se com um belo e suculento escândalo, mas detestaria ser seu protagonista.

Devido à timidez, os capricornianos lunares têm dificuldade em estabelecer relacionamentos, porém a intensidade desse problema depende do tipo de Ascendente e do signo solar; contudo, você se magoa e se desconcerta com facilidade. Sendo cauteloso, procura encontrar o tipo certo de parceiro. Como pai ou mãe você é amável e atencioso; mesmo que quase nunca participe de brincadeiras turbulentas com os filhos, faz o máximo para ensinar-lhes sobre o mundo em que vivemos e para abrir seus olhos às possibilidades que a vida oferece. Você pode ter pontos de vista meio antiquados quando eles chegam à adolescência, mas tenta ver as coisas da perspectiva deles. Pelo menos está sempre cônscio da necessidade de tratar dignamente os filhos.

Você exerce considerável controle sobre sua natureza íntima, às vezes em exagero, para impedir que os sentimentos venham a dominá-lo. Com um jeito meio formal protege a sua vulnerabilidade; seria impossível imaginá-lo bêbado ou fazendo papel de idiota. Como acontece com os outros signos de Terra, você demora a perder as estribeiras, mas quando perde é destrutivo ao extremo. Faz amigos devagar, e mantém por muitos anos os poucos que tem. Adapta-se melhor a *lugares novos* do que a pessoas novas, e consegue encaixar-se em quase qualquer lugar. O que mais detesta é sentir-se constrangido e humilhado; passar uma temporada num hospital atendido por gente insensível seria terrível para você. Outra coisa que detesta é grosseria ou qualquer tipo de vulgaridade. É amável e prestativo com os outros, sobretudo no trabalho, e pode tornar-se um bom consultor financeiro ou um bom professor de um pequeno grupo. Precisa de um parceiro forte e independente que possa até certo ponto protegê-lo. Sua sensibilidade reprimida pode ser a causa de doenças nervosas, como problemas de pele, asma, reumatismo ou tendência a pegar resfriados. Você ouve todos os conselhos que lhe dão, mas no final prefere seguir a sua própria cabeça.

Gosta de beleza e elegância em tudo, e detesta qualquer tipo de feiúra, desde a aparência até o comportamento. Como é reservado, não tem facilidade em tomar a iniciativa do contato físico, mas adora ser abraçado e tocado pelo parceiro e pelos filhos. Os signos de Terra são sensuais; no seu caso isso pode se manifestar por meio do amor pelas flores, pela música ou pelas estações do ano. Se fosse insultado ou se passassem à sua frente numa fila, como me disse um amigo com a Lua em Capricórnio, você "ferveria por dentro" mas não falaria nada, pois é educado demais.

Com relação ao sexo você melhora com a idade, e também quando supera a timidez e as inibições. É meticuloso e muito exigente tanto na escolha do parceiro como em relação ao seu comportamento. Aventuras de uma noite *definitivamente* não fazem o seu gênero! A sensação de intimidade durante o ato de amor é tão importante para você quanto o próprio ato. Pode ser que prefira casar com uma pessoa mais velha, mas seja qual for a sua escolha, seja qual for a idade ou aparência da pessoa escolhida, você lhe dá proteção e atenção. Até gostaria que trabalhassem juntos, para poderem dividir os problemas.

A maioria dos capricornianos lunares sabe aproveitar bem as férias. Você precisa desligar-se de vez em quando do trabalho, e gosta realmente de uma folga. Não é do tipo que faz muitas experiências com a alimentação, pois come pouco; entretanto, gosta de bons ambientes e comida bem feita e bem apresentada. Quando viaja faz questão de conforto — é muito improvável que você vá para um acampamento.

Pais e antecedentes

Existe neste caso uma coisa estranha. A princípio você tem uma ligação muito íntima com sua mãe, porém vai perdendo a imagem idealizada que faz dela. Pode até haver alguma circunstância trágica, envolvendo a morte de algum membro da família ou uma temporada passada em outro lugar devido a doença ou divórcio na família. Ao crescer talvez você perceba que sua mãe é uma mulher amorosa, que fez o máximo possível dentro das circunstâncias. Peter me explicou a situação. "Meus pais eram atenciosos comigo, mas eles simplesmente tinham problemas demais. Meu pai nunca se recuperou de um ferimento de guerra, e minha mãe teve de trabalhar duro aqueles anos todos. Havia amor, mas eles eram mais velhos e estavam em dificuldades. Eu achava que era errado fazer muito barulho ou trazer outros jovens ruidosos para casa. Duvido que eles tivessem me impedido, mas eu teria me sentido mal, só isso."

Pode ter havido algum conflito ou agressão entre você e seu pai, o que resulta no seu ligeiro ar de vigilância quando há desconhecidos por perto. Essa posição da Lua sugere dificuldades na infância, desde a pobreza e filhos demais até algum tipo de perda. Curiosamente, essa situação pode pular uma geração e se aplicar não à sua experiência mas ao que a *sua mãe* viveu na infância. Seus pais o amavam e eram bondosos, mas podem ter sido um pouco insensíveis e ter criticado o seu desempenho na escola. É possível que tenha ocorrido um conflito se seus pais esperavam que você continuasse o negócio ou a profissão deles, decepcionando-se quando você se decidiu por outra carreira. Seus pais, talvez devido à criação que tiveram, ensinaram-no a ser cuidadoso com o dinheiro e muito realista nos sonhos; assim você aprendeu a valorizar em excesso (quem sabe) a segurança e as posses materiais.

Sendo uma criança tranqüila e obediente, você se saiu bem na escola e não causou problemas aos professores, mas pode ter tido dificuldades nos esportes, talvez devido a má saúde e miopia. Muitos fazem estudos superiores, sobretudo de cunho prático.

Atitude em relação à carreira

A posição da Lua no mapa natal não indica necessariamente a carreira escolhida, mas pode mostrar as motivações íntimas. Os capricornianos lunares preferem fazer algo útil, que pode ser qualquer coisa desde engenharia de estruturas até produção de suprimentos médicos. Você pode sentir-se atraído por contabilidade, direito e também política, sobretudo se houver outras indicações políticas, como os signos de Câncer ou Libra em algum ponto do seu mapa natal. Como se interessa por negócios, pode ser atraído pelo ramo de seguros ou por algum tipo de trabalho na área governamental. Prefere ocupar um cargo de gerência.

Viagens, transportes ou cadeias de lojas também são possibilidades. Como você é lento, meticuloso e eficiente em tudo o que faz, aborrece-se com as pequenas ineficiências dos outros; por exemplo, os ônibus que atrasam, a papelada que não foi preparada direito. Observei que a maioria das pessoas com o Sol, a Lua ou o Ascendente num signo de Terra levanta cedo pela manhã. Você é muito ambicioso e fará uma escalada lenta em direção ao ponto mais alto de sua carreira.

Saúde

Seus pontos fracos, acredita-se, são os ossos, sobretudo os joelhos; assim, com a idade você pode vir a sofrer de reumatismo. É possível que tenha problemas de audição, principalmente zumbidos. Pode haver problemas de pele, até mesmo alopecia, assim como miopia. De modo geral, sua vida será longa e saudável, embora sempre marcada pelo trabalho.

Lua em Aquário
≈ (regida por Urano e Saturno) ♅ ♄

Quando a lua estiver na sétima casa
E Júpiter, alinhado com Marte,
A paz nos rodeará
E o amor estará nas estrelas.
Este é o alvorecer da era de Aquário.

(*Do musical* Hair)

O signo de Aquário é masculino, positivo, de Ar e fixo, enquanto a Lua, pela associação com o signo de Câncer, é feminina, negativa, de Água e cardeal. O poder da Lua fica um tanto enfraquecido neste signo, e a principal conseqüência é reduzir o elemento de *sentimento* das emoções. Interiormente você é distante, independente e um pouco frio. Mesmo sendo controlado e, talvez, às vezes um pouco reprimido, você gosta que as pessoas que o cercam demonstrem que *elas* precisam de você e o querem. Se num contexto social é apresentado a alguém você é agradável, afável, embora um tanto tímido; nesse ínterim avalia a pessoa com certa cautela. Tem um forte senso interior do eu, que pode levá-lo a assumir riscos calculados na carreira ou mesmo nos relacionamentos. Apesar de sensato, você não é precavido demais; assim, aceita a maioria dos desafios da vida, mesmo que coloquem em risco suas finanças ou seus sentimentos. Essa capacidade de pensar e de avaliar interiormente pode ser desconcertante para as pessoas que se apaixonam por você, pois embora seja capaz de discutir com clareza seus sentimentos, a outra pessoa fica imaginando até que ponto você de fato é capaz de sentir!

Sua natureza íntima é original; você pode descobrir que caminha numa determinada direção enquanto todo mundo caminha numa direção diferente. Como seus primos aquarianos solares você valoriza a educação, e escolhe uma carreira onde possa abrir sua mente e também a dos outros. É amável, prestativo e humanitário, porém talvez mais quando se trata do mundo em geral que em relação às pessoas próximas de você. Embora saiba ajudar de maneira prática, pode haver certo constrangimento e uma sensação de desvalia quando se depara com a dor emocional dos outros. Tem medo de que se deixa os fracos se agarrar a você eles poderão sugar-lhe energias ou, pior ainda, acabar com a alegria da sua vida! Você tem uma perspectiva geral equilibradamente otimista e animada; é um bom amigo de todo mundo, exceto dos muito neuróticos.

Sua cabeça é excelente, quer você seja instruído e acadêmico ou astuto e prático — de qualquer forma você tem um processo de raciocínio rápido e uma intuição forte. E tem senso de humor irônico e inteligente. Muitas vezes tem excelentes idéias e é capaz de colocá-las em prática.

Como é muito independente, prefere resolver sozinho os problemas, por mais angustiantes que sejam. Um amigo meu com a Lua em Aquário não permitiu que ninguém o acompanhasse quando precisou ser internado para sofrer uma importante cirurgia cardíaca. Você é capaz de recusar a ajuda externa caso ela o faça parecer fraco e incapaz; pode até encará-la como uma forma de interferência. Não se interessa nem um pouco por gente que tenta dominá-lo ou manipulá-lo, embora seja capaz de manipular os outros com muita habilidade. Outra coisa que detesta sobremaneira é uma acusação injusta — você está disposto a admitir seus erros, mas não a levar culpa pelos outros. Eventualmente suas atitudes afastam as pessoas, o que resulta em desentendimentos tanto no trabalho quanto em casa.

Sua cordialidade é universal: cor, idade, raça ou religião não o levam a discriminar ninguém. Muitos aquarianos lunares pertencem a clubes e sociedades de um ou outro tipo; participar de atividades grupais lhes dá prazer. A maioria dos seus *hobbies* envolve pessoas e idéias sociais e filantrópicas, como a maçonaria, ou algo que resulte em ajuda concreta, como o trablho com a juventude. Há um *hobby* que muitas dessas pessoas apreciam e que é praticado individualmente, embora seus resultados envolvam os outros: cozinhar. Alguns dos chefes amadores bastante inspirados que conheci têm a Lua ou Sol em Aquário.

Você atura qualquer nível de caos no trabalho, mas em casa precisa ter paz e exercer controle sobre seu ambiente (talvez criando um certo caos para os outros). Gosta de visitas, mas não de pessoas que se jogam em cima de você. Muitos têm habilidade artesanal, e gostam do desafio proporcinado pelos trabalhos da casa e do jardim, e muitas vezes descobrem formas imaginativas e originais de resolver por conta própria os problemas práticos.

Sua memória também é um tanto original e pode ser estranhamente seletiva. Retendo com facilidade coisas que acha interessantes e "eliminando" os detalhes irrelevantes. Entretanto, você não torce as questões que na realidade são importantes, pois tem padrões elevados de honestidade e integridade. Via de regra não é do tipo que tem ciumeiras bobas e também não faz tempestade em copo d'água. Quando está com o orgulho ferido pode tornar-se bastante rancoroso e bastante sarcástico. Precisa de fato ter uma forma de expressão criativa ou útil, caso contrário pode ficar entediado, fofoqueiro ou indiferente.

Alguns são acomodados e condescendentes demais, sobretudo se o mapa natal tiver planetas no signo de Libra; já outros na verdade podem ser bem excêntricos, quanto mais se houver outros planetas no signo de Aquário. Em geral a crítica não o atinge; você acha que todo mundo tem direito a opiniões próprias, inclusive a seu respeito. De qualquer forma é improvável que a crítica o faça mudar de conduta.

Nos relacionamentos pessoais íntimos você é amável, agradável, atencioso e ardente; pode até ser um pouco romântico. Aquário, como signo fixo, sugere que você não sai facilmente de nenhuma situação. Pode permanecer na mesma casa, no mesmo emprego ou no mesmo relacionamento muito tempo depois de ter passado a hora de sair. Mas quando chega o dia de sair, você parece fazê-lo de maneira decidida, voltando o pensamento para o futuro e não para o passado. Se necessário, pode esperar anos até aparecer a pessoa certa; se essa maravilha não aparece, você passa anos sozinho. Quando fica entendiado com o parceiro fixo é capaz de procurar mudança e emoções fora do relacionamento. Quando se apaixona por alguém enquanto ainda está casado, sobretudo se tiver filhos, fica terrivelmente dilacerado entre a necessidade de ser fiel e a de ficar com quem você deseja. Nesse caso, entretanto, o famoso distanciamento aquariano pode socorrê-lo, permitindo-lhe usar a lógica para descobrir a melhor solução. Não há dúvida de que você precisa ter um parceiro estimulante e interessante; outro ingrediente de grande importância é a existência de interesses comuns e respeito mútuo. Sem esses interesses, você se volta para os seus próprios, dando início ao processo que pode transformar o casamento em fracasso e perda. Existe uma leve suspeita de que os homens aquarianos lunares possam achar que, como esposa, uma mulher muito bem-sucedida do ponto de vista profissional é um pouco demais; aqui deve haver uma pitadinha de inveja à espreita. Você pode ter uma estranha cegueira para com as necessidades e os sentimentos das pessoas que ama. E eventualmente nunca chegará de fato a conhecê-las em profundidade.

As mulheres dessa lunação precisam ter alguma espécie de trabalho interessante fora de casa. Parece que nenhum dos sexos se interessa muito por constituir uma família numerosa, mas em geral o relacionamento dos aquarianos lunares com os filhos é muito bom. Há uma sensibilidade natural em relação às necessidades dos filhos e dos jovens; você é capaz de oferecer ajuda sem fazer exigências indevidas aos filhos nem sufocá-los. É possível mesmo que espere demais de uma criança muito tímida, mas em geral você se sai bem como pai. Está sempre disposto a gastar dinheiro com educação ou *hobbies,* mas pode ser um pouco desligado em relação a alguns detalhes práticos — por exemplo, certificar-se de que os filhos vão para a escola com uma camisa limpa.

Tanto os homens como as mulheres com esse signo lunar são mais atraentes do que bonitos; na verdade é mais provável que você tenha traços irregulares e ossos salientes do que suaves e delicados. Mas nada disso tem muita importância, pois seu charme, cordialidade, *sex-appeal* e senso de humor são muito mais eficazes com o sexo oposto que qualquer grau de beleza insípida. Por ser um pouco tímido, pode ter uma certa dificuldade em quebrar o gelo, mas o interesse que sente pelos outros logo o ajuda a superar esse fato. De toda forma, você sempre tem a opção de conhecer pessoas devido a interesses mútuos, no trabalho ou em atividades sociais, em vez de conhecê-las numa discoteca, por exemplo. As pessoas com signos lunares fixos são capazes de aturar muita coisa; romper um relacionamento lhes demanda esforço, mas quando isso é feito você nem sequer olha para trás. Nos relacionamentos, como em tudo mais, você precisa de liberdade e independência, e pode demonstrar tal necessidade tornando-se deliberadamente esquecido, cheio de caprichos ou difícil de decifrar em relação a providências tomadas em conjunto. Procura um parceiro inteligente e independente e com freqüência é mais feliz com uma pessoa bem mais jovem, que você possa até certo ponto aconselhar e moldar. Tome cuidado para não ficar ressentido quando seus bons conselhos forem seguidos e seu tutelado desabrochar. Se seu parceiro começasse a lhe dar ordens e tolher-lhe os movimentos, seu primeiro impulso seria acabar com o relacionamento.

O sexo para você é um subproduto do amor; você *é* capaz de apreciar o sexo pelo sexo, mas fica muito mais feliz quando a principal força motriz é o amor. Isso pode surpreender muitos leitores, mas essa lunação produz pessoas incrivelmente *sexies!* A sua combinação especial de ação, imaginação e vigor parece acrescentar alguma coisa especial ao ato de amor. Amigos casados com aquarianos lunares me disseram. . . bom, é melhor nem falar nisso! O estranho é que as pessoas do signo de Ar, que supostamente não gostam de contato físico, possam ser muito boas em afagos e carícias quando chega o momento da atividade sexual.

Na juventude o seu gênio pode ser um problema, porém mais tarde você aprende a se conter e controlá-lo; quando é magoado, entretanto, conserva a capacidade de ferir com palavras. Sua atitude em relação aos outros pode carecer de adaptabilidade; você só chega até o ponto de acomodar-se aos desejos deles. Sua tendência é achar que as pessoas deveriam aceitá-lo ou deixá-lo ser assim como é. Até certo ponto você escolhe os parceiros que tenham a aparência adequada. A gordura faz com que você perca imediatamente o interesse, bem como a sujeira e a desordem. Uma pessoa animada, com vida ativa, poderia atraí-lo; se tiver senso de humor e além disso for bonita, melhor ainda. Os aquarianos lunares de ambos os sexos dão preferência ao relacionamento onde haja igualdade e fazem todo o possível para estimular os interesses e a carreira do outro, chegando até a tentar ajudar o parceiro a desfrutar de seus *hobbies*. Há indícios de que você não ficaria muito satisfeito se o *hobby* fosse muito barulhento, pois detesta sons altos e dissonantes.

Como precisa de um lar agradável e de um belo jardim, você não tem preferência especial por viver na cidade ou no campo. Acho que em qualquer lugar você tiraria o máximo proveito desde que não ficasse isolado dos outros ou confinado a um espaço muito exíguo.

Atitude em relação à carreira

A posição da Lua no mapa natal raramente determina a carreira efetiva da pessoa, mas pode apontar suas motivações íntimas. Você leva o trabalho a sério e não gosta de pular de galho em galho ou ficar mudando de emprego — prefere encontrar uma carreira em que possa se assentar. Interessa-se por idéias e gosta de aprender; assim você tem bons resultados na escola e mais tarde continua a aprender. Sem dúvida seus pais o estimularam a progredir, mas, como todos os signos lunares masculinos, é inerente a você uma mentalidade bastante voltada para objetivos práticos. Aprecia o trabalho útil para a comunidade e também gosta de produzir coisas necessárias. É capaz de perseguir uma meta com tenacidade; assim, pode *fechar* um negócio, se alguém abrir as portas para você.

É possível que sinta atração pelo trabalho com crianças, ou diretamente por educação, ou por um trabalho duro como o aconselhamento de delinqüentes juvenis, pois você tem paciência até com pessoas difíceis. Aceita bem os desafios e é capaz de sobreviver à maioria dos problemas sem se desintegrar; assim, pode ser atraído pelo exército ou pela polícia. Sua mente incisiva pode levá-lo para a área legal, a medicina, a psiquiatria ou mesmo a astrologia. Em geral você aprende com os próprios erros e é mais ou menos complacente com os erros dos outros, desde que não sejam muito freqüentes nem obviamente imbecis. Resolve os problemas de forma original, mas precisa aprender a fazer listas e usar a memória em vez de continuar desatento.

Parece que você se dá melhor trabalhando em grandes empresas; pode acabar no funcionalismo público, numa grande firma comercial, no magistério ou no governo. Junto com os demais signos fixos, Escorpião, Leão e Touro, você tem a determinação de acabar o que começa. Não gosta de sofrer pressão por parte dos outros, preferindo trabalhar do seu próprio jeito, agindo com calma e meticulosidade. Alguns gostam de vincular-se a algum tipo de empresa poderosa ou de prestígio, onde seu dinamismo possa ficar em evidência. Mas temos o reverso da medalha — é possível que você dirija um *pequeno* negócio próprio, desde que tenha o controle total. Mesmo sendo ambicioso enquanto jovem, está preparado para assumir algo mais tranqüilo na maturidade.

Você tem habilidade com eletrônica, computadores, radar e outras técnicas modernas, e pode até sonhar em ser astronauta. É competente e inventivo, e concentra toda a sua atenção no que está fazendo no momento; assim, é capaz de criar métodos de produção bastante originais e funcionais.

A maioria dos aquarianos solares e lunares tem necessidade de fazer algo que valha a pena, de fazer renascer alguma coisa. Um amigo meu, aquariano lunar, levanta fundos para crianças deficientes; faz isso de uma maneira muito discreta, embora seja um dos mais ilustres membros do funcionalismo do país. Outro participa do movimento dos escoteiros. Há um desejo íntimo de levar o amor a todas as pessoas.

Às vezes a gente depara com um tipo de pessoa com a Lua em Aquário que é indolente, rebuscada, sem ambição nem autodisciplina. Também há uns poucos que podem ser teóricos, nunca plenamente capazes de colocar suas teorias em prática, e excêntricos demais para exercer qualquer função habitual. A maioria, entretanto, gosta dos desafios e sente-se estimulada quando obtém sucesso. Alguns são atraídos pelas artes ou pelo teatro, e se houver outros fatores encorajadores no mapa natal podem ter aptidão natural para escrever.

Pais e antecedentes

A julgar pelas aparências você teve uma boa infância, e sem dúvida suas necessidades práticas foram satisfeitas. Se você nasceu num ambiente onde havia pouco dinheiro, seus pais devem ter se certificado de que você era bem alimentado e de que usava roupas e apetrechos limpos e decentes.

Sua mãe pode ter sido uma mulher ocupada com a carreira ou pode ter devotado sua energia a algum interesse pessoal. Os pais de um amigo meu, aquariano lunar, tinham um envolvimento ativo com o Exército da Salvação. Alguns têm o tipo de mãe que faz muito pouca coisa fora de casa, e o resultado pode ser o contrário — levá-lo a achar que sem dúvida a família fica melhor quando a mãe *tem* atividades fora de casa. Outra peculiaridade da Lua em Aquário é que podem lhe ter impingido uma religião na infância, o que mais tarde o fez descartar por completo a idéia da religião formal.

É possível que você tenha amado seu pai, embora no íntimo o considerasse um fraco. Pode ser que ele não tivesse boa saúde; parece que, curiosamente, o pai de muitas pessoas com a Lua em Aquário sofre de úlcera estomacal. A mãe pode ter sido a pessoa mais organizada e competente do casal, sobretudo no que diz respeito a dinheiro. Você talvez venha de uma família de dois ou três filhos, sendo o mais velho e/ou mais apto do grupo, ou sendo o único de um determinado sexo. Ensinaram-lhe a não fazer cenas nem incomodar os outros com suas emoções. É possível que você nunca tenha sido de fato capaz de se sentir muito próximo de seus pais, ou até que essa seja uma característica da sua própria constituição. As pessoas que têm a Lua em signos de Ar tendem mesmo a ser um pouco reservadas emocionalmente, e pode ser que você tenha nascido assim.

Seus pais davam uma razoável atenção a suas necessidades educacionais, estimulando-o a ler, mas sem pressioná-lo de modo indevido. Podem não ter sido tão complacentes em relação a qualquer *hobby* que você quisesse cultivar, ou por falta de dinheiro ou porque isso entrava em conflito com as opiniões morais ou religiosas deles; por exemplo, pode ser que essa atividade precisasse ser realizada aos sábados.

Saúde

De modo geral, você é muito forte. A pressão sanguínea pode apresentar problemas, sobretudo para as mulheres grávidas. Podem aparecer alergias, como febre do feno, asma, eczema, psoríase e urticária, além de enxaqueca, problemas menstruais, reumatismo e diabetes. A região mais fraca do corpo é a parte de baixo das pernas e os tornozelos, o que eventualmente envolverá problemas com veias, flebite e trombose e, mais tarde, também úlceras na perna.

Lua em Peixes
♓ (regida por Netuno e Júpiter) ♆ ♃

Sou a estrela que surge do mar —
o mar do crepúsculo.
Trago aos homens sonhos que regem o seu destino.
Trago marés de sonhos à alma dos homens.

(De A adoração de Ísis)

O signo de Peixes é feminino, negativo, de Água e mutável, ao passo que a Lua, pela associação com o signo de Câncer, é feminina, negativa, de Água e cardeal. Com isso ela parece estar bem em Peixes, mas a mutabilidade desse signo enfraquece um pouco a natureza ativa e cardeal da Lua. A Lua está associada com os sentimentos mais íntimos e as emoções subjacentes, e o signo de Peixes, devotado à emoção, sugere que mesmo que o jeito exterior da pessoa seja confiante e capaz haverá um coração incrivelmente mole escondido bem no fundo.

Se essa é a posição da sua Lua, você passará uma parte da vida procurando respostas para questões profundas e indefiníveis. Vai refletir sobre o significado da existência e a possibilidade de vida após a morte, e pode até ser atraído por algum tipo de vida religiosa ou semi-religiosa. Até certo ponto suas energias estarão sempre voltadas para a tentativa de melhorar a qualidade de vida dos outros e iniciá-los numa compreensão suave e saudável da mente, do corpo e do espírito. A realidade pode desapontá-lo, porque talvez nunca faça jus aos seus sonhos idealistas e anseios indefiníveis. De algum modo, entretanto, a vida precisa continuar, e é provável que você deseje vivê-la ao máximo; assim, com freqüência uma forma bem pisciana de praticidade parece combinar com seu desejo de perfeição e com os requisitos futuros.

É possível que você tenha uma surpreendente ambição, que pode levá-lo ao caminho habitual da ascensão na comunidade profissional e suburbana ou então constituirá algo completamente particular. Você pode esforçar-se para melhorar seu desempenho criativo. De qualquer forma tem paciência suficiente para atingir seus objetivos. Tem também o dom da visualização criativa. O único empecilho real para atingir seus objetivos é a falta de autoconfiança e o medo de enraivecer os outros por estar competindo com eles. Um comentário sarcástico pode feri-lo profundamente, e nunca é esquecido.

Num nível mais mundano você é extremamente sensível às necessidades dos outros. Ninguém é mais gentil, atencioso e solícito; parece que você sente os desejos dos outros antes mesmo de perceber os seus, e é capaz de absorver psicologicamente os anseios e o estado de espírito dos outros. Sem dúvida você precisa avaliar de vez em quando os próprios sentimentos para certificar-se de que *são* seus, e não das pessoas que o rodeiam. Observe também que nem sempre é válido sair correndo e aplainar o caminho para os outros — você pode fazer-lhes um bem maior deixando que de tempos em tempos resolvam seus próprios problemas. Nem todo mundo deseja a sua intervenção — embora, sendo a natureza humana o que é, a maioria das pessoas, tendo oportunidade, tire proveito da ajuda disponível. Se você se tornar um ouvinte permanente de amigos e parentes neuróticos, vai acabar esgotado, deprimido e até fisicamente doente. Há pessoas que *não* querem ver seus problemas resolvidos, pois isso significaria o fim da atenção e da simpatia dos outros. Em nome da sua própria saúde mental faça um esforço especial para evitar o que de fato é louco, triste e mau, mesmo que isso signifique abandonar algumas das pessoas que se dizem suas amigas.

Como todas as pessoas que têm o Sol ou a Lua num signo mutável, você tem uma capacidade interna de recuperação e em geral consegue dar um jeito em seus problemas. Se for muito pressionado, é capaz de se defender muito bem e dar uma bronca com uma surpreendente dose arrasadora de crítica. As pessoas tendem a esquecer que, exatamente porque tem tanta capacidade de empatia e compreensão de suas necessidades, você não deixa de enxergar também os seus defeitos e motivações íntimas. Quando é ferido você se recolhe à sua casca, mas se o problema for grande demais é bem possível que fique rancoroso e destrutivo. O comportamento destrutivo não é natural em você, que prefere fazer o papel de conselheiro, professor e guia.

Como as pessoas com a Lua em Câncer, é possível que você tenha preocupações de fato monumentais, com a família e com os amigos, com a saúde, com o dinheiro, com a conjuntura nacional e com a iminência de uma guerra nuclear. Pode ser mesquinho nas coisas pequenas, do tipo alisar sacolas de papel para usá-las de novo ou lamentar-se por pequenas despesas. De certa forma é possível que só faça economia de palitos, porque nunca é mesquinho em assuntos de monta. Está sempre falido, mas em geral consegue fazer as coisas que quer. Gasta dinheiro com discos e equipamento de gravação, livros, jantares e viagens. A maioria dos astrólogos dirá que você gosta de viver ou de ficar perto do mar, mas no que diz respeito a viagens o importante não é o seu destino, mas sim que você não se canse demais no percurso.

Como não tolera nenhum tipo de injustiça, quando vê uma criança, um animal ou uma pessoa de raça ou religião diferente sendo maltratada, você fica realmente fora de si. Valoriza a lealdade acima de tudo e detesta decepcionar alguém. A amizade é importantíssima para você, sobretudo para alguns de vocês que têm pessoas difíceis ou exigentes na família, o que torna essenciais as amizades fora do círculo familiar.

Todos os piscianos solares e lunares são criativos e muitos têm dotes artísticos; você precisa encontrar uma forma de expressar essa criatividade na vida cotidiana. Você trabalha obedecendo a um estranho ritmo próprio — muitas vezes trabalha como um mouro durante um mês e depois faz uma pausa de uma semana para recarregar as baterias. A maioria gosta de algum tipo de esporte; a natação é provavelmente um dos preferidos, além da dança, do tênis ou apenas passear com o cachorro. Todos os piscianos lunares que conheci são dançarinos natos, sobretudo de danças de salão. Alguns podem levar o atletismo ou a dança a sério, mas isso demanda elementos bastante competitivos em alguma parte do mapa. Os que têm um emprego muito banal talvez cultivem em paralelo algum interesse criativo. Para alguns, essas atividades envolvem trabalhos no campo psíquico ou mesmo no da magia; como elas se desenvolvem em caráter privado, acontece de os colegas de trabalho de tais indivíduos não terem a menor idéia delas. Você enxerga presságios nos fatos do dia-a-dia e pode ser supersticioso e ter medo de inexplicáveis forças ocultas que às vezes dão a impressão de se concentrar ao seu redor. Até os mais práticos são capazes de perceber padrões que parecem ligar os fatos.

Seu estado de espírito não é tão variável como sugere a maioria dos livros de astrologia; curiosamente as pessoas com a Lua em signos fixos são de longe as que mais mudam de humor. Entretanto, seus sentimentos vão longe quando realmente se emociona ou se perturba. Você é capaz de guardar rancor para sempre, mas também de se lembrar das pessoas que ficaram ao seu lado nas épocas de dificuldade. Quando alguém o magoa sem motivo, mesmo que de alguma forma sem importância, você não pode mais voltar a confiar por completo nem gostar dessa pessoa. As mulheres com a Lua em signos de Água muitas vezes podem atribuir algumas de suas oscilações de humor à tensão pré-menstrual — mas no que os *homens* podem botar a culpa, eu não sei. Sob certos aspectos a sua aparente flutuação "de lua" deriva da incapacidade que você tem de fazer da vida um todo coerente em qualquer época. Parece que se o trabalho vai bem a vida amorosa entra em colapso, e vice-versa. Mesmo quando *tudo* está correndo bem você pode ficar descontente devido ao tédio!

Sua casa é um céu para você e para outras pessoas. Muitos com a Lua em Peixes trabalham integral ou parcialmente em casa, o que pode implicar trânsito de pessoas. Sua casa também está o tempo todo cheia de amigos e de filhos dos vizinhos. Dizem que os piscianos solares e lunares são solitários, mas ainda estou para ver uma prova disso — o telefone e a campainha de sua casa não param de tocar. Muitos já nem se preocupam em fechar a porta, com um entra-e-sai tão grande de pessoas. Sua casa é atraente e confortável, sem exageros de decoração e de limpeza asséptica. Você gosta de cores quentes, texturas atraentes, quadros e música, e enche a casa de tudo isso, além, é claro, de livros, livros e livros. Lê quase tudo e em sua estante deve haver romances, livros sobre ocultismo, história, psicologia, saúde e magia.

Você pode ter uma habilidade tão grande para esconder sua natureza íntima que talvez seu coração generoso esteja soterrado sob uma couraça de eficiência, dureza ou até sarcasmo; esse escudo visa antes de mais nada à autoproteção. Você demora a revelar seus sentimentos íntimos, e leva algum tempo até chegar a conhecer e confiar em alguém. Alguns piscianos lunares chegam a ficar vários anos casados sem abrir realmente a parte mais íntima de seu coração ao parceiro. É possível que, às vezes, você seja um tanto manipulador, para evitar ser ferido ou para beneficiar as pessoas que o cercam. Quando está cem por cento à vontade com alguém, pode surpreender pela atitude mandona, mais ou menos como paizão, mas age assim para o bem dos outros.

Tanto os piscianos solares como os lunares têm uma relação tipo do tudo ou nada com os veículos: ou dirigem com uma perícia fabulosa ou detestam essa história de aprender a dirigir e não se preocupam com isso. Alguns chegam a aprender, mas evitam o volante sempre que possível. Muito estranho.

No casamento você dá tanto apoio que é capaz de gastar mais energia em benefício do parceiro do que no seu, e de fato precisa tomar cuidado para não se transformar num mártir ou num capacho. Tende a queixar-se um pouco do parceiro, sobretudo quando se sente cansado ou deprimido, mas isso é quase uma expressão de afeto, e com freqüência não quer dizer muita coisa. Sem dúvida precisa de amor e de aprovação; embora *consiga* viver sozinho, prefere de longe ter alguém a quem amar e por quem ser amado. Não tendo recebido na infância o amor e a compreensão de que precisa, procura-o ativamente na maturidade. Alguns são tímidos e reprimidos a ponto de *nunca* conseguirem o amor que querem, e assim podem refugiar-se numa vida de fantasias e ilusões que faria Walter Mitty parecer uma pessoa terra-a-terra. Uma poderosa imaginação é um de seus bens mais valiosos e o seu ponto de maior fraqueza. Se conseguir canalizá-la para atividades criativas, desenvolvimento espiritual ou trabalho na área de aconselhamento, esse problema pode quase ser superado.

Você é um excelente pai ou mãe, pois entende as necessidades dos filhos e tem prazer em usar o seu tempo para brincar com eles. Não tenho certeza, mas acredito ser provável que você não se relacione tão bem com bebês como com crianças um pouquinho mais crescidas, que já sabem falar e brincar. Sem dúvida não tem dificuldades em brincar de faz-de-conta — nesse particular talvez você ganhe de longe das crianças. Estimula os filhos a respeitar os adultos mas não a temê-los; você respeita a dignidade das crianças. É possível que fique tão ocupado ensinando-lhes o que é o universo, o mundo que os cerca e dando-lhes todo o amor de que necessita que se esqueça de que é preciso providenciar roupas limpas e café da manhã. Não se preocupe, eles sobreviverão e o amarão ainda mais por isso.

Seu pior defeito é o excesso de sensibilidade à crítica. Ninguém gosta de ser criticado, mas parece que você sofre de verdade. Para começar, sua auto-estima é muito baixa, e você não precisa de ninguém para abaixá-la ainda mais.

Embora seja amistoso e não tenha uma atitude hostil em relação aos desconhecidos, quando de fato se interessa por alguém sua primeira reação pode ser sair correndo na direção oposta. Tem medo da rejeição, do ridículo e da perda. Tem receio de se tornar íntimo de alguém, de aprender a confiar nessa pessoa e, depois, por um motivo ou outro, perdê-la. Fica apreensivo com os relacionamentos amorosos, pois tem consciência da sua grande necessidade de apoio emocional e de sua vulnerabilidade. Na adolescência os relacionamentos podem ser muito dolorosos; mais tarde você aprende algumas técnicas de autoproteção, que podem acabar sendo técnicas de manipulação, na medida em que você pode não dar a si mesmo a chance de expressar seus verdadeiros sentimentos; mais uma vez, devido ao medo da rejeição. Tente com seriedade, se puder, ser *você mesmo* num relacionamento amoroso, e não a pseudo-pessoa que acredita ser o que o amante espera de você. Na maioria dos casos é melhor ligar-se a alguém de quem já é amigo, em vez de entrar, de repente, num relacionamento profundo. Como é incrivelmente romântico, você aprecia os pequenos presentes, os cartões de aniversário, os jantares à luz de vela e as memórias compartilhadas. Tem um estoque de melodias românticas e "senhas" que associa a seu amante.

Um ingrediente importante na natureza dos piscianos lunares é a curiosidade, sob todas as formas. A curiosidade sexual e emocional aparece cedo. Não consigo encontrar um modo de dizer isso com delicadeza, mas o fato é que você adora fazer amor. O ato sexual para você é um excelente canal de vazão, pois combina todos os seus sentimentos e sensações prediletos. Seus sentidos são incrivelmente apurados, sobretudo o senso psíquico; o ato do amor é a expressão de todos eles, incluindo a sua poderosa imaginação. Pode ser um raciocínio frio, mas como você tem os nervos delicados e muitas vezes, sobrecarregados demais, o sexo lhe proporciona uma tremenda liberação de tensões. Um amigo me disse que é "terrivelmente romântico" e que não é capaz de separar o prazer sexual do amor. Acho que isso vale para todos os outros piscianos lunares; precisa haver afeto e ternura, se não adoração pura e simples, para que você consiga de fato relaxar e ter prazer. Minha amiga Nina diz que gosta que lhe recitem poesias quando está na cama — eu gosto de poesias em qualquer lugar!

É possível que você faça um esforço muito grande para agradar o parceiro, sexualmente ou de outro modo qualquer. Lembre-se de que o relacionamento tem mais chances de durar quando as necessidades dos *dois* estão sendo atendidas. Outra dificuldade é que você *não* gosta de ser possuído. Você pode ser possessivo, sobretudo nos estágios iniciais do romance; possessivo, sedento de amor e ávido de retorno. Pode não haver no mundo carinho, aconchego ou palavras de amor suficientes para você, que por sua vez afoga o parceiro em amor e carinho. Você precisa de afeto mais ainda que de sexo; precisa ser acariciado. Precisa brincar um pouco e divertir-se com o parceiro. (Bem-vindos ao reino do prazer!) Mas, curioso, como possa parecer, não gosta muito de ser tocado por estranhos. Precisa manter uma certa distância entre você e essa gente — o que talvez seja uma necessidade instintiva de proteger a sua aura bastante sensível!

Para as mulheres com a Lua em Peixes é melhor evitar alguns homens. Em primeiro lugar o tipo autodestrutivo, como o alcóolatra inveterado. Você pode querer reformá-lo, ensiná-lo a corrigir-se através do seu amor infinito. Isso não vai levar a nada, e só pode exaurir suas parcas reservas de energia psíquica. Outro tipo é o paternal, que parece ser superprotetor, mas que na verdade teme a possibilidade de você tornar-se independente ou de assumir o controle da própria vida. Os dois peixes do signo podem torná-la extremamente romântica e sensatamente prática, tudo ao mesmo tempo.

Há mais algumas curiosidades piscianas. Você gosta de ar puro e do campo, mas não quando está frio; nesse caso prefere ficar ao pé de uma fogueira. Às vezes pode ser sério demais; deixe que seus amigos o animem a descontrair-se e divertir-se. Precisa de roupas boas e pode ser exigente demais quanto ao tipo de sapatos que usa.

Atitude em relação à carreira

A posição da Lua não sugere nenhuma carreira específica, mas pode mostrar as motivações subjacentes. Você é criativo, inventivo e se aborrece com facilidade; assim, um emprego rotineiro não será satisfatório. Como não dispõe de infindáveis reservas de força, tende a trabalhar intermitentemente; assim, precisa ter um emprego onde possa estabelecer um ritmo próprio. Muitos sentem o impulso de fazer algo útil e vão trabalhar em hospitais ou mesmo em prisões. Muitos piscianos solares e lunares estão no mundo da música, da interpretação, da dança e das artes. Obviamente há atração pelo trabalho criativo; a floricultura e a culinária são interesses típicos. O trabalho ligado à beleza, tal como a moda, desperta interesse, bem como o tipo mais sofisticado de trabalho em relações públicas.

Muitos são hábeis engenheiros, eletricistas, engenheiros de telefonia ou executam trabalho de precisão com metais. Isso porque o trabalho é minucioso, criativo, exige técnicas de solução de problemas e envolve desenhos. Evidentemente o desenho lhes é uma atração, e muitos de vocês podem estar trabalhando em fábricas de aviões!

Pertenço a uma organização chamada British Astrological and Psychic Society, que tem um comitê composto de nove pessoas. Nossos signos solares e Ascendentes são diferentes, mas *todos* temos a Lua em signos de Água. Duas pessoas do grupo têm a Lua em Câncer, e as outras sete, em Peixes. Isso deve ser significativo, não é? Alguns trabalham em tempo integral no campo psíquico, outros, em tempo parcial. Nossas especialidades incluem astrologia, quiromancia, tarô, numerologia, vidência, cura, aromaterapia, mediunidade, leitura de aura, grafologia, leitura de areia, etc. Todos os piscianos lunares são psíquicos por natureza, mas é surpreendente ver o grande número que é levado a trabalhar especificamente nessa área. Com Sagitário, Aquário ou Gêmeos no mapa é provável que você queira lecionar. Parece que a ligação com Peixes dá ênfase a esse fornecimento de informações gratuitas ao mundo. A cura também é um dom natural pisciano, que muitos de vocês têm.

Pais e antecedentes

É possível que você tenha vindo ao mundo num parto difícil, podendo ser o filho caçula ou talvez o filho único. A impressão geral é de que você não foi uma criança muito desejada, tendo sido desde o início encarada como um estorvo. Seus pais podem ter enfrentado dificuldades quando você era bem novo, desde graves problemas financeiros, mortes e tragédias familiares até o tipo de situação em que metade da família não fala com a outra metade. Existem com efeito fortes indícios de que você tenha tido contato precoce com a fugacidade e a fragilidade da vida, graças à morte de um de seus pais ou de alguém próximo. Alguns podem ter nascido na mesma época em que alguém da família morreu; é provável que os nascimentos ocorridos durante a guerra tenham acontecido durante os bombardeios.

De uma forma ou de outra a sua infância foi bem solitária. Alguns se achavam "diferentes" de certa maneira, talvez por serem o único filho com dons artísticos e sensível numa casa cheia de gente muito rude e prática. Por ter dificuldade em fazer amigos, você pode ter sido muito intimidado na escola ou, pior ainda, em casa. Pode ter sentido vergonha da sua aparência, ou seja, ter se achado demasiado alto, baixo, gordo, magro, etc. De alguma forma você achava difícil relacionar-se com seus pais, e talvez tenha tido medo deles ou de outras pessoas que lhe estavam próximas. Eventualmente houve ênfase excessiva sobre um tipo específico de crenças morais ou religiosas; existe também a possibilidade de terem exigido muito de você na escola, em termos de desempenho e rapidez, além do que seria adequado. Essa pode ter sido uma situação difícil, devido à sua inclinação natural para agradar seus pais e professores. Alguns poucos rebelaram-se na escola e detestavam a autoridade.

Você desenvolveu uma atitude cautelosa em relação aos adultos e aprendeu a avaliar seu estado de espírito e a melhor maneira de agradá-los. Essa atitude pode persistir na vida adulta, tornando-o perito na arte de descobrir como agradar aos outros e manipulá-los em função de suas próprias conveniências. É mais provável que você manipule o *a si próprio* para ajustar-se aos outros, e assim *nunca* aprenda de fato a desenvolver a honestidade e o senso de realismo nos relacionamentos pessoais.

Talvez sua adolescência tenha sido um campo de provas, na medida em que você aprendia a se adaptar a uma pessoa após a outra, não se dando conta das suas reais necessidades e de torná-las claras para os outros. Tudo isso pôde ser resolvido mais tarde em sua vida, com o aumento da percepção e da autopercepção; para lhe fazer justiça, você com certeza se esforça consideravelmente para descobrir e corrigir o que está errado. Peixes é um signo associado à ilusão — à medida que cresce e adquire conhecimento você precisa aprender a canalizar suas ilusões para o trabalho artístico e criativo, tirando-as de seus relacionamentos com os outros, sobretudo no sentido pessoal.

Saúde

Com esse posicionamento lunar você pode não ter uma saúde das melhores. Pode ter sido fraco na infância e, em conseqüência, ter passado muito tempo isolado; os legados da infância costumam perdurar até mais tarde. Sua energia esgota-se rápido e, como tem nervos delicados, pode sofrer de enfermidades nervosas. As áreas problemáticas tradicionais de Peixes são os pés e os pulmões. Os problemas cardíacos são uma possibilidade, assim como as alergias de pele, as enxaquecas e os problemas de asma. Pode ser que você retenha água ou tenha distúrbios sanguíneos. Ainda não encontrei um pisciano lunar com problemas de bebida, mas parece que o fumo atua negativamente. Tenho um livro antiquado de astrologia onde se afirma que você é sujeito a doenças sociais! Qualquer um que trabalhe com pessoas numa função de aconselhamento será capaz de dizer-lhe que as doenças sociais são bastante comuns e não se aplicam a nenhum dos signos do Zodíaco nem a nenhum planeta.

Capítulo 6

Indicações rápidas sobre o seu signo lunar

Indicações rápidas sobre os signos e as casas natais

Aqui está um apanhado muito resumido, que pode ser usado para exercitar a memória. Descreve apenas o impacto de cada signo sobre a personalidade.

Áries (primeira)	Personalidade positiva e animada. Entusiástico, automotivado e expansivo, mas com falta de paciência e de consideração pelos outros.
Touro (segunda)	Tipo firme, que identifica e conserva o que considera valioso. Tipo chegado à família, sensual e musical. Engenhoso e materialista.
Gêmeos (terceira)	Comunicador, professor, vendedor ou agente de viagens. Em geral está ao telefone — tem necessidade de se manter atualizado. Precisa de atividade mental, é versátil e entedia-se com facilidade.
Câncer (quarta)	Precisa de um lar como base e da família por perto. É bom para os outros, mas apóia-se neles. Muda de humor, quer uma vida tranqüila. Gosta de viajar e de novidades. Precisa de segurança pessoal.
Leão (quinta)	Jovial e brincalhão, leal mas dogmático. Precisa ser respeitado pelos outros. Trabalha com afinco, sobretudo numa área criativa. Gosta de crianças.
Virgem (sexta)	Tímido e introspectivo, trabalhador dedicado, perfeccionista. Gosta de ajudar os outros, mas depois se queixa. Sério, judicioso. Parece emocionalmente frio; seus sentimentos são fortes, porém contidos.
Libra (sétima)	Ambicioso, resoluto, também amoroso. Precisa estar rodeado de beleza. Teórico, pode ter dificuldade para pôr suas idéias em prática. Precisa de parceiros e companheiros para completar-se e alcançar a harmonia.
Escorpião (oitava)	Trabalhador firme e confiável. Resoluto e independente. Personalidade forte, intensa, mas reprimida. Zanga-se com facilidade, mas é muito solícito com as pessoas que lhe são caras. Capaz de transformar a si mesmo e aos outros.
Sagitário (nona)	Inquieto, mas também precisa de uma base segura. Filosófico, tem a mente aberta. Interessa-se por esportes, cultura e todas as idéias amplas.

Capricórnio (décima)	Ambicioso, leal e solícito com a família. A carreira é importante, bom tino comercial. Pouca autoconfiança, tímido, amável. Contido e automotivado. Procura cargos de autoridade.
Aquário (décima primeira)	Amigável, humanitário, mentalidade política. Precisa da família, mas não pode ficar restrito ao lar. Mentalidade séria, excêntrico e desprendido.
Peixes (décima segunda)	Gentil, compassivo, místico, recluso. Amável, mas capaz de exagerar no auto-sacrifício. Perspectiva religiosa. Sensível, vulnerável. Artístico e criativo.

Capítulo 7

Reflexos da Lua

O lado escuro da Lua

A Lua tem um efeito ligeiramente esquizofrênico sobre os aspectos inconscientes da personalidade. Assim como ela é responsável pelo fluxo e refluxo das marés e pelas flutuações no crescimento das plantas, parece estar também relacionada a algumas das nossas contradições mais íntimas. Uma das manifestações óbvias desse fato é o fenômeno da síndrome pré-menstrual nas mulheres, quando todo mês elas sentem mal-estar, irritação e raiva; chegam até a deixar cair tudo no chão. Essa é uma situação bem conhecida lá em casa, porque durante uns dois dias antes de cada período nem eu nem minha filha conseguimos segurar nada nas mãos!

Até os homens podem ter mudanças lunares de humor, sobretudo os que têm o Sol ou a Lua natais em signos de Água. É bem sabido que os "lunáticos" mentalmente doentes pioram na época de Lua cheia. A polícia também sabe que há mais violência e vandalismo inconseqüente na época da Lua cheia do que em qualquer outro período do mês. Mesmo no caso de pessoas perfeitamente estáveis, e levando em conta o período pré-menstrual, existe uma espécie de dualidade resultante da Lua. Ela pode incentivar e ao mesmo tempo confundir e desarranjar os efeitos de um dos signos fixos, gerar um exagero de cardinalidade ou solapar a qualidade dinâmica dos signos cardeais, e pressionar os mutáveis a ponto de não saberem mais em que pé estão emocionalmente!

Reflexos

Para confundir ainda mais a questão, existe a complicada teoria astrológica dos reflexos. A idéia é de que a Lua "toma emprestada" parte de sua natureza do signo que está em oposição direta ao signo ocupado por ela! Conseqüentemente uma Lua em Virgem teria algumas características do signo de Peixes. Eis aqui a lista dos opostos.

Áries/Libra
Touro/Escorpião
Gêmeos/Sagitário
Câncer/Capricórnio
Leão/Aquário
Virgem/Peixes

Por exemplo, o encantador libriano lunar pode exibir, sob pressão, uma considerável agressividade ariana.

Capítulo 8

O Ascendente e as casas

Como descobrir seu Ascendente e as casas

Se você realmente não tem idéia de qual era o grau, ou mesmo o signo, que estava se levantando no instante de seu nascimento, sugiro-lhe tentar uma das idéias abaixo. *De qualquer forma não deixe de descobrir, com a maior precisão possível, a hora, a data e o local de seu nascimento.*

1. Procure um astrólogo simpático de sua cidade para fazer o seu mapa natal com uma relação dos planetas e casas.
2. Encomende um mapa astrológico; o preço será muito baixo, pois você não estará pedindo interpretação. Muitas pessoas oferecem esse tipo de serviço, feito por computador ou não; as duas formas são boas, pois o que importa é o mapa. Todas as revistas de astrologia contêm informações sobre pessoas que fornecem esse tipo de serviço.

Método rápido para achar sem ajuda o seu Ascendente

Esse gráfico vai ajudá-lo a descobrir o seu Ascendente e, conseqüentemente, as casas ocupadas pelo Sol e pela Lua; a ajuda de um astrólogo continuará sendo necessária caso você decida saber o grau exato ocupado pela Lua natal.

Coloque o seu Sol no setor de casa correspondente à hora do seu nascimento e depois coloque o signo do Zodíaco que fica na linha da cúspide (divisão entre as casas). Por exemplo, se você nasceu às 2h30 no dia 14 de abril, coloque o seu Sol no campo das 2 horas e o signo de Áries na linha da cúspide entre o campo de 2 horas e o de 4 horas. Em seguida, coloque os signos do Zodíaco nas linhas das cúspides do mapa, no sentido anti-horário e na ordem certa; depois coloque a sua Lua no signo correto. Assim você terá o seu signo Ascendente e a colocação por casa do seu Sol e da sua Lua.

A ordem dos signos do Zodíaco e seus glifos

ÁRIES	♈
TOURO	♉
GÊMEOS	♊
CÂNCER	♋
LEÃO	♌
VIRGEM	♍
LIBRA	♎
ESCORPIÃO	♏
SAGITÁRIO	♐
CAPRICÓRNIO	♑
AQUÁRIO	♒
PEIXES	♓

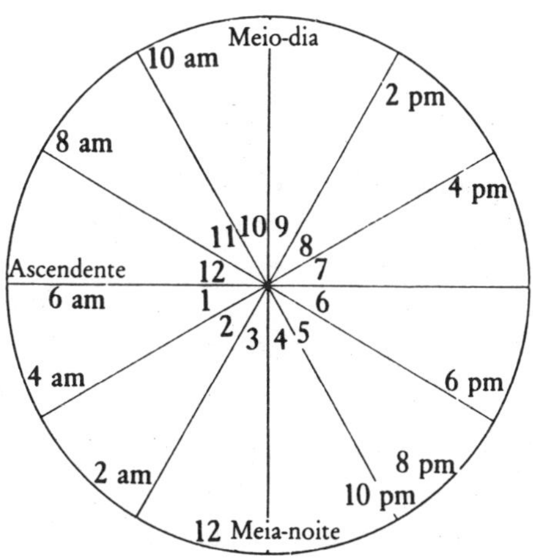

O Sol e o Ascendente no seu horóscopo

As casas astrológicas

A primeira casa

Angular
Semelhante a Áries
Regida por Marte

Ela mostra que impressão você causa aos outros, como se apresenta e a sua maneira normal de expressão com pessoas novas para você. Em outras palavras, é a sua personalidade mais exterior. Obviamente ela mostra a primeira impressão que você causa, mas também a primeira impressão que recebe, e assim pode mostrar o que nos outros o atrai inicialmente. Esta casa representa as experiências da infância, o lar de origem e as atitudes ali existentes. As primeiras experiências da escola, as primeiras ações e reações. Mostra como você empreende novas atividades. Fornecendo também informações sobre o corpo físico, ela pode influir em sua aparência, mas quanto a isso também é preciso levar em conta outros fatores, sobretudo o signo do Sol. Até certo ponto essa casa pode mostrar problemas de saúde. Qualquer planeta colocado aqui é muito importante, principalmente em relação às primeiras experiências da vida.

Segunda casa

Sucedente
Semelhante a Touro
Regida por Vênus

Essa casa relaciona-se com seu dinheiro, suas posses e qualquer coisa de valor, além dos investimentos e da capacidade de ganhar dinheiro. Capital e dívidas pessoais. Os valores morais e pessoais podem aparecer aqui, bem como requisitos do tipo liberdade *versus* segurança e necessidade de satisfação pessoal. Até certo ponto parceiros e relacionamentos, sobretudo quando estão envolvidos dinheiro e bens. Questões relativas a propriedades, fazendas, construção, agricultura e terras. Capacidade e interesses artísticos e musicais, se houver. Até certo ponto, a forma como você dá e recebe amor, além de sua atitude em relação à beleza.

Terceira casa

Cadente
Semelhante a Gêmeos
Regida por Mercúrio

O ambiente local, questões que estão sendo negociadas e em alguns casos documentos a serem assinados. Recados, telefonemas, correspondência pessoal ou comercial. Pequenas viagens, meios de transporte. Irmãos, vizinhos, colegas, às vezes sobrinhos e amigos. Questões comerciais relativas a compra e venda. Educação, instrução e reciclagem, línguas estrangeiras. Alguns esportes e jogos. A maneira como você pensa.

Quarta casa

Angular
Semelhante a Câncer
Regida pela Lua

O lar, propriedades e imóveis de todo tipo. Pequenos negócios. Vida doméstica, raízes e antecedentes, a base de sua passagem para a maturidade. A mãe ou qualquer outra pessoa de qualquer sexo que cuidou de você quando pequeno. O começo e o fim da vida, sua imagem depois da morte. Sua atitude em relação aos compromissos familiares. Segurança.

Quinta casa

Sucedente
Semelhante a Leão
Regida pelo Sol

Os filhos, os jovens e sua educação, e até mesmo a gravidez. Diversão, férias e todas as formas de atividade de lazer. Jogos de azar, esportes, dança, canto, escrita, divertimentos e qualquer ambição em relação ao mundo dos espetáculos e do *glamour*. Criatividade e projetos pessoais, até negócios próprios, desde que ofereçam possibilidade de expressão pessoal. Também publicações, política e vida social — sobretudo com pessoas influentes. Atitudes tradicionais e religiosas. Essa casa envolve principalmente os *amantes e os casos de amor.*

Sexta casa

Cadente
Semelhante a Virgem
Regida por Mercúrio

Deveres e serviços cotidianos prestados aos outros, geralmente em relação ao trabalho, mas incluindo o que se faz em casa. Empregados e empregadores, superiores e subordinados. Tudo o que se relaciona com a saúde, com médicos, hospitais e higiene. Pode aplicar-se ao tipo de problema de saúde com probabilidade de acometê-lo ou à sua família. Suas roupas e como você as usa. Detalhes e métodos analíticos, trabalho meticuloso, pensamento analítico e até as mudanças em sua forma de pensar. Tios. Hábitos saudáveis de alimentação. Alimento e nutrição.

Sétima casa

Angular
Semelhante a Libra
Regida por Vênus

Parcerias e relacionamentos declarados, marido, mulher, amante com quem se vive. Inimigos declarados. Cooperar e receber cooperação. Colegas com quem há um envolvimento estreito; sócios comerciais. Trabalho na área de *glamour* ou beleza. Atividades criativas e artísticas realizadas em parceria ou em pequenos grupos. Atração por lugares, coisas e pessoas, e assim, até certo ponto, as atitudes e as explorações sexuais. O tipo de pessoa que se procura para trabalhar ou viver lado a lado, que preenche as nossas lacunas. Até certo ponto, documentos relativos a parcerias são indicados aqui. Terras, fazendas e agricultura que envolvem a cooperação com outros.

Oitava casa

Sucedente
Semelhante a Escorpião
Regida por Plutão e por Marte

Inícios e finalizações. Nascimento e morte. Questões sexuais. Dinheiro que envolve os outros, ou seja, o rendimento do cônjuge, hipotecas, impostos, testamentos, heranças, bancos e seguros. Acima de tudo os bens que o parceiro tem ou não tem. Sentimentos partilhados, retroalimentação dos sentimentos dos outros (sobretudo quando são intensos). Crime, investigações e polícia. Cirurgiões e cirurgia, além de algumas doenças. Bens ocultos, segredos. O oculto. Sensação de compromisso em relação a qualquer pessoa ou coisa. O que realmente precisamos dos outros. Capacidade de regenerar ou reciclar qualquer coisa.

Nona casa

Cadente
Semelhante a Sagitário
Regida por Júpiter

Expansão dos horizontes pessoais, ou seja, viagens, educação superior, novos ambientes. Estrangeiros, mercadorias estrangeiras e contato com o exterior. Assuntos legais, documentos legais importantes e processos judiciais. Questões religiosas e místicas, inclusive o lado filosófico e espiritual dos assuntos psíquicos. Por um lado, ciência; por outro, intuição, sonhos e visões. A Igreja e o clero. Esportes e jogos levados razoavelmente a sério. Atividades realizadas ao ar livre. Jogo (principalmente corridas de cavalo). Interesse por animais de grande porte ou trabalho com eles. Necessidade de liberdade pessoal. Ensino e aprendizado de alto gabarito; ética e alguns aspectos da opinião pública e política. Os sogros e netos.

Décima casa

Angular
Semelhante a Capricórnio
Regida por Saturno

Objetivos e ambições, sua meta na vida, sua reputação profissional e o lugar que ocupa na comunidade. Pode representar a carreira, mas também as ambições políticas, as aspirações criativas e o sucesso futuro, ou a ausência dele. O ego e suas chances de ser satisfeito. O seu empregador, se você trabalhar numa grande organização. Qualquer espécie de figura de autoridade, incluindo as governamentais e públicas. Realizações, fama e promoção pessoal. A organização da Igreja ou de qualquer grande instituição. Os pais, principalmente o pai, ou figuras paternas. O *status*, a sua posição no mundo. Responsabilidades e compromissos visíveis. O próprio progresso.

Décima primeira casa

Sucedente
Semelhante a Aquário
Regida por Urano e por Saturno

A vida social, os amigos e a capacidade de ser amigo, os clubes e sociedades. Os relacionamentos desprendidos, mas também o amor recebido e até o afeto dos amigos. Atividades e *hobbies* intelectuais. Esperanças, desejos, anseios e objetivos, e as chances de atingi-los. As conversas, o que se aprende por prazer. Ensino e aprendizado do tipo normal, e também a instrução associada ao trabalho, e a instrução política ou filosófica especializada. O dinheiro resultante do emprego, sobretudo se houve treinamento recebido na firma. Excentricidades, mudanças e circunstâncias inesperadas. Enteados e filhos adotivos.

Décima segunda casa

Cadente
Semelhante a Peixes
Regida por Netuno e por Júpiter

Pensamentos e sentimentos íntimos, os segredos e as preocupações secretas. Sofrimentos, mágoas, limitações, frustrações e desvantagens. Essa casa pode mostrar se você é ou não o seu pior inimigo; também mostra os recursos e as fraquezas interiores, ou qualquer coisa difícil demais de ser enfrentada com coragem. Talentos, pensamentos, amor e raiva ocultos. Também as inibições, as restrições, os inimigos e perigos ocultos. Toda ligação com hospitais, instituições para doentes mentais, prisões e outros locais de confinamento, ou mesmo o exílio. Qualquer tendência ao escapismo, ou às coisas que procuramos esconder dos outros. A mente subconsciente, além dos débitos referentes ao carma ou espirituais. O auto-sacrifício, o amor e a ajuda dados liberalmente (e possivelmente recebidos). Também a caridade pública e a bondade que se pratica e se recebe. Amigos e inimigos ocultos. É aqui que podemos chegar ao paraíso — ou fazer de nossa própria vida uma confusão total.

Usando a divisão do mapa pelo sistema de casas iguais, a Lua, naturalmente, leva dois anos e meio para atravessar uma casa. Em todos os outros métodos de divisão por casas esse período pode ter variações enormes. Em geral uso o sistema Placidus, às vezes o sistema topocêntrico; mas quando preciso montar um mapa, rapidamente recorro ao sistema de casas iguais.

Capítulo 9

A Lua através das casas

A Lua nas casas astrológicas

As casas são tão interessantes quanto os signos, embora tenham um impacto diferente sobre o mapa natal. Os signos mostram *o que você é*, enquanto as casas mostram *o que você faz*. Neste capítulo vamos examinar a Lua em sua colocação por casa, analisar um pouco mais de perto as áreas da vida que cada uma dessas posições representa. Quanto ao movimento da Lua pelas casas, veja os capítulos sobre a Lua progredida.

Lua na primeira casa

Você ama sua casa e sua família, e não seria feliz morando sozinho. Sua natureza pode parecer tranqüila e introvertida, mas você tem um desejo íntimo de ser reconhecido pelo seu próprio valor. Faz muito para ajudar os outros, mas não está disposto a fazer sacrifícios demais por eles. Sua mãe exerceu uma grande influência sobre você, e pode mesmo ter sido uma mulher excepcional; é possível que você viva à sombra dela. O mar exerce um apelo tão forte sobre você que talvez a sua vida ou o seu trabalho se relacionem com ele. Fisicamente você pode ser inquieto, tendo dificuldade em ficar parado; por outro lado pode adorar viajar, de preferência levando a família toda junto. Pode ser atraído por *hobbies* ou por um trabalho na área de alimentação e nutrição, e ser vegetariano, talvez devido ao seu amor pelos animais. Para você é natural defender os oprimidos, sempre que pode. Esse posicionamento indica a necessidade de realizar algum trabalho para o público, ou diante dele, como um tipo de celebridade ou, o que é mais provável, em alguma atividade humanitária ou relacionada com o bem-estar das pessoas. Tendo uma apurada sintonia com seu corpo, em geral você sabe quando está em vias de pegar uma doença. É preciso não deixar que as mudanças de humor dominem a sua personalidade.

Lua na segunda casa (exaltação acidental)

Para você as questões materiais são importantes; você parece precisar da segurança proporcionada pelo dinheiro e pelas posses. Há indícios de que por algum motivo esses fatores podem ser difíceis de obter ou de conservar. Sua necessidade de segurança pode resultar de privações materiais ou emocionais durante a infância. Você tem cabeça para negócios — perspicaz e ligeiramente calculista —, bem escondida pelo seu jeito agradável. As mulheres terão algum tipo de envolvimento nas suas finanças; você pode receber ajuda feminina, talvez por meio de heranças ou ligações familiares. É provável que você se interesse pelas atividades taurinas, como culinária, dança, construção civil, música, artes, jardinagem e criação do belo.

Lua na terceira casa

Aqui a Lua indica a necessidade de comunicação, que pode levá-lo a uma carreira ligada a viagens, mídia ou educação. Você é inquieto e curioso, mas possivelmente é falho em termos de concentração e se aborrece com facilidade. No decorrer da vida, você absorve informação casualmente, através dos outros. Seus pais podem ser inteligentes e dados à leitura. Pela vida toda você continuará aprendendo e em seguida transmitindo informações aos outros. Tem uma afinidade natural com o telefone e também com os veículos, o que para os outros pode parecer uma obsessão.

Lua na quarta casa (dignidade acidental)

Esta é a casa natural da Lua, devido à sua associação com o signo de Câncer, regido pela Lua. Você prefere trabalhar em casa ou pelo menos ter uma certa autonomia, de preferência um negócio próprio. Pode ficar nervoso no grande mundo lá fora, e tem o hábito de correr para casa quando as coisas ficam pretas. Tem simpatia pelos fracos e desamparados e um amor especial pelos animais. Pode ter uma forte ligação com os pais ou, ao contrário, separar-se deles devido a circunstâncias que fogem ao seu controle. É possível que na idade adulta você tenha pouca confiança em si mesmo ou sinta insegurança devido a problemas da infância; precisa de amor e afeto, e deve evitar magoar-se ainda mais não relacionando-se com pessoas destrutivas. Sente-se atraído pelo passado, o que pode levá-lo a colecionar ou trabalhar com antigüidades. Pode sentir um forte impulso de viver ou ficar perto do mar.

Lua na quinta casa

Você sente atração pelo mundo das crianças, o que pode levá-lo a trabalhar como professor de jardim-de-infância ou a envolver-se com as atividades esportivas dos jovens. Tem emoções fortes, e em seus relacionamentos procura satisfação tanto no nível prático como no romântico. É possível que tenha uma série de casos amorosos, se para você o casamento não funcionar. Tem muito charme e uma aparência atraente e jovial, o que é muito proveitoso no seu caso, pois você tem uma inclinação natural para um tipo de carreira que lida com o público, como teatro, *marketing* ou relações públicas. Tome cuidado para não se apegar exageradamente aos filhos. Para você, ter um canal de expressão criativo é uma necessidade emocional. Pode tornar-se um bom professor, escritor ou editor.

Lua na sexta casa

Você sente um forte impulso para suprir as necessidades dos outros, e pode trabalhar em algum tipo de profissão assistencial, principalmente na medicina. Pode ser atraído por uma carreira que envolva a produção de alimentos ou de qualquer coisa que ajude as pessoas a manter uma boa saúde. Para você a carreira precisa ter um apelo emocional; você é capaz de largar um emprego porque o ambiente ou as pessoas não lhe agradam. Pode ser que seja desassossegado, saindo-se melhor com alguns empregos de tempo parcial, em vez de apenas um emprego em tempo integral. Você tem consideração pelos outros, e como empregador é meio paternalista.

Lua na sétima casa

Você se dá com a maioria das pessoas, pois precisa de companhia e companheirismo. Você se vira do avesso para fazer um relacionamento funcionar — mas pode pagar um preço por isso. Enquanto jovem tem a sensação de não saber muito bem quem é, e pode sentir a necessidade de ver sua personalidade e suas opiniões corroboradas pelos outros. Prefere trabalhar em cooperação com alguém ou num pequeno grupo, e pode encaminhar-se para alguma espécie de trabalho assistencial, como gerência de pessoal. Tem mentalidade política e também uma boa percepção da política dos escritórios. Sente o apelo do *glamour,* que pode atraí-lo para o mundo da moda e da música, que também pode constituir um *hobby* interessante para você. Seu parceiro pode ser temperamental e difícil, mas é possível que *você* consiga entendê-lo quando os outros simplesmente não o fazem.

Lua na oitava casa

De alguma forma, as mulheres desempenharão um papel, ajudando-o a ganhar dinheiro ou prestígio. Você pode trabalhar nas áreas que atendem às necessidades femininas, ou sobretudo entre mulheres. Interessa-se pelas questões psíquicas, sendo atraído pelo lado mediúnico e espiritual. Pode ser perspicaz ao extremo — entretanto, a forma de usar essa qualidade depende de outros fatores do mapa. Há uma impressão de que amor, afeto, sensualidade e sexo são fatores importantes na sua vida; seus maiores êxitos na vida podem vir por meio da associação com alguém que o inspire, tanto do ponto de vista mental como sexual. É possível que você seja desonesto, danoso e destrutivo a ponto mesmo de arruinar sua carreira ou suas chances futuras de sucesso, caso se sinta ameaçado. Este é um estranho posicionamento, pois tanto a Lua como esta casa têm muito a ver com o comportamento instintivo e reativo.

Lua na nona casa

Religião e filosofia têm importância na sua vida; antes de encontrar seu caminho você precisará passar por alguma espécie de jornada interior. Você pensa com profundidade e volta-se para a consideração dos aspectos mais profundos da vida. É um psíquico por natureza, capaz de ver e sentir além das fronteiras dessa Terra. As viagens, bem como o contato com estrangeiros ou mercadorias do exterior desempenharão um papel importante na sua vida. Pode ser que seja um nômade inquieto, sem nunca realmente criar raízes por muito tempo em nenhum lugar; entretanto, tem a natureza do professor, do instrutor, com uma visão clara sobre a maneira de fazer as coisas. É possível que venha a ligar-se a pessoas um tanto malucas.

Lua na décima casa (detrimento acidental)

Este posicionamento dá a você um impulso interior para brilhar de alguma forma diante do público, ou de ajudar a humanidade numa escala grandiosa. Há indícios de uma infância marcada pela carência emocional, onde algo transcorreu estranhamente mal. Seus pais (sobretudo sua mãe) podem ter sido super-realizadores, e você tenta competir com eles. Você mudará de emprego algumas vezes antes de achar o caminho certo. Minha impressão é de que esse caminho será intensamente pessoal, resultando numa boa dose de reconhecimento — ou, se a Lua estiver mal aspectada, em escândalo público e ruína. Você se sente atraído por uma carreira que procure atender às necessidades das mulheres, ou que sempre lhes tenha cabido. Vendas, *marketing*, aparelhos domésticos e literatura feminina são possibilidades. Sua posição na comunidade, sobretudo do ponto de vista profissional, tem importância capital para você e mesmo para as pessoas que o cercam. Antes do término de sua vida você será conhecido e lembrado por muita gente. Até certo ponto isso é uma compensação para os sentimentos de insegurança resultantes da sua infância difícil e para uma vida pessoal um pouco árida; é só continuar dizendo a si mesmo que um dia vai conseguir e, de certa forma, você encontrará forças para prosseguir.

Lua na décima primeira casa

Você gosta da companhia dos outros e pode ter uma participação séria em clubes ou sociedades. Como é independente ao extremo, detesta que lhe digam o que fazer. Às vezes oculta da família seus planos e sentimentos, mas eventualmente pode ter dificuldade em saber o que *de fato* sente. Seus objetivos de vida podem sofrer mudanças radicais de tempos em tempos devido às circunstâncias. Os amigos, sobretudo as mulheres, ajudam-no muito — você tem uma estranha sorte que faz com que venham correndo socorrê-lo quando está com problemas. É bem organizado e capaz de administrar as pessoas, mas às vezes comete erros de julgamento e pode ser passado para trás por gente mais astuta ou manhosa.

Lua na décima segunda casa

De tempos em tempos você procura esconder-se do mundo e trabalhar isolado. Sem dúvida sente-se mais feliz quando cuida da própria vida e trabalha dentro de casa. As mulheres desempenharão um papel importante em qualquer realização sua; os homens tendem a interferir na sua vida, sobretudo na sua carreira. De vez em quando você precisa isolar-se para recarregar as baterias — o *stress* excessivo pode deixá-lo doente. É possível que seja muito criativo, pois tem imaginação rica. A necessidade instintiva de cuidar dos outros pode levá-lo a trabalhar na área de enfermagem ou com animais. Pode ser propenso demais a sacrificar-se pelos outros. Sua vida tem um lado secreto; é possível que você precise guardar segredos de outras pessoas.

Capítulo 10

Introdução à Lua progredida

A Lua progredida

As técnicas usadas na astrologia preditiva são de aprendizado e aplicação complicados, e é preciso realmente ter uma boa compreensão do mapa natal. Entretanto, progredir a Lua é relativamente fácil, e isso poderá dar-lhe alguma idéia das tendências do ano que se aproxima. Tudo o que você precisa fazer é calcular quantos anos tem e somar à data do seu nascimento o número de dias equivalente à sua idade. Portanto, se agora você está com vinte e cinco anos de idade, some vinte e cinco dias à data do seu nascimento. Se está com quarenta e três anos de idade, some quarenta e três dias à data do seu nascimento. Em seguida, consulte a tábua de efeméride e encontre a nova posição da Lua (progredida).

Se isso lhe parecer muito difícil há várias coisas a fazer. Primeiro, se você conhece algum astrólogo acessível ou alguém que faça mapas por computador, peça ajuda: eles darão a resposta em poucos minutos. Segundo, qualquer revista ou publicação sobre astrologia ou ocultismo pode ajudar; pode ser que eles tenham um serviço de mapas, e sem dúvida trazem anúncios de pessoas que prestam esse serviço. Como você só precisa de dados, o preço será mínimo. Só quando se pede interpretação de mapas é que os preços começam a subir.

Depois de determinar a posição da Lua no ano em questão (isto é, entre o seu último aniversário e o próximo), procure a informação sobre a Lua progredida, para ver que tipo de ano você vai ter. Se o seu conhecimento astrológico for suficiente para saber qual casa a Lua progredida está atravessando, use a informação sobre as

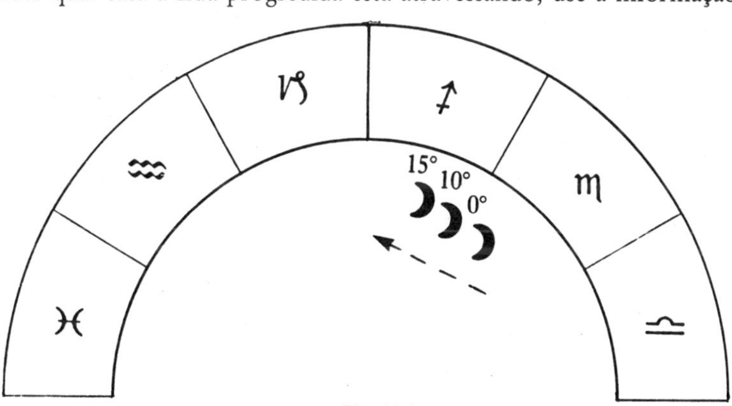

Fig. 10.1
A Lua progredida

casas em conjunto com a informação referente ao signo. Tanto a posição por casa como por signo se aplicarão a você, de uma forma ou de outra. Lembre-se, o *signo* mostra o estado de espírito ou as circunstâncias que o rodeiam, a *casa* mostra a que você se dedica, e com que finalidade. Para aqueles que realmente já se aprofundaram na astrologia, os dados sobre as progressões também podem ser usados para os trânsitos lunares, que só se referem a um período de dois dias e meio em cada signo, mas que podem ser significativos quando outros acontecimentos estão ganhando ímpeto no mapa natal. Uma Lua eclipsada, por exemplo, transitando sobre um ponto sensível do seu mapa natal, pode ser uma experiência inacreditável!

Capítulo 11

Sua Lua progredida por signo

Lua progredida em Áries ou na primeira casa ♈

Áries e a primeira casa estão associados de modo simbólico ao nascimento, e dessa forma a tudo que é novo e recente. Quando ocorre essa progressão você verifica que suas emoções aparentemente adquirem vida própria; você se sente mais animado, sob todos os aspectos, e até as pessoas mais tranqüilas ficam excitadas e entusiasmadas com tudo e com todos. Como você está mais temperamental que de costume, pode acabar envolvendo-se numa série de discussões em família; na realidade, sua casa pode lembrar um campo de batalha, que de repente começa a parecer um ninho cheio de egomaníacos. Haverá problemas em relação a sua mãe ou outras mulheres da família, e de alguma forma você precisará assumir mais responsabilidade em relação a elas.

Seu nível de energia está elevado; você está pronto para tirar proveito das novas oportunidades que começarão a aparecer agora. Mesmo sem a sua intervenção você verificará que as coisas acontecem com extrema rapidez. Essa é a época em que você pode encontrar um emprego diferente e mais desafiador, ou até lançar-se nos negócios por conta própria. Correrá riscos financeiros e pode tomar dinheiro emprestado sem pensar muito em como fará para devolvê-lo.

Em astrologia a Lua muitas vezes está ligada ao lar; portanto, é possível que você mude de casa, se transfira para outra região do país ou até que vá para o exterior, passando alguns anos em outra parte do mundo. A família pode englobar novos grupos devido a casamentos, nascimentos ou divórcios. Se você está casado mas seu casamento já se esgotou há muito tempo, é nessa época que você criará coragem para um rompimento. Todos os padrões familiares da sua vida estarão em rápida mudança, com ou sem a sua participação.

Você será capaz de dar início a novas atividades com uma crescente autoconfiança. Caso tenha avaliado o seu potencial e feito planos enquanto a Lua estava em Peixes ou na décima segunda casa, é agora que colocará esses planos em prática. Nesse período tome cuidado para não perder as estribeiras nas ocasiões erradas. Tome cuidado também para não deixar que todos os contatos novos feitos nesse momento sejam desperdiçados ou que os entusiasmos novos feneçam. Você se sentirá melhor com projetos a curto prazo do que a longo prazo, mas precisa encontrar uma maneira de expressar-se e cuidar da sua vida em vez de apenas seguir a orientação dos outros.

Você pode perceber que seu estado de espírito está mais variável, e seu comportamento mais impulsivo. Naturalmente a Lua rege a reação emocional — assim, enquanto ela passa por Áries ou pela primeira casa, seu poder está no máximo. As mulheres podem atribuir seus súbitos ataques de excesso de sensibilidade ao aumento da tensão pré-menstrual — quanto aos homens, precisarão achar outra desculpa! É possível que você coma e beba mais, para fazer face à energia extra; há uma sensação de voracidade ariana por tudo o que a vida tem a oferecer.

A influência lunar pode ligá-lo mais intimamente ao mar ou a algum trabalho que envolva líquidos; também pode haver interesse pela mecânica e pela engenharia. A partir de agora as mulheres terão destaque na sua vida e podem inspirá-lo ou incentivá-lo a chegar bem no alto.

As mulheres que passaram anos como donas-de-casa podem voltar a trabalhar sob esta influência; por outro lado, as que têm como objetivo a formação de uma família desejarão neste momento ter seu primeiro filho. A sensação geral é de tomada de iniciativa, descoberta de novos métodos e promoção do seu avanço na vida. Muitas pessoas farão esforços para identificar e satisfazer suas próprias necessidades mais do que as dos outros.

A energia sexual se intensifica; é possível que sob esta influência você altere sua perspectiva e suas exigências em relação ao sexo. Se encontrar um novo amor, a química entre vocês dois será vigorosa. Uma criança concebida nesta época será do sexo masculino, de acordo com todas as teorias astrológicas. Outra possibilidade astrológica ainda não comprovada é que durante este período os tipos arianos podem exercer um papel de peso na sua vida.

Lembre-se: a característica essencial deste ano é colocar-se em movimento e começar algo inteiramente novo.

Lua progredida em Touro ou na segunda casa ♉

Quando a Lua passa para Touro ou para a segunda casa, suas emoções ficam mais estáveis e mais tranqüilas. Os projetos iniciados com a chama do entusiasmo, enquanto a Lua estava em Áries ou na primeira casa, a esta altura já devem estar em pleno desenvolvimento. Esta é uma época de consolidação de tudo e de crescimento constante e controlado.

As questões materiais passam a encabeçar a sua lista de prioridades; você concentra a atenção resolutamente na sua renda pessoal e na sua base financeira. É uma boa época para comprar um imóvel satisfatório, sobretudo se tiver jardim — pois você tem necessidade de ser visto como "uma pessoa de posses". Se não comprar um novo imóvel é possível que reforme a casa onde mora. As pessoas que costumam viver só o presente começam então a pensar no futuro e já não deixam que as contas dos cartões de crédito espichem — em prazo e em valores. Relutam em emprestar dinheiro a quem quer que seja, só emprestam aos que pagam direitinho e na hora certa. Se essa nova atitude materialista for contestada, você reage na defensiva e com mal-estar, e ao mesmo tempo exige um desconto de dez por cento! Instintivamente você percebe que a época é boa para pôr em prática seus planos de poupança, mas não é o momento de arriscar seu dinheiro em negócios especulativos ou nebulosos.

Tudo o que você comprar agora tem de ser durável, e o mesmo se aplica aos projetos iniciados neste período. Sempre que a Lua passa por signos de Terra há boas perspectivas para os projetos a longo prazo. As mercadorias compradas agora — principalmente objetos de luxo ou de arte — valorizam-se; as transações comerciais são feitas com pragmatismo e não como uma especulação super-estimulante. Você começará a fazer mais negócios com mulheres, que assumirão um papel importante na sua vida profissional e financeira. Existe o perigo de enfatizar demais o materialismo, em detrimento de outros aspectos da vida.

Esta é uma boa época para formar sociedades comerciais duradouras, principalmente com mulheres. Você verá que logo poderá estar assinando contratos de locação de instalações ou terras, relativos ao seu trabalho; haverá uma forte ligação com pessoas da área de construção civil.

Pode haver novas ligações emocionais, mas sem a química explosiva dos encontros ocorridos quando a Lua está em Áries ou na primeira casa. Os relacionamentos recentes tornam-se mais profundos e mais seguros; os novos baseiam-se em segurança emocional, e possivelmente também financeira. O impulso sexual é forte; todos os seus sentidos ficam aguçados, já que a natureza de Touro e da segunda casa é tão sensual. Você fica muito menos mutável do ponto de vista emocional, e talvez com menos pendor para a experimentação sexual — este é um período de consolidação dos relacionamentos, e não de aventuras exploratórias. Tome cuidado para não ficar metódico demais, afinal você não vai querer matar seu parceiro de tédio. Nesta época você estabelecerá os padrões de sua vida futura, sem dúvida reavaliando seus valores e prioridades. Se começar um relacionamento novo, escolherá uma pessoa atraente, tranqüila e confiável.

É possível que você se envolva com a produção de alimentos, mas certamente fará mais compras. Este período pode propiciar um grande desenvolvimento em qualquer atividade artística ou musical; pode ser que pela primeira vez você comece a apreciar a arte, a dança ou a música. No geral este deve ser um período pacífico e estável, em que você poderá descontrair-se e aproveitar.

Lembre-se: a característica essencial de uma progressão em Touro é construir e consolidar, tanto no sentido literal quanto no figurado.

Lua progredida em Gêmeos ou na terceira casa ♊

Neste ano você estará muito ocupado e um pouco agitado. Haverá mais movimentação nas suas vizinhanças do que antes; se você não dirige, deve aprender nesse época, pois vai precisar da liberdade proporcionada por um veículo próprio. Também é um ano para fazer investigações intelectuais; é possível que você faça algum curso na universidade local ou tome aulas noturnas. As melhores matérias podem girar em torno de línguas, comunicações ou computação. Mas você será bem-sucedido em qualquer curso, feito com um propósito específico ou só por prazer, e não deve ter muita dificuldade em passar nos exames. Talvez você agora precise dar mais atenção à educação dos seus filhos ou a suas atividades e *hobbies* extra-curriculares.

Você precisará usar toda a sua habilidade para a comunicação, pois seu trabalho o colocará em contato com atividades como datilografia, telefonemas, contato com clientes, e provavelmente também vendas e publicidade. Haverá um número acima do normal de reuniões e discussões com os colegas; pode ser preciso elaborar alguma espécie de folheto ou catálogo. No seu local de trabalho você se movimentará mais, visitando departamentos diferentes e entrando em contato direto com os clientes, no seu escritório ou no deles. Pode ser que você tenha uma série de empregos temporários ou faça pequenas viagens, exercitando seu talento. Esta será uma época particularmente interessante da sua vida, pois você conhecerá pessoas e começará a ser conhecido fora do seu círculo imediato. Um garoto, por exemplo, pode arrumar um emprego em alguma firma das redondezas, entregando de bicicleta jornais ou mercadorias.

Você terá mais contato com os vizinhos e maior participação nas questões da sua comunidade. Mesmo que queira redecorar a casa ou fazer mudanças no aspecto da casa e do jardim, esta não é uma época muito boa para mudanças importantes ou para mudar de casa. Você receberá mais visitas do que costuma, e também passará mais tempo visitando amigos e familiares. É possível que organize bazares com os amigos ou vizinhos. As fofocas e as conversas telefônicas sobre amenidades passam a exercer um papel importante na sua vida; você também pode constatar que os outros influenciam seu modo de pensar de uma maneira bastante profunda.

Quanto a seus processos mentais, eles se tornam mais intuitivos e instintivos do que o usual; em alguns casos a pessoa se sente mais nervosa e sobressaltada, mas tem um bom nível de concentração quando dirige a mente para o trabalho ou para os estudos. Você terá cartas e encomendas para despachar pelo correio, e talvez assine contratos de aluguel ou de compra, ou outros documentos de menor importância. Lidará com mulheres mais do que de costume; é possível que os produtos ou serviços que atendem às necessidades da mulher ou que a atraem adquiram importância, de alguma forma. Você estará envolvido com idéias mecânicas e inventivas e precisará aprender métodos novos — sua habilidade aumentará, será incrementada. Se você parou de trabalhar por certo tempo, é hora de retornar.

Este não é um período muito romântico; porém, se você se envolver com alguém, verá que a tônica do relacionamento é o diálogo e uma compreensão maior. Se nesta época você estiver fazendo experiências, do ponto de vista social ou sexual, é melhor não assumir um compromisso muito firme com ninguém, pois poderá se mostrar um tanto inconstante. Os namoros incluem idas a restaurantes, teatros ou outros eventos, inclusive esportivos. É possível que se envolva com algum tipo de esporte ou *hobby*, que pode representar um canal de vazão útil para aliviar o seu desassossego e controlar a sua tendência para racionalizar e analisar em excesso seus sentimentos.

As características essenciais desta progressão são a educação e as comunicações.

Lua progredida em Câncer ou na quarta casa ♋

A Lua rege o signo de Câncer; assim, quando passa por este signo ou pela quarta casa, as características lunares da pessoa fazem-se sentir vigorosamente. Por um lado, isso pode deixá-lo mais sujeito a oscilações de humor, a ficar emotivo e "canceriano", ou pode dar ênfase ao seu posicionamento lunar natal. Independente da sua natureza básica e da sua perspectiva de vida, você agirá e reagirá de uma maneira muito mais emocional, e terá mais interesse pelos aspectos particulares e pessoais da sua vida.

As circunstâncias domésticas desempenharão um papel fundamental durante este ano — o que pode incluir mudança de casa, trabalho de construção a ser feito, decoração, compra de móveis e acessórios novos. O traço definitivamente doméstico dessa progressão vai prendê-lo com firmeza, por certo tempo, ao lar e à família. Você assumirá mais responsabilidades pelos parentes, o que tanto pode ser uma fonte de irritações como de muito bem-estar, dependendo, é claro, das circunstâncias vigentes. Terá mais contato com sua mãe e também com outras mulheres, amigas ou parentes, sobretudo com as mais velhas que você. Seus sentimentos de lealdade familiar estarão intensificados; é possível que você se dedique à pesquisa da história e dos antecedentes da sua família. Você terá necessidade de se identificar com algum grupo específico ligado à família, à raça, à religião ou à nacionalidade, e sentirá alguma forma de identidade patriótica ou grupal.

Pode ser que precise retrair-se do mundo exterior e mergulhar no conforto e na segurança, sentindo pouca vontade de encontrar gente nova, preferindo ficar próximo dos velhos amigos em que pode confiar. Você vai querer um pouco de novidade em sua vida, que virá sob a forma de novos interesses domésticos, de aprender a usar aparelhos relacionados com a casa. Nesse período é possível que trabalhe dentro de casa ou mesmo que dê início a algum pequeno negócio de fundo de quintal. O signo de Câncer está associado às compras, e assim é possível que você comece a trabalhar numa loja ou que compre uma loja. Independente do sexo, você estará mais atento às tarefas do dia-a-dia; o motivo pode variar, desde a aposentadoria até a constituição da sua própria família. As antigüidades estão associadas ao signo de Câncer, assim como a história e a genealogia; portanto, pode ser que você passe algum tempo investigando o passado ou pesquisando as suas raízes. Você ficará super-sensível, sobretudo em relação a questões familiares, podendo até tornar-se inexplicavelmente possessivo em relação às pessoas próximas. Pode sentir-se isolado, negligenciado e supérfluo; seu estado de espírito pode oscilar entre o desejo de ficar sozinho e o medo da solidão. Não importa — isso logo vai mudar quando a Lua progredir para Leão ou para a quinta casa. Pode ser que os amigos se apeguem a você, ou você a eles; velhos amigos que você não vê há muitos anos podem reaparecer de repente. Algumas pessoas começam a trabalhar com líquidos. O mar pode exercer fascínio, impelindo-o a viver ou trabalhar perto dele. As viagens marítimas ou para lugares perto de água são muito gratificantes nessa época.

Nesse período você pode ser influenciado por pessoas do tipo canceriano; devido à ativa feminilidade do signo, uma criança concebida agora deve, com toda a probabilidade, ser do sexo feminino.

Esta é uma época de mudança gradual, na qual você usa o tempo para olhar para dentro de si e fazer uma revisão de suas necessidades e atitudes. Pode ser que passe a considerar seus velhos hábitos inadequados ao seu estilo de vida presente e futuro.

A característica essencial deste período é constituir uma família ou continuar a cuidar dela, manter ocultos os sentimentos e ter um contato mais freqüente com mulheres.

Lua progredida em Leão ou na quinta casa ♌

Durante esta progressão você terá contato com crianças e jovens. Muitas vezes ela corresponde ao período em que as mães estão no auge do envolvimento com uma família em crescimento. Seja quem for, você exibirá uma atitude mais jovial, talvez participando de atividades esportivas ou passatempos juvenis. O signo de Leão (e a quinta casa) está associado à criatividade; assim, é possível que você se lance em projetos que falem de perto ao seu coração. Nesse período você provavelmente adquirirá a idéia e a determinação de fazer algo de si mesmo e de criar algo que resista ao teste do tempo, mas pode ser que precise esperar até a Lua progredir para Virgem, pois só então será capaz de concentrar a atenção e dar prosseguimento ao projeto.

As viagens serão importantes, mas talvez também sejam uma provação, pois é possível por exemplo que tenha de levar crianças irrequietas e difíceis com você. As viagens de negócios são outra possibilidade, muito mais cansativa e menos glamourosa do que parece, já que é difícil conduzir negociações importantes com o atraso dos aviões e o inevitável toque da vingança de Montezuma.

Pode haver alguma ligação com trabalho na área do *glamour;* com efeito, é possível que você entre em algum setor do ramo de espetáculos, ou então que comece a cultivar um *hobby* atraente ou divertido; a patinação e a dança são possibilidades, bem como os esportes leves e interessantes. É uma boa época para cuidar da aparência pessoal, manter a forma e se preparar para arrasar, porque um visual bonito será importante para você. Pode ser a época em que saia da casca e ocupe o centro do palco; é até possível que depois de conter-se durante anos você realize alguma vingança. Pode até passar a ser o parceiro mais forte de um relacionamento, depois de ter ficado por baixo durante anos. Definitivamente, essa não é a época certa para se esconder, e sim para descobrir o poder da sua personalidade e expressá-la com prazer.

Seus sentimentos virão à tona, sendo difícil escondê-los e mais ainda controlá-los. Todos os seus relacionamentos e amizades serão reavaliados, e em breve podem ocorrer algumas mudanças. É possível que você tenha mais consciência do que sente e se absorva mais com seus sentimentos. Os desejos sexuais também estarão intensificados, e pode ser que tenha um caso de amor (ou sexual). É provável que nada disso perdure, mas você aprenderá muito a respeito de si mesmo, dos outros e da vida em geral. Às vezes você pode dar a impressão de estar perdendo tempo e energia com frivolidades, mas tudo isso faz parte do processo de aprendizado.

O signo de Leão (e a quinta casa) está associado às crianças, e você terá mais contato com elas e gostará mais da sua companhia. Pode ajudar o grupo local de escoteiros, envolver-se com as atividades de uma escola de dança ou de alguma outra forma encarregar-se de crianças. Pode ter seu primeiro filho ou responsabilizar-se pelos filhos de outra pessoa. Todos os seus contatos com mulheres serão bons; você estará num estado de espírito generoso e alegre grande parte do tempo e poderá jogar um pouco — no sentido literal ou figurado. Pode ser uma época de grandes lucros, mas também pode haver perdas surpreendentes.

No geral este é um período para rir e aproveitar a vida, e também para assumir alguns riscos.

Lua progredida em Virgem ou na sexta casa ♍

Agora o trabalho será importante para você, que talvez passe a achar seu emprego habitual mais interessante, ou talvez comece a fazer algo novo e muito satisfatório. Será preciso lidar com papelada, contabilidade, correspondência e arquivos; os computadores e os processadores de texto podem agora assumir um papel importante na sua vida. Você executará tarefas precisas e delicadas, enquanto analisará e conferirá atentamente o seu trabalho; essas atividades podem incluir trabalhos do tipo faça-você-mesmo, costura ou jardinagem. É possível que faça algum curso noturno. Se isso acontecer, estará interessado em assuntos úteis e práticos, como manutenção de carros ou culinária. Agora qualquer pessoa começará a se ver às voltas com as tarefas domésticas — se você não tem prática nessa área, logo aprenderá os truques. Se a horticultura se tornar importante, você se concentrará na produção de frutas e vegetais.

Nesse ano você cairá numa rotina prática de trabalho e pode acabar adotando pautas rígidas. É uma época para formar bons hábitos de trabalho, quando você encontrará colegas eficientes e dignos de confiança. As mulheres, por um lado, podem suscitar problemas, mas por outro podem acabar sendo de muita utilidade; talvez um grupo de mulheres lhe dê trabalho enquanto o outro o ajuda enormemente. Toda essa conversa sobre dever e esforço pode parecer um tanto sombria, mas as recompensas resultantes valem a pena. Na verdade essa não é das melhores épocas para atividades criativas, mas pode ser boa para escrever, sobretudo análises ou pesquisas especializadas.

É possível que agora você esteja às voltas com hospitais, ou por precisar de algum tratamento ou porque alguém próximo está doente. Também pode trabalhar em hospital nessa época, mas de qualquer modo você prestará mais atenção ao seu estado de saúde e tentará melhorá-lo da forma que puder. Você se concentrará na dieta e na aparência, e pode até exagerar um pouco, dando muita atenção ao capricho e à limpeza ou ficando hipocondríaco. Será preciso enfrentar doenças nervosas bem irritantes, que mesmo não sendo perigosas podem às vezes dificultar a vida.

Sob esta progressão o seu comportamento pode exasperar os outros, pois você vai tentar super-racionalizar e super-analisar tudo. Tome cuidado para não fazer papel de mártir, assumindo obrigações desnecessárias e depois se queixando a todo mundo.

Os sentimentos de culpa vão atormentá-lo mesmo não tendo motivo nenhum para sentir-se assim. É preciso reservar algum tempo para descansar e aproveitar a vida; caso contrário você ficará doente.

Dificilmente esta é a melhor progressão para o romance, mas é possível que você encontre uma pessoa especial através do trabalho. Os relacionamentos formados nesta progressão devem ser firmes e relativamente sem problemas, embora um pouco monótonos. Como lado positivo, este é um excelente período para comprar roupas, o que talvez seja um prêmio de consolação para todo esse trabalho duro.

No geral, este é um ano em que você deve fazer o seu trabalho e cuidar de todos os pequenos detalhes.

Lua progredida em Libra ou na sétima casa ♎

As parcerias e relacionamentos serão de importância fundamental para você durante este ano. Quer esteja na fase de namoro ou pensando no fim da sua ligação atual, outros relacionamentos formados terão um sabor de novidade e uma conotação estranhamente experimental. Parece que você está pesquisando para achar a pessoa certa, mais do que assumindo um compromisso sério. Isso não significa que você *não* vá se fixar com seu par atual, mas simplesmente que é preciso ficar aberto a outras opções. Nem todos os seus relacionamentos serão agradáveis, já que pode haver alguns confrontos importantes nesta época, sobretudo com mulheres. Acredita-se que a sétima casa (e o signo de Libra) represente o primeiro casamento, mas eu constatei que essa progressão está mais ligada à formação e ao rompimento de relacionamentos, *inclusive* do primeiro casamento, e não a um compromisso para a vida toda.

Nesse período, você terá emoções fortes que podem fazer com que reaja com exagero; pode ter muita dificuldade em manter-se distanciado e objetivo. Pode precisar de segurança e de liberdade ao mesmo tempo, querendo que seu parceiro seja fiel enquanto você dá as suas escapadelas. Viva os dois pesos e duas medidas! Também haverá uma dose de exploração e experimentação sexual.

Você será arrastado para o mundo dos negócios; se não tem conhecimento dessa área precisará adquiri-lo rapidamente. Nos negócios o lado das comunicações será importante, e você precisará manter-se a par das idéias e métodos atuais. Mesmo que não seja o responsável direto pela venda de bens e serviços, precisará lidar com a área de *marketing*, o que significa encontrar meios de divulgar e apresentar a imagem de sua organização de maneira atraente e moderna. Você terá muito contato com outros profissionais e também com o público em geral. Libra é um signo cardeal (a sétima casa é cardeal); portanto, você agora estará muito mais decidido e dinâmico do que jamais esteve. Precisará apresentar-se com elegância; assim sua aparência e seu jeito de se vestir ficarão mais modernos e atraentes.

Na carreira, como também nos relacionamentos, é época de começar, e os novos trabalhos e contatos profissionais com pessoas dinâmicas e inspiradoras serão bastante interessantes. Você passará muito mais tempo na cidade do que no campo, mas é provável que vá ao campo nas viagens de negócios. Sua auto-estima passará por alguns tropeços, sobretudo porque você estará trabalhando numa área não familiar, onde os erros são inevitáveis.

Há alguns indícios de que você será manipulado de alguma forma; quando descobrir o que se passa poderá reagir com raiva ou de um modo impensado, o que não é comum em você. Tanto na área profissional como na doméstica você poderá constatar que suas finanças e decisões financeiras estão inevitavelmente emaranhadas com suas emoções.

A característica essencial desta progressão é que você fará experiências com gente, métodos e idéias novas, que o levarão a algum tipo de mudança ou de renovação nas suas associações.

Lua progredida em Escorpião ou na oitava casa ♏

É nessa época que você sai de dentro de si e faz as mudanças que determinarão o padrão da sua vida durante muitos anos futuros. Se durante os dois últimos anos você esteve fazendo experiências nas amizades e relacionamentos, agora pode fixar-se num casamento; pelo contrário, se esteve se encaminhando para um possível divórcio, é agora que ele pode efetivar-se. Haverá importantes começos e finalizações, podendo incluir a formação ou o desmantelamento do lar. É possível que você comece a ter filhos, mas é igualmente possível que se encontre no estágio em que os filhos se tornam adultos e independentes. Em breve eles poderão constituir família, ou pode nascer alguém entre os parentes ou amigos. Infelizmente, do ponto de vista astrológico, a época de nascimentos é também a época de mortes, e é bem possível que você vá a um ou dois enterros.

Você assumirá um novo compromisso no seu emprego atual, ou então o trocará por outro que lhe deixará em boa posição no futuro. Por exemplo, uma jovem mulher pode deixar de trabalhar durante alguns anos para ficar em casa com os filhos. Seja qual for a forma de manifestação desta progressão no seu caso, ela significa transformação, renascimento e redefinição de seus objetivos, dentro e fora de casa. Pode ser que você se interesse por conservação, sobretudo pela reciclagem de objetos usados, e sem dúvida gastará dinheiro com a casa.

Mudanças profissionais também podem levá-lo à agricultura ou à indústria de produção de alimentos; outra possibilidade é algum tipo de contato profissional com a polícia, detetives particulares ou hospitais. A saúde e as questões legais também podem entrar na sua vida. Você estará mais atento para os elementos místicos e psíquicos, e pode ter alguma espécie de experiência psíquica, possivelmente pela primeira vez. Esta progressão acentua sua intuição e seus pressentimentos, e você pode chegar até a desenvolver a mediunidade.

Os assuntos financeiros envolvendo o dinheiro dos outros podem assumir importância agora, bem como a atitude em relação às questões financeiras. Isso pode abranger pensões, heranças, hipotecas, impostos, contas conjuntas e finanças empresariais. Tome cuidado para não exagerar na reação emocional aos assuntos jurídicos e financeiros. As questões de propriedades e posses conjuntas podem ser resolvidas nesta época, mas tome cuidado para não alimentar sentimentos de cobiça e ganância. Pode haver disputas familiares ou comerciais, sobretudo por causa de propriedades. Esses problemas são típicos do divórcio, do fim de uma sociedade de negócios ou do falecimento de algum membro da família. De certa forma a estrutura da sua vida será transformada.

Algumas atividades serão altamente satisfatórias, podendo preencher uma série de necessidades instintivas. Pode ser que quase tudo o faça feliz, mas eu colocaria o sexo bem no alto dessa lista, além, talvez, do estabelecimento de um lar feliz ou de um estilo de vida mais confortável. Podem formar-se novos hábitos, como provável resultado de uma nova compreensão de suas necessidades íntimas. Seu lado instintivo sobrepujará sua mente lógica, e você poderá sentir quase uma compulsão na maneira como se encaminha para seus objetivos.

Há alguns problemas bem terríveis que podem surgir com esta progressão; a intensidade de seus fortes sentimentos pode extravasar uma forma de ciúme e paixão particularmente lasciva ou obsessiva. Você pode cair ou ser levado a alguma situação que em circunstâncias normais evitaria; por outro lado, pode tentar possuir ou manipular outra pessoa. A reação emocional anormal e exagerada pode fazer com que você aja de forma totalmente inadequada. Esta é a época certa para chegar até o fundo de problemas que perduram há tempos e descobrir suas causas, mesmo que isso signifique revelar um segredo vergonhoso. Você pode ter a sensação de estar numa arena emocional fatal, mas no fim sairá renascido e salvo da destruição.

Lua progredida em Sagitário ou na nona casa ♐

A tônica desta progressão é a expansão dos seus horizontes pessoais. Pode ser que você faça sua primeira viagem ao exterior ou dedique o tempo a estudar minuciosamente uma determinada região do mundo que sempre sonhou em conhecer melhor. Seu trabalho pode levá-lo para longe, e você pode entrar em algum empreendimento que envolva mercadorias, serviços ou propriedades no exterior. Pode ser que precise fazer vendas a estrangeiros, adquirindo conhecimentos sobre eles e seu modo de vida. Sua família talvez mude de país, ou quem sabe alguma pessoa de formação cultural diferente passe a fazer parte dela — o que pode ser a causa de uma viagem a um lugar distante. Alguns se apaixonam por pessoas de outra nacionalidade ou de formação cultural diferente, o que pode levá-las a fazer uma revisão de suas crenças religiosas ou filosóficas.

Você pode estar sujeito a mudanças econômicas ou culturais no seu meio ambiente, com efeitos sobre a sua vida pessoal e profissional. Existe até mesmo a possibilidade de precisar lidar com pessoas com pontos de vista preconceituosos ou estreitos em relação a raça e religião.

Pode haver um contato maior com instituições como escolas, faculdades e igrejas, tanto particularmente como a negócios. Nessa época você pode reiniciar sua formação ou apenas estudar por prazer. Os assuntos escolhidos serão de tipo filosófico ou aberto, e não de natureza meramente prática; entretanto, pode ser que você aprenda uma língua estrangeira com o intuito de conhecer um número maior de pessoas interessantes ou de progredir na carreira. Nesse período você encontrará meios de vencer a estagnação mental e a monotonia. A ligação com escolas pode levá-lo a lecionar ou treinar outras pessoas; é possível que venha a fazer palestras sobre algum assunto específico. Outra possibilidade de carreira está ligada às publicações, e sem dúvida nessa época é possível que você redija folhetos ou jornais profissionais para a empresa em que trabalha ou se encarregue de sua impressão. Há uma sensação de que se aproxima o fim de uma fase da sua vida profissional, e você pode chegar ao término dessa progressão determinado a fazer alguma coisa completamente diferente. Pode ser o ponto alto, a culminação de todo o trabalho realizado ou, pelo contrário, o fundo de um poço de infelicidade em relação ao trabalho, com a decisão de mudar de rumo de uma vez por todas.

Haverá oportunidades de aproveitar a vida e divertir-se. É provável que você se entusiasme com uma série de novas idéias, *hobbies* e passatempos; os esportes também podem se tornar prioritários. Você terá mais oportunidades de ficar ao ar livre e pode interessar-se por animais de grande porte, sobretudo pelos cavalos. Pode ser que aposte em corridas de cavalo — ou que apenas aposte um pouco mais na sua vida. Esta deve ser uma época de mais diversão e espírito de aventura. Seu nível de autoconfiança estará alto, talvez alto demais, com possível tendência a diminuir à medida que a progressão chega perto da cúspide da décima casa.

Durante esta progressão, às vezes há um aumento de atividades relativas a questões legais, representando em geral o encerramento de problemas antigos, e não o começo de novos. Pode haver um ou dois detalhes pendentes resultantes de um divórcio recente, ou alguma espécie de questão familiar ou de negócios ainda não completamente resolvida.

Sagitário e a nona casa estão relacionados com o segundo casamento, e assim pode ser que você conheça agora seu novo parceiro ou decida casar-se novamente.

Resumindo essa progressão, é nessa época que você pode contar com uma expansão na sua vida (e na sua cintura também, se não tomar cuidado), avançar e subir do ponto de vista mental e físico, esquecer algumas de suas preocupações e cuidados e também divertir-se.

Lua progredida em Capricórnio ou na décima casa ♑

Esta é uma época de trabalho duro, mas também de realizações. Esta progressão pode começar com um monumental revés na sua vida ou simplesmente com a sensação de que você já não pode continuar do mesmo jeito. É possível que as frustrações e os problemas que afetam sua vida profissional contagiem também a vida pessoal. No trabalho você receberá muita ajuda valiosa dos outros. Algumas dessas pessoas podem ocupar altos postos ou deter algum tipo de conhecimento especializado que estão dispostas a transmitir a você. Se estiver vendendo algum produto ou serviço, os compradores estarão mais receptivos; uma coisa interessante é que as mulheres provavelmente lhe serão bastante úteis.

Os métodos de trabalho serão importantes, mesmo que ele não seja comercial por excelência. Se você não está acostumado a trabalhar numa organização estruturada, aprenderá a fazê-lo; por outro lado, é possível que passe de um tipo de estrutura para outro completamente diferente, com outros regulamentos. É importante ser honesto em todas as transações, tanto na vida profissional quanto na pessoal; se tiver sorte, as pessoas à sua volta também agirão com honestidade. Você terá necessidade de ser visto como uma pessoa respeitável, em público e em família, e é nessa época que podem aflorar segredos e decepções, de uma maneira desagradavelmente embaraçosa.

Seu trabalho vai colocá-lo em contato com o público, e você prestará serviços a indivíduos e a grandes grupos. Será preciso vestir-se como uma pessoa competente e bem-sucedida, pois tanto você quanto o seu trabalho estarão muito em evidência agora. As vendas e o trabalho promocional serão importantes; você precisará fazer aparições em público, possivelmente fazendo conferências ou discursos de vez em quando.

Seus colegas terão mais simpatia do que antes pelos seus objetivos, e você, por seu lado, estará mais receptivo às necessidades dos outros. É possível que passe por uma falta de dinheiro temporária, talvez devido a algum investimento mais ou menos vultoso em algum projeto, ou talvez porque seu emprego ofereça mais treinamento e possibilidades futuras do que retorno financeiro imediato.

Assumirá uma atitude sensível em relação às pessoas que trabalham com você, e tomará cuidado para não humilhá-los. Será responsável pelo trabalho que executa e possivelmente pelo trabalho dos outros também. Esta é a época para formar uma equipe de juniores, dentro de um referencial prático de método e experiência, para acompanhá-lo no futuro. Os atrasos e reveses na sua carreira serão seguidos pelo sucesso, a boa vontade substituindo a má vontade. No trabalho você precisará adotar uma atitude convencional, técnicas antigas e uma perspectiva bem estruturada e prática. Pode ser que você dê novo alento a uma empresa ou uma instituição debilitadas, para o que será preciso saber reagir aos sentimentos e ao estado de espírito dos grupos que o cercam; é possível que isso se manifeste sob a forma de negociações sindicais. É importante controlar o tempo, as horas de trabalho, ou então manter algum tipo de agenda.

O limite entre seus relacionamentos profissionais e pessoais pode ficar um tanto impreciso — você pode se voltar de maneira íntima para alguém com quem trabalha, ou então pode dar início a um projeto profissional com alguém que ama. Para dizer a verdade, essa não é uma época romântica; seus sentimentos podem ficar amortecidos, ou você pode ver-se forçado a controlá-los rigidamente; se encontrar alguém, entretanto, é possível que isso aconteça devido ao trabalho.

Nos relacionamentos pessoais você estará mais tímido que de costume, relutando em se comprometer. Pode haver alguma manifestação pública de emoções — sendo você a causa ou o agente. Podem ocorrer brigas na presença de outras pessoas; sentimentos de amor e carinho que você vem mantendo ocultos também podem aflorar de uma maneira mais ou menos pública. A vida doméstica precisará ficar em segundo plano, mas com o tempo o trabalho que você executa tornará essa vida mais bonita e mais confortável.

Lua progredida em Aquário ou na décima primeira casa ≈

Esta é uma época em que os amigos são muitíssimo importantes, em que você precisará contar com a ajuda deles e em que você, por seu turno, será um bom amigo. Haverá certo envolvimento com algum tipo de clube ou sociedade, pois você decididamente sentirá necessidade de fazer parte de um grupo. A identidade desse grupo pode estar relacionada com a política ou com o trabalho. Pode realizar atividades ocasionais com algum time esportivo, com pessoas interessadas em arte ou com alguma espécie de grupo intelectual. Você conseguirá resultado fazendo parte de um grupo ou de um time. No trabalho, precisará atuar em conjunto com os outros, talvez chefiando-os; nesse período não há muito que você possa conseguir sozinho.

As amizades com mulheres serão importantes, e você se sentirá um pouquinho menos ligado à família, pois situações externas desviam seu tempo e atenção. Até nas amizades haverá mudanças, à medida que se aproximar de pessoas mais dinâmicas. Você e seus associados podem tentar realizar alguma coisa em benefício da humanidade; essa atitude é altamente idealista, mas é possível que às vezes careça de praticidade. É bom tomar cuidado para não ser levado para ideologias específicas e rígidas, que não dão espaço para diferenças de opinião.

Será preciso que você aprenda métodos novos por causa do trabalho ou de uma mudança no seu estilo de vida. Por exemplo, se mudar de casa nesta época precisará dar atenção à decoração ou à jardinagem. Pode ser que aprenda a costurar, dirigir ou que atualize suas técnicas de trabalho. Se tiver filhos em idade escolar, terá de lidar com questões educacionais por causa deles, e pode acabar participando de algumas das atividades da escola. É possível que volte à faculdade para terminar um curso; também pode lecionar ou voltar a fazê-lo. Se você se aposentar nessa época, terá oportunidade de aprender a esquiar, tocar piano ou aprender um milhão de coisas. Pode ser que tenha de lidar com métodos ou idéias muito modernos, fora do comum, inclusive que tenha de aprender a usar um computador ou algo no gênero; poderá se surpreender às voltas com a eletrônica, rádio ou radar, ou até mesmo com a astrologia.

Você redefinirá seus objetivos pessoais e perguntará a si mesmo o que deseja da vida, em termos gerais. Investigando seus desejos e esperanças, você mudará o rumo das suas idéias de alguma forma radical. Por exemplo: uma pessoa que até aqui nunca quis ter filhos pode decidir que afinal de contas deseja tê-los; outra pessoa que sempre foi acomodada pode de repente tornar-se ambiciosa. Agora novos objetivos e valores substituem os velhos.

Esta progressão pode ter um elemento surpreendentemente subversivo, capaz de mudar por completo a sua perspectiva de vida. É possível que você termine essa progressão com uma nova carreira, é quase certo que tenha uma nova casa e talvez até um círculo novo de relacionamentos pessoais. Esta é uma época em que você pode revolucionar a sua vida ou descobrir que alguém a está revolucionando por você, desmantelando todo o *status quo*. Nesse caso a sua reação pode ser de ciúme e possessividade, numa tentativa de se aferrar ao que já existe. A sua forma de administrar essas mudanças depende só das circunstâncias da época do início da progressão e da sua natureza específica. Certas pessoas que passaram por um período difícil na progressão anterior acham que esta é uma época surpreendentemente boa, quando o dinheiro aparece, os jogos dão certo e os sonhos começam a se realizar. Não há dúvida de que esta é uma fase em que tudo pode acontecer — e com muita freqüência acontece. Tente manter-se bem preso à realidade, pois os acontecimentos à sua volta podem revestir-se de fantasia ou até de um sutil toque de loucura.

Lembre-se de ficar em contato com seus amigos, estejam as coisas correndo bem ou não — agora eles serão o seu ponto de apoio.

Lua progredida em Peixes ou na décima segunda casa ♓

Este é um período de reflexão, talvez até de fuga da agitação da vida; parece que agora os acontecimentos estão na mão do destino e que não há muito o que fazer. É possível que você precise reprimir durante algum tempo a sua personalidade, possivelmente até a Lua progredida cruzar o Ascendente e entrar em Áries. Além de precisar manter escondida uma boa parte dos seus sentimentos, pode haver projetos de trabalho conduzidos em segredo. Por exemplo: uma pessoa pode estar se preparando para montar um pequeno negócio próprio enquanto permanece no emprego atual. É claro que pode estar havendo algum relacionamento secreto, não necessariamente a situação do "eterno triângulo"; pode ser algo muito mais estranho, tal como manter contato com alguma "ovelha negra" da família, ignorada pelo resto dos parentes. Esta progressão pode ser uma época triste e até depressiva, pois dá a impressão de que você está passando por algum tipo de provação cármica. O resultado será uma mudança na sua consciência, levando a uma renovação da vida e da esperança, que vai arrastá-lo para um rumo completamente novo.

É importante não perder totalmente o contato com a realidade durante esta progressão, pois é muito fácil passar-se a um estranho estado de limbo mental. Haverá insegurança em algum aspecto da sua vida, talvez no plano emocional, e você poderá achar difícil enfrentar os fatos com que depara. É fácil descambar para um estado de desilusão ou até de desespero; e o que é ainda pior: você pode tentar perseguir uma ilusão, exacerbando a situação pelo uso de drogas ou de bebidas. É melhor ficar longe dos narcóticos durante essa época, sobretudo das pílulas para dormir.

Existe um lado muito mais positivo nisso tudo: você tem oportunidade de aprender a relaxar, a meditar e a fazer uma série de viagens para o seu interior. De uma forma ou de outra você passará muito mais tempo sozinho, e enquanto perscruta seu íntimo pode descobrir talentos e capacidades que nunca imaginou ter. Lembro-me de quando a Lua passou pela minha décima segunda casa, há alguns anos; eu estava levando uma vida caseira, com filhos pequenos, dirigindo um pequeno negócio de costura e estudando línguas estrangeiras e astrologia — e descobri que tinha talento para as duas coisas. Os benefícios desta progressão tendem a ser reconhecidos apenas em retrospecto. As capacidades artísticas e criativas agora vêm à tona, e provavelmente você desfrutará de prazeres tranqüilos como ler, ouvir rádio e cuidar do jardim. Fotografia e cinema também são fortes possibilidades.

Se por natureza você é um pouco mal-humorado, esse aspecto da sua personalidade ficará acentuado, mas pode ser que nessa época você seja o objeto do mau humor de alguém. Suas capacidades intuitivas se desenvolverão — siga seus instintos. Como você fica mais sensível e mais tímido do que de costume, pode achar que os outros dificultem estranhamente seus desejos e necessidades ou até mesmo que não os encarem com simpatia. É possível que agora tornem-se visíveis suas capacidades psíquicas ou mediúnicas, e você pode começar a interessar-se seriamente por esses assuntos. Pode até haver alguma revelação, uma espécie de "passagem" que o impulsiona em direção à espiritualidade.

Uma típica situação pisciana ou de décima segunda casa: uma jovem mulher está em casa com os filhos pequenos, bem na época em que o marido precisa dar o máximo de si no emprego, e, portanto, ajuda-a menos do que nunca. Outra razão pode ser o começo da aposentadoria, com sua inevitável mudança de perspectiva. Uma razão triste para uma situação como essa pode ser um período de doença, ou talvez a necessidade de cuidar de alguém doente ou incapacitado. É bem possível que durante esta época haja algum contato com hospitais ou até com instituições para doentes mentais ou prisões, envolvendo-o diretamente ou a alguém próximo a você. Pode até ser que você trabalhe num desses lugares. Você terá uma misteriosa capacidade de sintonizar-se com o estado de espírito dos outros e proporcionar verdadeira ajuda e compreensão a quem precise.

Uma das melhores possibilidades é viajar. Agora talvez haja alguma mudança para perto da água; dependendo das circunstâncias, pode ser que você compre uma propriedade próxima ao mar, alugue uma casa de férias no litoral ou fique às voltas com barcos. Algumas pessoas fazem cruzeiros quando a Lua está em Peixes.

Se você trabalha, irá se sentir muito melhor nos bastidores do que na linha de frente. Pode ter dificuldade em confiar nos outros, tanto na vida particular como na profissional. As relações com mulheres podem ser particularmente difíceis ou até estranhas, e é possível que nessa época você precise considerar uma mudança de perspectiva com relação às mulheres da sua vida, talvez devido a fatores além do seu controle. Uma maneira fácil de captar o sentido desta progressão é pensar numa semente que passa o inverno sob o solo, esperando a primavera para nascer.

Seu estado de espírito é afetado por forças estranhas e subconscientes, à medida que o eixo da sua vida anterior sofre uma sutil mudança de direção. Esta é de fato uma época para recarregar as forças interiores por meio do recolhimento e da reflexão, preparando-se para o "rompimento da primeira casa", que sem dúvida virá.

A Lua pode se pôr, mas o Sol também se levanta.

Capítulo 12

Técnicas avançadas de progressão lunar

A Lua progride avançando cerca de um grau por mês. Pode percorrer onze, doze, treze ou catorze graus no decorrer do ano, mas na maior parte do tempo (convenientemente, para nós) ela progride à razão de doze graus por ano. O método é simples; depois de determinar o grau exato da Lua progredida no seu último aniversário, avance um grau por mês no decorrer do ano. Como cada signo tem trinta graus, a Lua passa mais ou menos dois anos e meio em cada signo. É estranho como esse intervalo de tempo de dois anos e meio parece de fato afetar a vida de muitos de nós. Como astróloga estou acostumada a ouvir as pessoas me dizerem que uma determinada situação — tal como um relacionamento ou um emprego — dura mais ou menos dois anos e meio.

Ao examinar a Lua progredida, verifique primeiro se ela mudou de signo há pouco tempo, se está no meio de um signo ou caminhando para o final dele. Às vezes um signo novo leva alguns meses para deixar uma marca na vida da pessoa, mas em outras ocasiões os efeitos são imediatamente perceptíveis até mesmo quando a Lua se aproxima do final do signo anterior.

Depois de determinar o grau exato onde está a Lua progredida no momento da leitura, você apenas terá de avançá-la à razão de um grau por mês para ver o que aquele ano (ou biênio) lhe trará. Se a Lua passar por outro planeta, temos uma conjunção; embora esse assunto esteja fora do propósito deste livro, relacionei para você as conjunções lunares. No caso de aspectos positivos, como o trígono ou o sextil, leia o trecho sobre a conjunção, enfatizando os lados positivos. No caso dos aspectos "difíceis", como a quadratura ou a oposição, é provável que se apliquem os efeitos problemáticos, mas não se esqueça de que é possível obter melhores resultados com um aspecto difícil do que com um fácil.

Conjunção Sol/Lua

Pode haver acontecimentos relativos aos filhos; também é uma época de aumento da autoconfiança ou até de um triunfo pessoal. Diversão, férias, especulação, jogos e esportes passam a fazer parte de sua vida. Você pode apaixonar-se por uma pessoa provocante e ter uma ligação memorável. Não é improvável a compra de uma casa para fins de semana, uma casa ao sol. É possível que agora você passe bons momentos com seus parentes mais velhos. Pode ser que nesse período as relações com pessoas de Leão sejam mais freqüentes que o habitual.

Conjunção Lua/Lua

Os assuntos domésticos ficam em evidência; pode até ocorrer mudança de casa, ou mudança física do local de trabalho. Podem acontecer viagens — principalmente por via fluvial ou marítima, ou para lugares próximos da água. Você pode voltar a visitar o local onde nasceu. Terá procedimentos distintos com mulheres, sobretudo com a figura materna. Suas emoções agora ficarão mais fortes. Pode haver alguma conexão com o suprimento de alimentos ou bens domésticos. O que foi mantido em segredo pode de repente ser revelado. Pode ser que você se relacione com um número de cancerianos acima do habitual.

Conjunção Lua/Mercúrio

Essa progressão é caracterizada pela comunicação com a família. Pode ser necessário lidar com documentos relativos a propriedades ou imóveis. Pode ser que adquira um carro novo ou que simplesmente mude a maneira de ir diariamente ao trabalho. Os serviços escritos assumem importância. Qualquer curso educativo iniciado agora correrá bem; poderá ter êxito nos exames, inclusive de auto-escola. Deve haver um relacionamento amigável com os vizinhos, amigos e parentes da sua geração ou um pouco mais jovens. Pode ser que comece a praticar algum esporte novo na companhia de outras pessoas. Sua casa pode começar a ser um local de reunião de grupos de amigos. Você começará a pensar em dietas e no valor dos alimentos, e pode fazer planos para mudar o aspecto da sua casa. Também pode fazer revisão de seus métodos de trabalho ou aperfeiçoá-los. Pode começar a escrever algo para ser publicado. Nesse período é possível um relacionamento acima do habitual com geminianos e virginianos.

Conjunção Lua/Vênus

As questões de família ficam em evidência; você convive bem com as mulheres da família. Pode fazer relações públicas junto com mulheres ou até formar uma sociedade com alguma mulher. É uma boa época para decorar a casa ou fazer festas em casa. Você se ocupará com alimentos e abastecimento, regimes e aparência. Pode aparecer um romance novo — sem dúvida você começará a sentir-se mais atraente e romântico. Nesse período pode haver envolvimento com artistas e com o trabalho artístico. Haverá um aumento nas oportunidades de negócios e nos bons contatos novos. Pode ser que você se relacione com um número acima do habitual de taurinos ou librianos.

Conjunção Lua/Marte

Você sentirá um alto nível de energia e de arrojo, podendo desenvolver um súbito entusiasmo por projetos de trabalho ou por certos *hobbies* que exijam esforço físico. Alguma coisa inteiramente nova começará agora. Pode haver uma associação profissional com algum homem jovem; sua atitude em relação às questões de trabalho ficará mais enérgica e jovial. Trabalhando numa área competitiva ou praticando algum esporte competitivo você poderá vencer. Estará com um alto nível de ambição, e verá que de repente surgem oportunidades. Esta não é uma época boa para lidar com mulheres, e será preciso controlar o gênio, pois suas emoções também estarão ativas. Pode ser que você fique doente, com febre, ou que sofra algum acidente (sobretudo em casa). Se mudar de carro agora, irá trocá-lo por um que corra mais que o anterior. Seu impulso sexual aumentará, mas você também pode brigar por causa de questões emocionais ou sexuais. Já com relação às mulheres é quase certo que esta mudança traga algum homem para a sua vida — provavelmente jovem, sem dúvida *sexy* e cheio de energia. Você pode relacionar-se com um número acima do habitual de arianos e escorpianos.

Conjunção Lua/Júpiter

Nessa época é possível que você faça uma revisão de seus conceitos religiosos e filosóficos. Terá interesse por viagens e relações com estrangeiros, talvez com cunho profissional. Há uma sensação de otimismo e de mudança para melhor, mesmo que não seja visível de imediato. Você fará contatos novos e proveitosos, e poderá ter oportunidades inesperadas no trabalho. Terá mais facilidade em ganhar dinheiro; as portas se abrirão para você. O período pode trazer algum envolvimento com questões legais, e nesse caso você sairá vitorioso, sobretudo em relação a propriedades. No que se refere a questões financeiras, e investimento em propriedades, é uma boa época para lidar com mulheres. Os assuntos domésticos devem caminhar bem; você terá oportunidade de expandir seus horizontes e até de se olhar sob um novo prisma. Pode relacionar-se com um número maior que o habitual de sagitarianos e piscianos.

Conjunção Lua/Saturno

Haverá problemas, que podem relacionar-se com a sua situação doméstica, com seus pais ou com outros parentes idosos. É possível que você se sinta deprimido e meio solitário, mesmo quando rodeado de gente. Terá responsabilidades extras e muito pouco tempo para descansar; além de sentir-se desanimado, pode efetivamente ficar doente ou apenas exausto e esgotado. Nesse período a vida lhe parecerá limitada e um tanto cansativa; sua vida amorosa também pode ser deprimente — é possível que nessa época a pessoa amada esteja vivendo ou trabalhando num local a uma certa distância de você. Os assuntos de negócios caminharão devagar, mas os planos feitos agora funcionarão muito bem a longo prazo. As transações com pessoas que ocupam cargos de responsabilidade ou com os mais velhos poderão ser incômodas, mas devem surtir um bom efeito *depois* do término da progressão. Pode ser preciso tomar decisões de longo alcance em relação a seus pais. Pode haver falta de dinheiro, sobretudo em casa, mas em breve as coisas melhorarão. O período é bom para pensar a longo prazo e para trocar idéias sobre seus planos futuros com pessoas experientes e responsáveis. Você pode encontrar agora um número acima do habitual de capricornianos e aquarianos.

Conjunção Lua/Urano

Esta progressão é caracterizada por súbitas mudanças no estado de espírito. É uma daquelas épocas em que você percebe de repente que já não suporta o emprego que tem, ou a pessoa com quem vive. É o tipo de situação que talvez já venha se desenvolvendo há anos e agora, *aparentemente* de súbito, muda para sempre. É possível que de improviso mude de casa ou decida demolir e reconstruir alguma área da sua casa. Pode haver problemas familiares inesperados ou súbitas alterações no cenário doméstico. Nesse período os amigos estarão mais em evidência. É possível que você tenha idéias brilhantes ou encontre as respostas para perguntas que o vêm incomodando há séculos. A vida profissional pode apresentar mudanças e benefícios inesperados; quase tudo pode acontecer — será preciso estudar as casas e os signos envolvidos para avaliar todas as possibilidades. Pode até ser que você comece a estudar astrologia! Nesse período é possível o contato com um número de aquarianos acima do habitual.

Conjunção Lua/Netuno

Se você se apaixonar agora verá a pessoa amada através de lentes cor-de-rosa. Haverá um forte elemento de fantasia em qualquer ligação amorosa dessa época — portanto é possível que em grande parte esse amor seja vivido a distância, ou que fique dentro da sua cabeça. Velhas lembranças semi-enterradas virão à tona para atormentá-lo; pode ser que você se veja às voltas com velhos medos e fobias, finalmente encarando-os de frente. Sua intuição aumentará e poderá haver experiências psíquicas interessantes. Você reexaminará seus conceitos filosóficos e sua perspectiva religiosa, podendo até chegar ao ponto de mudar de religião. Pode ser que passe muito tempo sonhando acordado ou praticando algum tipo inspirado de meditação. Você captará os ambientes com mais perspicácia, podendo até desenvolver capacidade de clarividência ou precognição. As questões referentes aos negócios podem tornar-se confusas; você pode vir a descobrir que esteve lidando com gente desonesta. Pode ter algumas boas idéias, mas precisará esperar até o término desta progressão para colocá-las em prática. Pode fazer alguma viagem marítima ou para o litoral, reativando o contato com familiares ou amigos residentes no exterior. Pode fazer uma reforma nos encanamentos de sua casa ou interessar-se pelo trabalho com fluidos, gases, petróleo ou fotografia. Os contatos com pessoas místicas ou nascidas sob o signo de Peixes, ou com uma forte influência pisciana no mapa natal, podem aumentar.·Suas ligações amorosas podem ser maravilhosas e inspiradas, ou então deixá-lo em pedacinhos — mas você estará tão impregnado de emoções que dificilmente conseguirá pensar direito. Pode estar às voltas com hospitais, sobretudo por causa de algum membro da família. Durante este período pode ser que você trabalhe em um hospital ou em alguma instituição.

É possível que comece a gostar de bebidas alcoólicas ou que contraia alguma estranha doença alérgica.

Conjunção Lua/Plutão

Esta é uma progressão transformadora, capaz de mudar toda a sua vida daqui para diante. Certamente ela mudará a sua perspectiva de vida e a visão que tem de si mesmo. Você viverá num emaranhado emocional, talvez por estar às voltas com alguns problemas bem grandinhos. Haverá questões financeiras a resolver, talvez em conseqüência de um divórcio anterior, um testamento ou algum imposto que não foi pago. Pode haver um ajuste de contas nas finanças da firma, sendo possível até a falência. Você terá vontade de mudar alguma situação familiar ruim, podendo aliviar a tensão com um argumento bem espetacular — ou indo embora para sempre. Nessa época pode haver contato com a polícia, os tribunais ou hospitais, envolvendo questões bastante sérias. Poderá haver nascimentos e mortes — no sentido literal — no seu círculo, mas sem dúvida haverá nascimentos e mortes no sentido figurado. Existe até a possibilidade de a sua vida ser afetada por transtornos geológicos ou pela guerra! Pode haver alguma ligação com minas, mineiros ou explosivos. Pode haver estranhas experiências ocultas e psíquicas. Neste período qualquer tipo de descontentamento ou de agitação interior em sua vida pode emergir de forma explosiva.

Conjunção Lua/Ascendente

Este é um período para começar coisas novas, com a passagem da Lua da décima segunda para a primeira casa. Sua vontade será sair da sombra, ser notado. Os assuntos pessoais e domésticos mudarão para melhor, embora possa haver uma sensação de inquietude durante esta progressão. Provavelmente você logo mudará o visual e as atitudes.

Conjunção Lua/Meio-do-Céu

Esta é a culminação de uma fase de sua vida. Você deve sentir que seu emprego atual já lhe possibilitou chegar até onde podia, e agora deseja mudar de rumo. Pode envolver-se mais com o público e constatar uma melhora em *status* e em sua imagem pública. Pode realizar algum sonho há muito acalentado em relação à carreira. As questões domésticas correrão bem; caso mude de residência, você ganhará dinheiro com a transação e gostará da nova casa. As questões domésticas exercerão sobre sua vida profissonal uma influência indireta, por meio de mudanças no lar e na família, ou direta, decorrente do trabalho em indústrias relacionadas com alimentos ou objetos para o lar. Alguma mulher pode influenciar o modo como você vê seus objetivos de vida.

Conjunção Lua/FC

Esta progressão pode aproximá-lo de sua família, sobretudo de sua mãe, e vai aproximá-lo do seu lar. É possível que agora você comece a trabalhar em casa. Qualquer resquício de problemas emocionais ou de relacionamentos pode ser resolvido agora de uma vez por todas.

A Lua e os nodos

Quando a Lua passa pelos nodos, você pode mudar de casa, redecorá-la, receber visitas interessantes ou possivelmente passar férias num lugar completamente diferente de onde costuma ir. Pode iniciar algum projeto no âmbito doméstico ou começar a trabalhar dentro de casa. Agora é possível que você reavalie o rumo de sua vida. Também pode passar por algum tipo de experiência cármica nesta época.

Capítulo 13

A personalidade e as fases da Lua

Favor ver explicação e tabelas da página 134 a 158
para descobrir a fase natal da *sua* Lua..

Primeiro quarto

Qualquer que seja seu signo de nascimento, onde quer que estejam localizados seus outros planetas, você tem um sentido básico de entusiasmo juvenil, um toque ariano no centro da sua natureza. Provavelmente você prefere tomar a iniciativa, sobretudo no amor, e está sempre disposto a procurar novos interesses na vida, gente e idéias novas. Sua perspectiva animada e sua abordagem otimista da vida são atraentes, mas é preciso tomar cuidado para não ser egoísta. Você sabe como fazer as coisas funcionarem, como melhorar as situações. Sabe como estimular os outros a entrar em ação, mas depois deixa que eles terminem o projeto.

Você pode trabalhar por conta própria. Ninguém é capaz de forçá-lo a fazer algo que não queira, e isso pode prejudicar o sucesso dos seus relacionamentos. Você é capaz de começar bem e ter bastante êxito na juventude; outros fatores do mapa indicarão se essa precocidade promissora será ou não confirmada no decorrer da vida. Tente não reagir depressa demais nem pegar os outros muito de surpresa.

Segundo quarto

Você é ambicioso e sociável, com um toque subjacente de Câncer e de Leão na sua natureza. Concentra-se nos próprios objetivos e tem uma grande necessidade de criar algo que seja visto e lembrado pelos outros. Precisa ter um lugar seu, onde possa expressar sua personalidade; pode ser sua casa ou seu local de trabalho. Tem uma personalidade bastante carismática, que sempre atrai as pessoas. Tenta ser útil, mas não está disposto a sacrificar-se durante muito tempo pelos outros. É capaz de usá-los para atingir os seus próprios fins; esse comportamento é mais instintivo do que planejado. Você precisa do *status* e da possibilidade de expressão em uma carreira, um lugar onde seja visto — possivelmente em vendas ou recepção. Você chama atenção sobre si; pode realizar muita coisa, mas também pode deixar de ver algumas das necessidades dos outros. Provavelmente terá um êxito considerável ainda na juventude — outros fatores do mapa determinarão se esse sucesso será ou não duradouro. Você custa a ficar zangado, mas é terrível quando perde a calma. Detesta ser apressado e pode ser um pouquinho reticente em relação a métodos e idéias que lhe são apresentados como fatos consumados. Não se importa em apressar os outros, pois sabe que isso os desequilibra levemente e lhe dá uma ligeira vantagem.

Terceiro quarto

Você é sensível às necessidades dos outros e deseja que eles também sejam sensíveis às suas. Esse quarto da Lua tem um toque de cautela que lembra um pouco Libra e Escorpião. Você precisa de amigos, de colegas e de contatos, e relaciona-se bem com as pessoas dentro de grupos. Gosta de levar uma vida excitante, e quer que os outros participem dela. Sabe o que os outros pensam a seu respeito e pode não ser completamente seguro de si, a menos que sinta a aprovação dos outros. Sente-se atraído por pessoas mais ativas e bem-sucedidas e é capaz de ajudá-las a atingir seus objetivos; essa fase da Lua indica que você pode conseguir resultados fantásticos por merecimento próprio, mas continua precisando da ajuda e do incentivo dos outros. Você tem um certo nervosismo, uma espécie de tensão cumulativa capaz de lhe dar originalidade e sagacidade, mas também dificuldade de concentração e uma busca ávida de gente e experiências diferentes. O sexo, de alguma maneira peculiar, pode ter uma importância especial para você. De alguma forma ele pode transformar a sua vida. Diz-se que as pessoas nascidas logo depois de a Lua cheia ter passado no Meio-do-Céu do seu mapa natal serão ricas e famosas! O período de maior êxito na sua vida é a meia-idade.

Último quarto

Não importa como seja o resto do seu mapa — aqui há um toque subjacente de Capricórnio ou Peixes. Você termina os projetos começados pelos outros, reorganiza e deslinda problemas deixados pelos outros; pode ser que nunca inicie um projeto propriamente seu. Tem uma percepção clarividente e pode agir mais baseado em seus pressentimentos do que na lógica. Percebe quaisquer tipos de motivos ocultos e pode ficar aborrecido com as exigências dos outros. Precisa não se deixar levar pelos sentimentos alheios e confiar sempre em seus instintos básicos. Pode ter uma propensão muito acentuada a cruzar os braços e deixar que as coisas aconteçam. É provável que você se sinta no melhor da sua forma quando ajuda um grupo a conquistar algum benefício. Consegue tanto enquadrar-se num grupo maior como trabalhar sozinho. Talvez não seja muito materialista, mas precisa ter satisfação no trabalho. Pode ser que você cresça muito devagar, que se contente em cruzar os braços e deixar as coisas à sua volta mudarem; entretanto, é provável que mais tarde passe por alguma espécie de metamorfose e obtenha sucesso com algo incomum e completamente individual.

A tradição cigana e as fases da Lua

Um amigo me transmitiu estes trechos de tradição cigana. Eu não sabia que haviam sido feitas observações tão minuciosas sobre o comportamento humano e o estilo de vida das pessoas. Fiz um teste com minha família e meus amigos e verifiquei que os conceitos funcionam bastante bem.

As pessoas nascidas entre a Lua nova e o primeiro quarto
Terão vida longa.
Nascido nas primeiras vinte e quatro horas: você terá sorte.
Nascido no segundo dia: você terá uma sorte excepcional.
Nascido no terceiro dia: terá amigos importantes e influentes.
Nascido no quarto dia: altos e baixos na vida, com sorte e reveses.
Quinto e sexto dias: o orgulho pode ser a sua ruína.
Sétimo dia: você precisa manter segredo sobre objetivos que quer ver realizados.

As pessoas nascidas entre o primeiro quarto e a Lua cheia
Saem-se melhor na vida que seus pais.
Primeiro dia: prosperidade.
Segundo dia: vida fácil.
Terceiro dia: fortuna por meio de viagens.
Quarto e quinto dias: encanto.
Sexto dia: sucesso fácil.
Sétimo dia: muitos amigos.

As pessoas nascidas entre a Lua cheia e o último quarto
Passam por dificuldades que são superadas com persistência.
Primeiro dia: você terá sucesso em outro continente.
Segundo dia: você fará bons negócios.
Terceiro dia: sucesso resultante da intuição (e provavelmente antevisto).
Quarto dia: coragem.
Quinto dia: tome cuidado com o dinheiro.
Sexto e sétimo dias: muita força.

As pessoas nascidas entre o último quarto e a Lua nova
São afetuosas e honestas.
Primeiro e segundo dias: felicidade no lar.
Terceiro dia: em você se pode confiar.
Quarto dia: você é sensível.
Quinto dia: você será um pai ideal.
Sexto e sétimo dias: você ganhará dinheiro (ou talvez uma riqueza não material) por meio da lealdade.

Lua eclipsada

Eclipse solar ☌ ⊕ ☽ — ☉

Se a Lua estava entre a Terra e o Sol quando você nasceu, há uma boa interação entre a sua natureza interior e a exterior. Suas reações emocionais são rápidas, você age instintivamente sem precisar parar para pensar de uma maneira organizada e lógica. Isso lhe permite evitar situações complicadas, ou safar-se admiravelmente bem delas, mas você pode ter dificuldades em fazer planos e levá-los a cabo.

Eclipse lunar ☍ ⊕ ☉ — ☽

Se a Terra estava entre o Sol e a Lua no momento do seu nascimento, você é inquieto, intenso e criativo. É capaz de passar dos limites nos relacionamentos, pois leva tudo na vida muito a sério. Precisa das pessoas e tem talento para atraí-las. É possível que deixe a lógica dominar seus instintos, e assim pode cometer erros de julgamentos em situações em que seria melhor confiar nas reações instintivas.

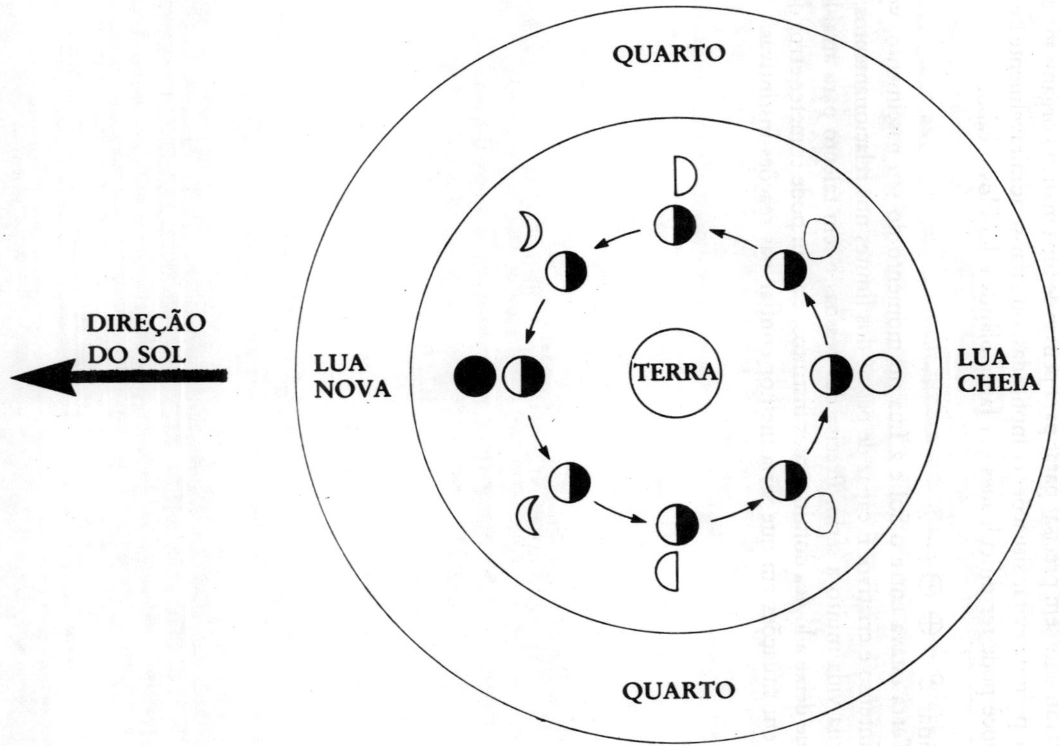

Fig. 13.1

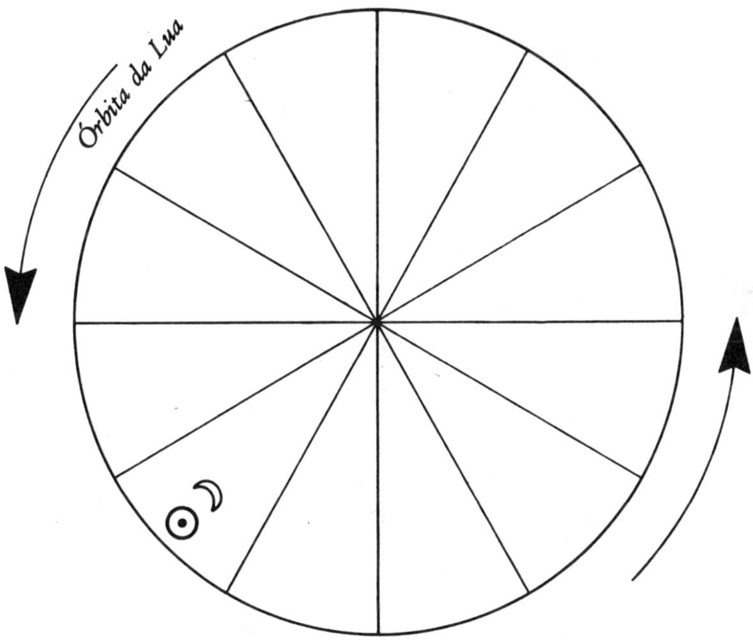

Fig. 13.2

CONJUNÇÃO

Quando o Sol e a Lua estão no mesmo signo, a Lua está ou no final do último quarto ou no começo do primeiro.

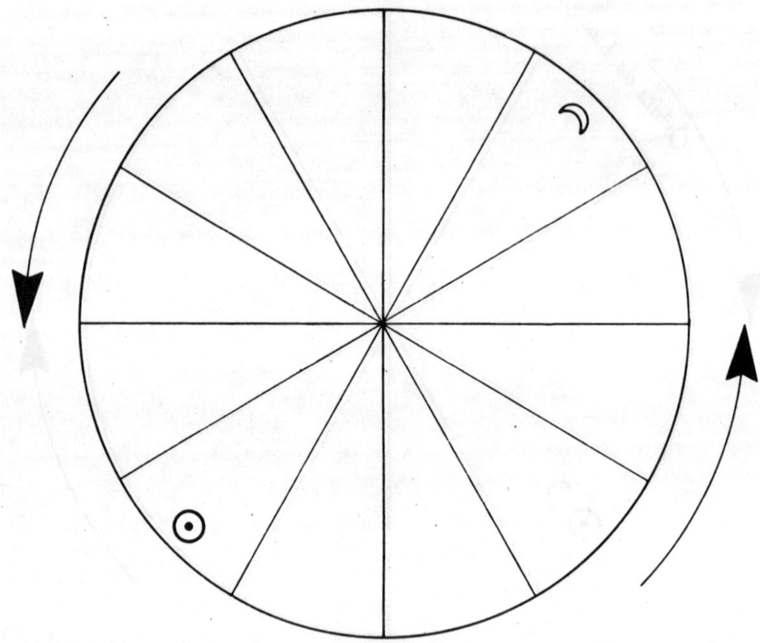

Fig. 13.3

OPOSIÇÃO

Quando o Sol e a Lua estão em signos opostos, a Lua está cheia (começo do terceiro quarto).

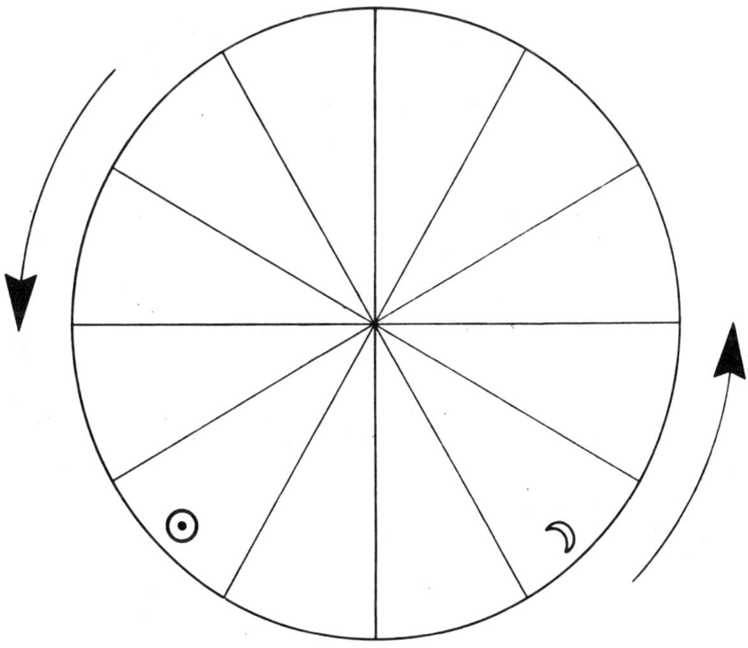

Fig. 13.4

QUADRATURA

Um ângulo de 90° indica que a Lua está no começo do segundo

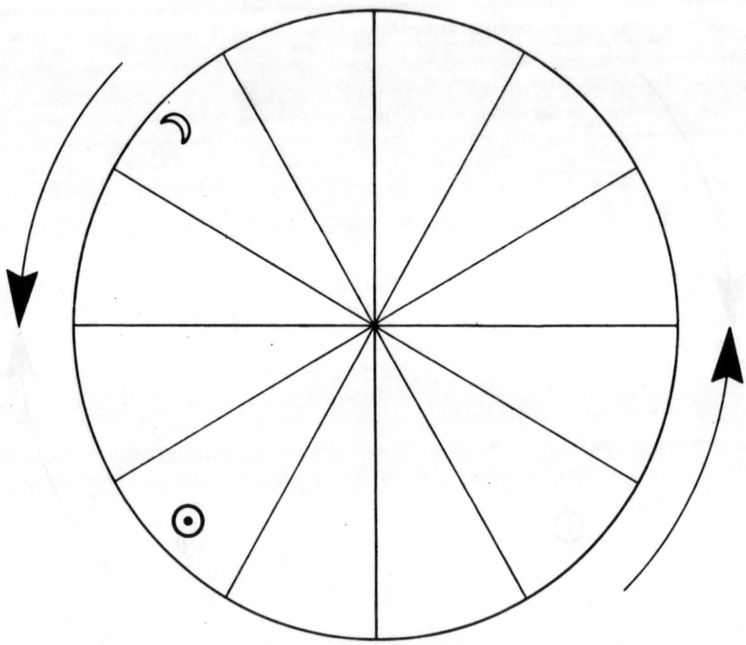

Fig. 13.5

QUADRATURA

Um ângulo de 90° mostra a Lua no começo do último quarto

1920				1921				1922				1923			
Jan	5	C	21:06	Jan	1	¾	4:36	Jan	6	¼	10:25	Jan	3	C	2:34
	13	¾	0:09		9	N	5:28		13	C	14:37		10	¾	0:55
	21	N	5:28		17	¼	6:32		20	¾	6:01		17	N	2:42
	28	¼	15:39		23	C	23:08		27	N	23:49		25	¼	4:00
Fev	4	C	8:43		30	¾	20:03	Fev	5	¼	4:53	Fev	1	C	15:54
	11	¾	20:50	Fev	8	N	0:38		12	C	1:18		8	¾	9:17
	19	N	21:35		15	¼	18:54		18	¾	18:19		15	N	19:08
	26	¼	23:50		22	C	9:33		26	N	18:49		24	¼	0:07
Mar	4	C	21:13	Mar	1	¾	14:04	Mar	6	¼	19:22	Mar	3	C	3:24
	12	¾	17:58		9	N	18:10		13	C	11:15		9	¾	18:32
	20	N	10:56		17	¼	3:50		20	¾	8:44		17	N	12:52
	27	¼	6:46		23	C	20:20		28	N	13:04		25	¼	16:42
Abr	3	C	10:55		31	¾	9:14	Abr	5	¼	5:46	Abr	1	C	13:11
	11	¾	13:25	Abr	8	N	9:06		11	C	20:44		8	¾	5:23
	18	N	21:44		15	¼	10:12		19	¾	0:55		16	N	6:29
	25	¼	13:28		22	C	7:50		27	N	5:05		24	¼	5:21
Mai	3	C	1:48		30	¾	4:10	Mai	4	¼	12:56		30	C	21:31
	11	¾	5:52	Mai	7	N	21:02		11	C	6:07	Mai	7	¾	18:19
	18	N	6:26		14	¼	15:25		18	¾	18:18		15	N	22:39
	24	¼	21:08		21	C	20:16		26	N	18:06		23	¼	14:26
Jun	1	C	17:19		29	¾	21:45	Jun	2	¼	18:10		30	C	5:08
	9	¾	18:59	Jun	6	N	6:15		9	C	15:59	Jun	6	¾	9:20
	16	N	13:42		12	¼	21:00		17	¾	12:04		14	N	12:43
	23	¼	6:50		20	C	9:42		25	N	4:20		21	¼	20:47
Jul	1	C	8:42		28	¾	13:18	Jul	1	¼	22:53		28	C	13:05
	9	¾	5:06	Jul	5	N	13:37		9	C	3:08	Jul	6	¾	1:57
	15	N	20:26		12	¼	4:16		17	¾	5:12		14	N	0:46
	22	¼	19:21		20	C	0:09		24	N	12:48		21	¼	1:33
	30	C	23:20		28	¾	2:21		31	¼	4:22		27	C	22:34
Ago	7	¾	12:51	Ago	3	N	20:18	Ago	7	C	16:20	Ago	4	¾	19:23
	14	N	3:44		10	¼	14:14		15	¾	20:47		12	N	11:17
	21	¼	10:53		18	C	15:29		22	N	20:35		19	¼	6:08
	29	C	13:04		26	¾	12:52		29	¼	11:56		26	C	10:30
Set	5	¾	19:06	Set	2	N	3:34	Set	6	C	7:48	Set	3	¾	12:48
	12	N	12:52		9	¼	3:30		14	¾	10:21		10	N	20:54
	20	¼	4:56		17	C	7:21		21	N	4:39		17	¼	12:05
	28	C	1:57		24	¾	21:18		27	¼	22:41		25	C	1:17
Out	5	¾	0:54	Out	1	N	12:27	Out	6	C	0:59	Out	3	¾	5:30
	12	N	0:51		8	¼	20:13		13	¾	21:56		10	N	6:06
	20	¼	0:30		16	C	23:00		20	N	13:41		16	¼	20:54
	27	C	14:10		24	¾	4:32		27	¼	13:27		24	C	18:27
Nov	3	¾	7:36		30	N	23:39	Nov	4	C	18:37	Nov	1	¾	20:50
	10	N	16:06	Nov	7	¼	15:55		12	¾	7:53		8	N	9:42
	18	¼	20:13		15	C	13:40		19	N	0:07		15	¼	15:28
	26	C	1:43		22	¾	11:42		26	¼	8:16		23	C	12:59
Dez	2	¾	16:30		29	N	13:26	Dez	4	C	11:24	Dez	1	¾	10:10
	10	N	10:05	Dez	7	¼	13:20		11	¾	16:41		8	N	1:31
	18	¼	14:41		15	C	14:51		18	N	12:21		15	¼	14:39
	25	C	12:39		31	¾	19:55		26	¼	5:54		23	C	7:34
					29	N	5:40						30	¾	21:08

1924

Mês	Dia	Fase	Hora
Jan	6	N	12:49
	13	¼	22:45
	22	C	0:58
	29	¾	5:54
Fev	5	N	1:39
	12	¼	20:10
	20	C	16:08
	27	¾	13:16
Mar	5	N	15:59
	13	¼	16:51
	21	C	4:31
	27	¾	20:25
Abr	4	N	7:18
	12	¼	11:13
	19	C	14:12
	26	¾	4:29
Mai	3	N	23:01
	12	¼	2:15
	18	C	21:53
	25	¾	14:17
Jun	2	N	14:35
	10	¼	13:38
	17	C	4:42
	24	¾	2:17
Jul	2	N	5:36
	9	¼	21:47
	16	C	11:50
	23	¾	4:37
	31	N	19:43
Ago	8	¼	3:42
	14	C	20:20
	22	¾	9:12
	30	N	8:38
Set	6	¼	8:46
	13	C	7:01
	21	¾	3:36
	28	N	20:17
Out	5	¼	14:31
	12	C	20:22
	20	¾	22:55
	28	N	6:58
Nov	3	¼	22:19
	11	C	12:32
	19	¾	17:39
	26	N	17:17
Dez	3	¼	9:11
	11	C	7:05
	19	¾	10:12
	26	N	3:46

1925

Mês	Dia	Fase	Hora
Jan	1	¼	23:27
	10	C	2:48
	17	¾	23:34
	24	N	14:46
	31	¼	16:44
Fev	8	C	21:50
	16	¾	9:42
	23	N	2:13
Mar	2	¼	12:08
	10	C	14:22
	17	¾	17:22
	24	N	14:04
Abr	1	¼	8:13
	9	C	3:34
	15	¾	23:41
	23	N	2:29
Mai	1	¾	3:21
	8	C	13:44
	15	¾	5:47
	22	N	15:49
	30	¼	20:05
Jun	6	C	21:49
	13	¾	12:45
	21	N	6:18
	29	¼	9:44
Jul	6	C	4:55
	12	¾	9:35
	20	N	21:41
	28	¼	20:24
Ago	4	C	24:00
	11	¾	9:12
	19	N	13:16
	27	¼	4:47
Set	2	C	19:54
	10	¾	0:13
	18	N	4:13
	25	¼	11:52
Out	2	C	5:24
	9	¾	18:35
	17	N	18:07
	24	¼	18:39
	31	C	17:18
Nov	8	¾	15:14
	16	N	6:59
	23	¼	2:06
	30	C	8:12
Dez	8	¾	12:12
	15	N	19:06
	22	¼	11:09
	30	C	2:03

1926

Mês	Dia	Fase	Hora
Jan	7	¾	7:23
	14	N	6:36
	20	¼	22:32
	28	C	21:36
Fev	5	¾	23:26
	12	N	17:21
	19	¼	12:37
	27	C	16:52
Mar	7	¾	11:50
	14	N	3:21
	21	¼	5:13
	29	C	10:01
Abr	5	¾	20:51
	12	N	12:57
	19	¼	23:24
	28	C	0:18
Mai	5	¾	3:14
	11	N	20:56
	19	¼	17:49
	27	C	11:50
Jun	3	¾	8:10
	10	N	10:09
	18	¼	11:15
	25	C	21:14
Jul	2	¾	13:03
	9	N	23:07
	18	¼	2:56
	25	C	17:14
	31	¾	19:26
Ago	8	N	13:50
	16	¼	16:40
	23	C	12:39
	30	¾	16:41
Set	7	N	5:46
	15	¼	4:28
	21	C	20:20
	28	¾	17:49
Out	6	N	22:14
	14	¼	14:29
	21	C	5:16
	28	¾	10:58
Nov	5	N	14:35
	12	¼	23:02
	19	C	16:22
	27	¾	7:16
Dez	5	N	6:13
	12	¼	6:48
	19	C	6:10
	27	¾	5:00

1927

Mês	Dia	Fase	Hora
Jan	3	N	20:29
	10	¼	14:44
	17	C	22:28
	26	¾	2:06
Fev	2	N	8:55
	8	¼	23:55
	16	C	16:19
	24	¾	20:43
Mar	3	N	19:26
	10	¼	11:04
	18	C	10:25
	26	¾	11:36
Abr	2	N	4:25
	9	¼	0:22
	17	C	3:36
	24	¾	22:22
Mai	1	N	12:41
	8	¼	15:28
	16	C	19:04
	24	¾	5:35
	30	N	21:07
Jun	7	¼	7:50
	15	C	8:20
	22	¾	10:30
	29	N	6:33
Jul	7	¼	0:53
	14	C	19:23
	21	¾	14:44
	28	N	17:37
Ago	5	¼	18:06
	13	C	4:38
	19	¾	19:55
	27	N	6:47
Set	4	¼	10:46
	11	C	12:55
	18	¾	3:31
	25	N	22:12
Out	4	¼	2:03
	10	C	21:16
	17	¾	14:33
	25	N	15:39
Nov	2	¼	15:17
	9	C	6:37
	16	¾	5:29
	24	N	10:10
Dez	2	¼	2:16
	8	C	15:33
	16	¾	0:05
	24	N	4:14
	31	¼	11:23

1928			
Jan	7	C	6:09
	14	¾	21:15
	22	N	20:20
	29	¼	19:27
Fev	5	C	20:12
	13	¾	19:06
	21	N	9:42
	28	¼	3:22
Mar	6	C	11:28
	14	¾	15:21
	21	N	20:30
	28	¼	11:55
Abr	5	C	3:39
	13	¾	8:10
	20	N	5:25
	26	¼	21:43
Mai	4	C	20:13
	12	¾	20:51
	19	N	13:15
	26	¼	9:13
Jun	3	C	12:15
	11	¾	5:52
	17	N	20:43
	24	¼	22:48
Jul	3	C	2:50
	10	¾	12:17
	17	C	4:36
	24	¼	14:39
Ago	1	C	15:32
	8	¾	17:25
	15	N	13:50
	23	¼	8:22
	31	C	2:35
Set	6	¾	22:36
	14	N	1:21
	22	¼	2:59
	29	C	12:44
Out	6	¾	5:07
	13	N	15:57
	21	¼	21:07
	28	C	22:44
Nov	4	¾	14:07
	12	N	9:37
	20	¼	13:37
	27	C	9:06
Dez	4	¾	2:33
	12	N	5:07
	20	¼	3:44
	26	C	19:56

1929			
Jan	2	¾	18:45
	11	N	0:29
	18	¼	15:16
	25	C	7:10
Fev	1	¾	14:11
	9	N	17:56
	17	¼	0:23
	23	C	19:00
Mar	3	¾	11:10
	11	N	8:38
	18	¼	7:42
	25	C	7:47
Abr	2	¾	7:30
	9	N	20:34
	16	¼	14:10
	23	C	21:49
Mai	2	¾	1:27
	9	N	6:08
	15	¼	20:57
	23	C	12:51
	31	¾	16:14
Jun	7	N	13:57
	14	¼	5:16
	22	C	4:16
	30	¾	3:55
Jul	6	N	20:48
	13	¼	16:06
	21	C	19:22
	29	¾	12:57
Ago	5	N	3:41
	12	¼	6:03
	20	C	9:43
	27	¾	20:03
Set	3	N	11:48
	10	¼	22:58
	18	C	23:17
	26	¾	2:08
Out	2	N	22:20
	10	¼	18:06
	18	C	12:07
	25	¾	8:22
Nov	1	N	12:02
	9	¼	14:11
	17	C	0:15
	23	¾	16:05
Dez	1	N	4:50
	9	¼	9:43
	16	C	11:39
	23	¾	2:28
	30	N	23:43

1930			
Jan	8	¼	3:12
	14	C	22:22
	21	¾	16:08
	29	N	19:08
Fev	6	¼	17:27
	13	C	8:39
	20	¾	8:46
	28	N	13:34
Mar	8	¼	4:01
	14	C	18:59
	22	¾	3:14
	30	N	5:47
Abr	6	¼	11:26
	13	C	5:50
	20	¾	22:10
	28	N	19:10
Mai	5	¼	16:54
	12	C	17:30
	20	¾	16:23
	28	N	5:38
Jun	3	¼	19:57
	11	C	6:13
	19	¾	9:02
	26	N	13:48
Jul	3	¼	4:04
	10	C	20:02
	18	¾	23:30
	25	N	20:43
Ago	1	¼	12:27
	9	C	10:59
	17	¾	11:32
	24	N	3:38
	30	¼	23:58
Set	8	C	2:49
	15	¾	21:14
	22	N	11:43
	29	¼	14:59
Out	7	C	18:57
	15	¾	5:13
	21	N	21:49
	29	¼	9:23
Nov	6	C	10:29
	13	¾	12:28
	20	N	10:22
	28	¼	6:19
Dez	6	C	0:41
	12	¾	20:08
	20	N	1:25
	28	¼	4:00

1931			
Jan	4	C	1:16
	11	¾	5:10
	18	N	6:37
	27	¼	0:07
Fev	3	C	0:27
	9	¾	16:11
	17	N	13:12
	25	¼	16:43
Mar	4	C	10:37
	11	¾	5:16
	19	N	7:52
	27	¼	5:05
Abr	2	C	20:07
	9	¾	20:16
	18	N	1:01
	25	¼	13:41
Mai	2	C	5:15
	9	¾	12:49
	17	N	15:29
	24	¼	19:40
	31	C	14:34
Jun	8	¾	6:19
	16	N	3:03
	23	¼	0:24
	30	C	0:45
Jul	7	¾	23:53
	15	N	12:21
	22	¼	5:17
	29	C	12:49
Ago	6	¾	16:29
	13	N	20:28
	20	¼	11:37
	28	C	3:11
Set	5	¾	7:22
	12	N	4:27
	18	¼	20:38
	26	C	19:46
Out	4	¾	20:16
	11	N	13:07
	18	¼	9:21
	26	C	13:35
Nov	3	¾	7:19
	9	N	22:56
	17	¼	2:15
	25	C	7:11
Dez	2	¾	16:51
	9	N	10:17
	16	¼	22:44
	24	C	23:25

1932			
Jan	1	¾	1:24
	7	N	23:30
	15	¼	20:56
	23	C	13:45
	30	¾	9:33
Fev	6	N	14:46
	14	¼	18:17
	22	C	2:08
	28	¾	18:04
Mar	7	N	7:45
	15	¼	12:42
	22	C	12:38
	29	¾	3:45
Abr	6	N	1:22
	14	¼	3:17
	20	C	21:28
	27	¾	15:15
Mai	5	N	18:13
	13	¼	14:03
	20	C	5:09
	27	¾	4:56
Jun	4	N	4:17
	11	¼	21:40
	18	C	12:39
	25	¾	20:37
Jul	3	N	22:21
	11	¼	3:08
	17	C	21:07
	25	¾	13:43
Ago	2	N	0:43
	9	¼	7:42
	16	C	7:43
	24	¾	7:23
	31	N	19:56
Set	7	¼	12:50
	14	C	21:07
	23	¾	0:48
	30	N	5:31
Out	6	¼	20:06
	14	C	13:19
	22	¾	17:15
	29	N	14:57
Nov	5	¼	6:52
	13	C	7:29
	21	¾	7:59
	28	N	0:44
Dez	4	¼	21:46
	13	C	2:22
	20	¾	20:23
	27	N	11:23

1933			
Jan	3	¼	4:25
	11	C	20:37
	19	¾	6:16
	25	N	23:21
Fev	2	¼	13:17
	10	C	13:02
	17	¾	14:09
	24	N	12:45
Mar	4	¼	10:24
	12	C	2:47
	18	¾	21:06
	26	N	3:21
Abr	3	¼	5:58
	10	C	13:39
	17	¾	4:19
	24	N	18:39
Mai	2	¼	22:40
	9	C	22:05
	16	¾	12:51
	24	N	10:08
Jun	1	¼	11:54
	8	C	5:06
	14	¾	23:27
	23	N	1:23
	30	¼	21:41
Jul	7	C	11:52
	14	¾	12:25
	22	N	16:04
	30	¼	4:45
Ago	5	C	19:33
	13	¾	3:51
	21	N	5:49
	28	¼	10:14
Set	4	C	5:05
	11	¾	21:31
	19	N	18:22
	26	¼	15:37
Out	3	C	17:09
	11	¾	16:47
	19	N	5:46
	25	¼	20:22
Nov	2	C	8:00
	10	¾	12:19
	17	N	16:25
	24	¼	7:40
Dez	2	C	1:32
	10	¾	6:25
	17	N	2:54
	23	¼	20:10
	31	C	20:55

1934			
Jan	8	¾	21:37
	15	N	13:38
	22	¼	11:51
	30	C	16:33
Fev	7	¾	9:23
	14	N	0:44
	21	¼	6:06
Mar	1	C	10:27
	8	¾	18:07
	15	N	12:09
	23	¼	1:46
	31	C	1:16
Abr	7	¾	0:50
	13	N	23:58
	21	¼	21:22
	29	C	12:47
Mai	6	¾	6:42
	13	N	12:31
	21	¼	15:21
	28	C	21:42
Jun	4	¾	12:54
	12	N	2:13
	20	¼	6:38
	27	C	5:09
Jul	3	¾	20:29
	11	N	17:07
	19	¼	18:54
	26	C	12:10
Ago	2	¾	6:28
	10	N	8:47
	18	¼	4:34
	24	C	19:38
	31	¾	19:41
Set	9	N	0:21
	16	¼	12:27
	23	C	4:20
	30	¾	12:30
Out	8	N	15:06
	15	¼	19:30
	22	C	15:02
	30	¾	8:23
Nov	7	N	4:45
	14	¼	2:40
	21	C	4:27
	29	¾	5:40
Dez	6	N	17:26
	13	¼	10:53
	20	C	20:55
	29	¾	2:09

1935			
Jan	5	N	5:21
	11	¼	20:56
	19	C	15:45
	27	¾	20:00
Fev	3	N	16:28
	10	¼	9:26
	18	C	11:18
	26	¾	10:15
Mar	5	N	2:41
	12	¼	0:31
	20	C	5:33
	27	¾	20:52
Abr	3	N	12:12
	10	¼	17:43
	18	C	21:11
	26	¾	4:22
Mai	2	N	21:37
	10	¼	11:55
	18	C	9:58
	25	¾	9:45
Jun	1	N	7:53
	9	¼	5:51
	16	C	20:21
	23	¾	14:22
	30	N	19:46
Jul	8	¼	22:29
	16	C	5:01
	22	¾	19:43
	30	N	9:34
Ago	7	¼	13:24
	14	C	12:45
	21	¾	3:39
	29	N	1:02
Set	6	¼	2:27
	12	C	20:19
	19	¾	14:24
	27	N	17:31
Out	5	¼	13:41
	12	C	4:40
	19	¾	5:38
	27	N	10:17
Nov	3	¼	23:13
	10	C	14:43
	18	¾	0:37
	26	N	2:37
Dez	3	¼	7:29
	10	C	3:11
	17	¾	21:59
	25	N	17:51

1936				1937				1938				1939			
Jan	1	¼	15:16	Jan	4	¾	14:23	Jan	1	N	18:59	Jan	5	C	21:31
	8	C	18:16		12	N	16:48		9	¼	14:14		12	¾	13:12
	16	¾	19:42		19	¼	20:03		16	C	5:54		20	N	13:28
	24	N	7:19		26	C	17:16		23	¾	8:10		28	¼	15:01
	30	¼	23:37	Fev	3	¾	12:06		31	N	13:36	Fev	4	C	7:56
Fev	7	C	11:20		11	N	7:35	Fev	8	¼	0:34		11	¾	4:13
	15	¾	15:47		18	¼	3:51		14	C	17:16		19	N	8:29
	22	N	18:43		25	C	7:44		22	¾	16:26		27	¼	3:27
	29	¼	9:29	Mar	5	¾	9:18	Mar	2	N	5:41	Mar	5	C	18:02
Mar	8	C	5:15		12	N	19:33		9	¼	8:36		12	¾	21:38
	16	¾	8:36		19	¼	11:47		16	C	5:16		21	N	1:51
	23	N	4:14		26	C	23:13		24	¾	1:07		28	¼	12:17
	29	¼	21:23	Abr	4	¾	3:54		31	N	18:53	Abr	4	C	4:19
Abr	6	C	22:48		11	N	5:11	Abr	7	¼	15:11		11	¾	16:13
	14	¾	21:22		17	¼	20:35		14	C	18:22		19	N	16:36
	21	N	12:34		25	C	15:25		22	¾	20:16		26	¼	18:26
	28	¼	11:17	Mai	3	¾	18:38		30	N	5:29	Mai	3	C	15:16
Mai	6	C	15:02		10	N	13:18	Mai	6	¼	21:25		11	¾	10:41
	14	¾	6:13		17	¼	6:51		14	C	8:40		19	N	4:26
	20	N	20:36		25	C	7:39		22	¾	12:37		25	¼	23:21
	28	¼	2:47	Jun	2	¾	5:25		29	N	14:01	Jun	2	C	3:12
Jun	5	C	5:24		8	N	20:44	Jun	5	¼	4:33		10	¾	4:08
	12	¾	12:06		15	¼	19:04		12	C	23:48		17	N	13:38
	19	N	5:15		23	C	23:01		21	¾	1:53		24	¼	4:36
	26	¼	19:24	Jul	1	¾	13:04		27	N	21:11	Jul	1	C	16:17
Jul	4	C	17:36		8	N	4:14	Jul	4	¼	13:48		9	¾	19:50
	11	¾	16:20		15	¼	9:38		12	C	15:06		16	N	21:04
	18	N	15:20		23	C	12:47		20	¾	12:20		23	¼	11:35
	26	¼	12:37		30	¾	18:48		27	N	3:54		31	C	6:38
Ago	3	C	3:48	Ago	6	N	12:38	Ago	3	¼	2:01	Ago	8	¾	9:19
	9	¾	21:00		14	¼	2:30		11	C	5:58		15	N	3:54
	17	N	3:22		22	C	0:48		18	¾	20:31		21	¼	21:22
	25	¼	5:50		28	¾	23:56		25	N	11:18		29	C	22:10
Set	1	C	12:38	Set	4	N	22:55	Set	1	¼	17:29	Set	6	¾	20:26
	8	¾	3:15		12	¼	20:58		9	C	20:09		13	N	11:23
	15	N	17:43		20	C	11:34		17	¾	3:13		20	¼	10:35
	23	¼	22:14		27	¾	5:44		23	N	20:35		25	C	14:28
	30	C	21:02	Out	4	N	11:59	Out	1	¼	11:46	Out	6	¾	5:29
Out	7	¾	12:29		12	¼	15:48		9	C	9:38		12	N	20:31
	15	N	10:22		19	C	21:49		16	¾	9:25		20	¼	3:26
	23	¼	12:55		26	¾	13:27		23	N	8:43		28	C	6:43
	30	C	5:59	Nov	3	N	4:17		31	¼	7:46	Nov	4	¾	13:13
Nov	6	¾	1:30		11	¼	9:35	Nov	7	C	22:25		11	N	7:55
	14	N	4:43		18	C	8:10		14	¾	16:21		18	¼	23:22
	22	¼	1:20		25	¾	0:05		22	N	0:06		26	C	21:56
	28	C	16:13	Dez	2	N	23:12		30	¼	4:01	Dez	3	¾	20:41
Dez	5	¾	18:21		11	¼	1:14	Dez	7	C	10:23		10	N	21:47
	13	N	23:26		17	C	18:54		14	¾	1:18		18	¼	21:05
	21	¼	11:31		24	¾	14:21		21	N	18:08		26	C	11:30
	28	C	4:01						29	¼	22:54				

1940			
Jan	2	¾	4:57
	9	N	13:54
	17	¼	18:22
	24	C	23:23
	31	¾	14:48
Fev	8	N	7:46
	16	¼	12:57
	23	C	9:56
Mar	1	¾	2:36
	9	N	2:24
	17	¼	3:26
	23	C	19:34
	30	¾	16:21
Abr	7	N	20:20
	15	¼	13:47
	22	C	4:38
	29	¾	7:50
Mai	7	N	12:08
	14	¼	20:52
	21	C	13:34
	29	¾	0:42
Jun	6	N	1:06
	13	¼	2:00
	19	C	23:03
	27	¾	18:14
Jul	5	N	11:29
	12	¼	6:36
	19	C	9:57
	27	¾	11:31
Ago	3	N	20:10
	10	¼	12:01
	17	C	23:04
	26	¾	3:34
Set	2	N	4:16
	8	¼	19:33
	16	C	14:42
	24	¾	17:48
Out	1	N	12:42
	8	¼	6:19
	16	C	8:16
	24	¾	6:05
	30	N	22:04
Nov	6	¼	21:09
	15	C	2:25
	22	¾	16:37
	29	N	8:43
Dez	6	¼	16:02
	14	C	19:39
	22	¾	1:46
	28	N	20:57

1941			
Jan	5	¼	13:41
	13	C	11:05
	20	¾	10:03
	27	N	11:04
Fev	4	¼	11:44
	12	C	0:28
	18	¾	18:08
	26	N	3:03
Mar	6	¼	7:44
	13	C	11:48
	20	¾	2:53
	27	N	20:15
Abr	5	¼	0:13
	11	C	21:06
	18	¾	13:04
	26	N	13:24
Mai	4	¼	12:50
	11	C	5:16
	18	¾	1:18
	26	N	5:20
Jun	2	¼	21:57
	9	C	12:35
	16	¾	15:46
	24	N	19:23
Jul	2	¼	4:25
	8	C	20:19
	16	¾	8:09
	24	N	7:40
	31	¼	9:20
Ago	7	C	5:40
	15	¾	1:41
	22	N	18:35
	29	¼	14:05
Set	5	C	17:37
	13	¾	19:32
	21	N	4:40
	27	¼	20:10
Out	5	C	8:34
	13	¾	12:53
	20	N	14:21
	27	¼	5:05
Nov	4	C	2:01
	12	¾	4:55
	19	N	0:05
	25	¼	17:54
Dez	3	C	20:52
	11	¾	18:49
	18	N	10:19
	25	¼	10:45

1942			
Jan	2	C	15:43
	10	¾	6:06
	16	N	21:33
	24	¼	6:37
Fev	1	C	9:13
	8	¾	14:53
	15	N	10:04
	23	¼	3:41
Mar	3	C	0:21
	9	¾	22:02
	16	N	23:51
	25	¼	0:02
Abr	1	C	12:33
	8	¾	4:44
	15	N	14:35
	23	¼	18:11
	30	C	22:01
Mai	7	¾	12:14
	15	N	5:46
	23	¼	9:12
	30	C	5:30
Jun	5	¾	21:27
	13	N	21:03
	21	¼	20:46
	28	C	12:10
Jul	5	¾	8:59
	13	N	12:04
	21	¼	5:14
	27	C	19:15
Ago	3	¾	23:05
	12	N	2:29
	19	¼	11:32
	26	C	3:47
Set	2	¾	15:43
	10	N	15:54
	17	¼	16:58
	24	C	14:35
Out	2	¾	10:28
	10	N	4:07
	16	¼	22:59
	24	C	4:07
Nov	1	¾	6:19
	8	N	15:20
	15	¼	6:58
	22	C	20:26
Dez	1	¾	1:38
	8	N	2:00
	14	¼	17:48
	22	C	15:04
	30	¾	18:38

1943			
Jan	6	N	12:39
	13	¼	7:50
	21	C	10:49
	29	¾	8:14
Fev	4	N	23:30
	12	¼	0:41
	20	C	5:46
	27	¾	18:24
Mar	6	N	10:35
	13	¼	19:31
	21	C	22:09
	29	¾	1:53
Abr	4	N	21:54
	12	¼	15:05
	20	C	11:12
	27	¾	7:52
Mai	4	N	9:44
	12	¼	9:54
	19	C	21:14
	26	¾	13:35
Jun	2	N	22:34
	11	¼	2:37
	18	C	5:15
	24	¾	20:09
Jul	2	N	12:45
	10	¼	16:30
	17	C	12:23
	24	¾	4:40
Ago	1	N	4:08
	9	¼	3:37
	15	C	19:35
	22	¾	16:05
	30	N	20:01
Set	7	¼	12:34
	14	C	3:41
	21	¾	7:07
	29	N	11:31
Out	6	¼	20:11
	13	C	13:24
	21	¾	1:43
	29	N	2:00
Nov	5	¼	3:23
	12	C	1:28
	19	¾	22:44
	27	N	15:24
Dez	4	¼	11:05
	11	C	16:26
	19	¾	20:05
	27	N	3:51

1944			
Jan	2	¼	20:05
	10	C	10:11
	18	¾	15:33
	25	N	15:25
Fev	1	¼	7:09
	9	C	5:31
	17	¾	7:43
	24	N	2:00
Mar	1	¼	20:41
	10	C	0:29
	17	¾	20:06
	24	N	11:37
	31	¼	12:36
Abr	8	C	17:23
	16	¾	5:00
	22	N	20:45
	30	¼	6:08
Mai	8	C	7:29
	15	¾	11:13
	22	N	6:14
	30	¼	0:08
Jun	6	C	18:59
	13	¾	15:58
	20	N	17:01
	28	¼	17:28
Jul	6	C	4:28
	12	¾	20:40
	20	N	5:44
	28	¼	9:25
Ago	4	C	12:40
	11	¾	2:53
	18	N	20:26
	26	¼	23:40
Set	2	C	20:22
	9	¾	12:04
	17	N	12:38
	25	¼	12:08
Out	2	C	4:23
	9	¾	1:13
	17	N	5:36
	24	¼	22:49
	31	C	13:37
Nov	7	¾	18:30
	15	N	22:31
	23	¼	7:54
	30	C	0:53
Dez	7	¾	14:58
	15	N	14:36
	22	¼	15:55
	29	C	14:29

1945			
Jan	6	¾	12:49
	14	N	5:08
	20	¼	23:49
	28	C	6:42
Fev	5	¾	9:57
	12	N	17:34
	19	¼	8:39
	27	C	0:08
Mar	7	¾	4:31
	14	N	3:52
	20	¼	19:13
	28	C	17:46
Abr	5	¾	19:20
	12	N	12:31
	19	¼	7:48
	27	C	10:34
Mai	5	¾	6:03
	11	N	20:23
	18	¼	22:13
	27	C	1:50
Jun	3	¾	13:16
	10	N	4:27
	17	¼	14:07
	25	C	15:09
Jul	2	¾	18:14
	9	N	13:36
	17	¼	7:02
	25	C	2:27
	31	¾	22:31
Ago	8	N	0:33
	16	¼	0:28
	23	C	12:04
	30	¾	3:46
Set	6	N	13:45
	14	¼	17:40
	21	C	20:47
	28	¾	11:25
Out	6	N	5:24
	14	¼	9:39
	21	C	5:33
	27	¾	22:31
Nov	4	N	23:12
	12	¼	23:35
	19	C	15:14
	26	¾	13:29
Dez	4	N	18:08
	12	¼	11:06
	19	C	2:18
	26	¾	8:02

1946			
Jan	3	N	12:31
	10	¼	20:28
	17	C	14:48
	25	¾	5:01
Fev	2	N	4:44
	9	¼	4:29
	16	C	4:29
	24	¾	2:38
Mar	3	N	18:03
	10	¼	12:04
	17	C	19:12
	25	¾	22:39
Abr	2	N	4:38
	8	¼	20:05
	16	C	10:48
	24	¾	15:20
Mai	1	N	13:17
	8	¼	5:15
	16	C	2:54
	24	¾	4:03
	30	N	20:51
Jun	6	¼	16:08
	14	C	18:43
	22	¾	13:13
	29	N	4:07
Jul	6	¼	5:17
	14	C	9:24
	21	¾	19:53
	28	N	11:55
Ago	4	¼	20:57
	12	C	22:27
	20	¾	1:18
	26	N	21:09
Set	3	¼	14:50
	11	C	10:01
	18	¾	6:46
	25	N	8:46
Out	3	¼	9:55
	10	C	20:42
	17	¾	13:29
	24	N	23:33
Nov	2	¼	4:42
	9	C	7:11
	15	¾	22:36
	23	N	17:25
Dez	1	¼	21:49
	8	C	17:53
	15	¾	10:58
	23	N	13:07
	31	¼	12:24

1947			
Jan	7	C	4:48
	14	¾	2:57
	22	N	8:36
	30	¼	0:08
Fev	5	C	15:52
	12	¾	21:59
	21	N	2:01
	28	¼	9:13
Mar	7	C	3:16
	14	¾	18:29
	22	N	16:35
	29	¼	16:16
Abr	5	C	15:30
	13	¾	14:25
	21	N	4:20
	27	¼	22:19
Mai	5	C	4:55
	13	¾	8:09
	20	N	13:45
	27	¼	4:37
Jun	3	C	19:28
	11	¾	22:59
	18	N	21:27
	25	¼	12:26
Jul	3	C	10:40
	11	¾	10:56
	18	N	4:16
	24	¼	22:55
Ago	2	C	1:51
	9	¾	20:23
	16	N	11:14
	23	¼	12:41
	31	C	16:35
Set	8	¾	3:58
	14	N	19:29
	22	¼	5:43
	30	C	6:42
Out	7	¾	10:30
	14	N	6:11
	22	¼	1:12
	29	C	20:08
Nov	5	¾	17:05
	12	N	20:02
	20	¼	21:45
	28	C	8:46
Dez	5	¾	0:56
	12	N	12:55
	20	¼	17:45
	27	C	20:28

1948				1949				1950				1951			
Jan	3	¾	11:14	Jan	7	¼	11:53	Jan	4	C	7:48	Jan	1	¾	5:12
	11	N	7:46		14	C	22:01		11	¾	10:32		7	N	20:11
	19	¼	11:33		21	¾	14:09		18	N	8:00		15	¼	0:23
	26	C	7:12		29	N	2:44		26	¼	4:40		23	C	4:48
Fev	2	¾	0:33	Fev	6	¼	8:07	Fev	2	C	22:17		30	¾	15:14
	10	N	3:03		13	C	9:09		9	¾	18:33	Fev	6	N	19:54
	18	¼	1:56		30	¾	0:44		16	N	22:53		13	¼	20:56
	24	C	17:17		27	N	20:56		25	¼	13:53		21	C	21:13
Mar	2	¾	16:37	Mar	8	¼	0:43	Mar	4	C	10:34		28	¾	23:00
	10	N	21:16		14	C	19:04		11	¾	2:39	Mar	7	N	20:51
	18	¼	12:28		21	¾	13:12		18	N	15:31		15	¼	17:40
	25	C	3:11		29	N	15:12		26	¼	20:10		23	C	10:50
Abr	1	¾	10:26	Abr	6	¼	13:03	Abr	2	C	20:49		30	¾	5:35
	9	N	13:18		13	C	4:09		9	¾	11:43	Abr	6	N	10:52
	16	¼	19:43		20	¾	3:29		17	N	8:26		14	¼	12:56
	23	C	13:30		28	N	8:04		25	¼	10:40		21	C	21:31
Mai	1	¾	4:50	Mai	5	¼	21:34	Mai	2	C	5:20		28	¾	12:18
	9	N	2:31		12	C	12:52		8	¾	22:32	Mai	6	N	1:36
	16	¼	0:56		19	¾	19:23		17	N	0:55		14	¼	5:32
	23	C	0:38		27	N	22:25		24	¼	21:29		21	C	5:45
	30	¾	22:44	Jun	4	¼	3:28		31	C	12:44		27	¾	20:17
Jun	7	N	12:57		10	C	21:47	Jun	7	¾	11:36	Jun	4	N	16:41
	14	¼	5:41		18	¾	12:31		15	N	15:53		12	¼	18:52
	21	C	12:55		26	N	10:03		23	¼	5:13		19	C	12:37
	29	¾	15:24	Jul	3	¼	8:09		29	C	19:59		26	¾	6:22
Jul	6	N	21:10		10	C	7:42	Jul	7	¾	2:54	Jul	4	N	7:49
	13	¼	11:31		18	¾	6:03		15	N	5:06		12	¼	4:57
	21	C	2:32		25	N	19:34		22	¼	10:51		18	C	7:18
	29	¾	6:13	Ago	1	¼	12:59		29	C	4:18		25	¾	19:00
Ago	5	N	4:14		8	C	19:35	Ago	5	¾	19:56	Ago	2	N	22:40
	11	¼	19:41		16	¾	23:00		13	N	16:49		10	¼	12:23
	19	C	17:33		24	N	4:00		20	¼	15:36		17	C	3:00
	27	¾	18:47		30	¼	19:18		22	C	14:52		24	¾	10:21
Set	3	N	11:22	Set	7	C	10:01	Set	4	¾	13:54	Set	1	N	12:50
	10	¼	7:06		15	¾	14:30		12	N	3:29		8	¼	18:17
	18	C	9:44		22	N	12:22		18	¼	20:55		15	C	12:39
	26	¾	5:08		29	¼	4:20		26	C	4:22		23	¾	4:14
Out	2	N	19:43	Out	7	C	2:54	Out	4	¾	7:54	Out	1	N	1:57
	9	¼	22:12		15	¾	4:07		11	N	13:34		8	¼	0:01
	18	C	2:25		21	N	21:24		18	¼	4:18		15	C	12:52
	25	¾	13:43		28	¼	17:06		25	C	20:47		22	¾	23:56
Nov	1	N	6:04	Nov	5	C	21:10	Nov	3	¾	1:01		30	N	13:55
	8	¼	16:48		13	¾	15:49		9	N	23:26	Nov	6	¼	6:59
	16	C	18:33		20	N	7:30		16	¼	15:07		13	C	15:53
	23	¾	21:23		27	¼	10:03		24	C	15:15		21	¾	20:02
	30	N	18:46	Dez	5	C	15:15	Dez	2	¾	16:22		29	N	1:01
Dez	8	¼	13:59		13	¾	1:49		9	N	21:29	Dez	5	¼	16:21
	16	C	9:12		19	N	18:57		16	¼	5:57		13	C	9:31
	23	¾	5:13		27	¼	6:33		24	C	10:24		21	¾	14:38
	30	N	9:46										29	N	11:44

1952				1953				1954				1955			
Jan	4	¼	4:43	Jan	8	¾	10:10	Jan	5	N	2:22	Jan	1	¼	20:29
	12	C	4:56		15	N	14:09		12	¼	0:22		8	C	12:45
	20	¾	6:10		22	¼	5:43		19	C	2:37		15	¾	22:14
	26	N	22:27		29	C	23:45		27	¾	3:29		24	N	1:07
Fev	2	¼	20:02	Fev	7	¾	4:10	Fev	3	N	15.56		31	¼	5:06
	11	C	0:29		14	N	1:11		10	¼	8:30	Fev	7	C	1:43
	18	¾	18:02		20	¼	5:45		17	C	19:18		14	¾	19:40
	25	N	9:16		28	C	18:59		25	¾	23:30		22	N	15:55
Mar	3	¼	13:44	Mar	8	¾	18:27	Mar	5	N	3:12	Mar	1	¼	12:41
	11	C	18:15		15	N	11:05		11	¼	17:52		8	C	15:42
	19	¾	2:40		22	¼	8:11		19	C	12:43		16	¾	16:37
	25	N	20:13		30	C	12:55		27	¾	16:14		24	N	3:43
Abr	2	¼	8:49	Abr	7	¾	4:59	Abr	3	N	12:25		30	¼	20:10
	10	C	8:54		13	N	20:10		10	¼	5:06	Abr	7	C	6:36
	17	¾	9:08		21	¼	0:41		18	C	5:49		15	¾	11:01
	24	N	7:28		29	C	4:21		26	¾	4:58		22	N	13:07
Mai	2	¼	3:58	Mai	6	¾	12:21	Mai	2	N	20:23		29	¼	4:24
	9	C	20:16		13	N	5:06		9	¼	18:18	Mai	6	C	22:15
	16	¾	14:40		20	¼	18:21		17	C	21:48		15	¾	1:43
	23	N	19:28		28	C	17:04		25	¾	13:50		21	N	20:59
	31	¼	21:47	Jun	4	¾	17:36	Jun	1	N	4:03		28	¼	14:02
Jun	8	C	5:07		11	N	14:55		8	¼	9:14	Jun	5	C	14:09
	14	¾	20:28		19	¼	12:02		16	C	12:06		13	¾	12:38
	22	N	20:46		27	C	3:30		23	¾	19:46		20	N	4:12
	30	¼	13:12	Jul	3	¾	10:04		30	N	12:26		27	¼	1:45
Jul	7	C	12:34		11	N	2:29	Jul	8	¼	1:34	Jul	5	C	5:29
	14	¾	3:43		19	¼	4:48		16	C	0:30		12	¾	20:31
	21	N	23:31		26	C	12:21		23	¾	0:14		19	N	11:35
	30	¼	1:52	Ago	2	¾	3:17		29	N	22:20		26	¼	16:00
Ago	5	C	19:41		9	N	16:11	Ago	6	¼	18:51	Ago	3	C	19:31
	12	¾	13:28		17	¼	20:09		14	C	23:04		11	¾	2:33
	20	N	15:21		24	C	20:21		23	¾	4:52		17	N	19:59
	28	¼	12:04		31	¾	10:47		28	N	10:21		25	¼	8:52
Set	4	C	3:20	Set	8	N	7:49	Set	5	¼	12:29	Set	2	C	8:00
	11	¾	2:37		16	¼	9:50		12	C	20:20		9	¾	8:00
	19	N	7:22		23	C	4:16		19	¾	11:12		16	N	6:20
	26	¼	20:31		29	¾	21:52		27	N	0:51		24	¼	3:41
Out	3	C	12:16	Out	8	N	0:41	Out	5	¼	5:32	Out	1	C	19:18
	10	¾	19:33		15	¼	21:45		12	C	5:10		8	¾	14:04
	18	N	22:43		22	C	12:56		18	¾	8:31		15	N	19:33
	26	¼	4:05		29	¾	13:10		26	N	17:48		23	¼	23:05
Nov	1	C	23:10	Nov	6	N	17:58	Nov	3	¼	20:55		31	C	6:04
	9	¾	15:44		14	¼	7:53		10	C	14:30	Nov	6	¾	21:57
	17	N	12:56		20	C	23:13		17	¾	9:33		14	N	12:02
	24	¼	11:35		28	¾	8:17		25	N	12:31		22	¼	17:30
Dez	1	C	12:42	Dez	6	N	10:49	Dez	3	¼	9:57		29	C	16:51
	9	¾	13:22		13	¼	16:31		10	C	0:57	Dez	6	¾	8:36
	17	N	2:03		20	C	11:44		17	¾	2:22		14	N	7:08
	23	¼	19:52		28	¾	5:44		25	N	7:34		22	¼	9:40
	31	C	5:06										29	C	3:44

1956			
Jan	4	¾	22:42
	13	N	3:02
	20	¼	22:59
	27	C	14:41
Fev	3	¾	16:09
	11	N	21:38
	19	¼	9:22
	26	C	1:42
Mar	4	¾	11:54
	12	N	13:37
	19	¼	17:14
	26	C	13:12
Abr	3	¾	8:07
	11	N	2:39
	17	¼	23:29
	25	C	1:41
Mai	3	¾	2:56
	10	N	13:05
	17	¼	5:16
	24	C	15:27
Jun	1	¾	19:14
	8	N	21:30
	15	¼	11:57
	23	C	6:14
Jul	1	¾	8:41
	8	N	4:38
	14	¼	20:47
	22	C	21:30
	30	¾	19:32
Ago	6	N	11:25
	13	¼	8:46
	21	C	12:38
	29	¾	4:13
Set	4	N	18:58
	12	¼	0:14
	20	C	3:20
	27	¾	11:26
Out	4	N	4:25
	11	¼	18:45
	19	C	17:25
	26	¾	18:03
Nov	2	N	16:44
	10	¼	15:10
	18	C	6:45
	25	¾	1:13
Dez	2	N	8:13
	10	¼	11:52
	17	C	19:07
	24	¾	10:10

1957			
Jan	1	N	2:14
	9	¼	7:07
	16	C	6:22
	22	¾	21:48
	30	N	21:26
Fev	7	¼	23:24
	14	C	16:39
	21	¾	12:19
Mar	1	N	16:13
	9	¼	11:51
	16	C	2:22
	23	¾	5:05
	31	N	9:20
Abr	7	¼	20:33
	14	C	12:10
	21	¾	23:01
	29	N	23:54
Mai	7	¼	2:30
	13	C	22:35
	21	¾	17:04
	29	N	11:40
Jun	5	¼	7:10
	12	C	10:03
	20	¾	10:23
	27	N	20:54
Jul	4	¼	12:10
	11	C	22:50
	20	¾	2:18
	27	N	4:29
Ago	2	¼	18:56
	10	C	13:09
	18	¾	16:17
	25	N	11:33
Set	1	¼	4:35
	9	C	4:56
	17	¾	4:03
	23	N	19:19
	30	¼	17:50
Out	8	C	21:43
	16	¾	13:45
	23	N	4:44
	30	¼	10:49
Nov	7	C	14:33
	14	¾	22:00
	21	N	16:20
	29	¼	6:58
Dez	7	C	6:16
	14	¾	5:46
	21	N	6:12
	29	¼	4:53

1958			
Jan	5	C	20:09
	12	¾	14:02
	19	N	22:09
	28	¼	2:17
Fev	4	C	8:06
	10	¾	23:34
	18	N	15:39
	26	¼	20:52
Mar	5	C	18:29
	12	¾	10:48
	20	N	9:51
	28	¼	11:19
Abr	4	C	3:45
	10	¾	23:51
	19	N	3:24
	26	¼	21:36
Mai	3	C	12:24
	10	¾	14:38
	18	N	19:01
	26	¼	4:39
Jun	1	C	20:56
	9	¾	7:00
	17	N	8:00
	24	¼	9:45
Jul	1	C	6:05
	9	¾	0:22
	16	N	18:34
	23	¼	14:20
	30	C	16:48
Ago	7	¾	17:50
	15	N	3:34
	21	¼	19:45
	29	C	5:54
Set	6	¾	10:25
	13	N	12:03
	20	¼	3:18
	27	C	21:45
Out	6	¾	1:21
	12	N	20:53
	19	¼	14:08
	27	C	15:41
Nov	4	¾	14:20
	11	N	6:34
	18	¼	5:00
	26	C	10:18
Dez	4	¾	1:25
	10	N	17:24
	17	¼	23:53
	26	C	3:55

1959			
Jan	2	¾	10:51
	9	N	5:34
	16	¼	21:27
	24	C	19:33
	31	¾	19:07
Fev	7	N	19:23
	15	¼	19:21
	23	C	8:54
Mar	2	¾	2:55
	9	N	10:52
	17	¼	15:11
	24	C	20:03
	31	¾	11:07
Abr	8	N	3:30
	16	¼	7:33
	23	C	5:14
	29	¾	20:39
Mai	7	N	20:12
	15	¼	20:10
	22	C	12:57
	29	¾	8:14
Jun	6	N	11:54
	14	¼	5:23
	20	C	20:00
	27	¾	22:13
Jul	6	N	2:01
	13	¼	12:02
	20	C	3:34
	27	¾	14:23
Ago	4	N	14:34
	11	¼	17:10
	18	C	12:51
	26	¾	8:04
Set	3	N	1:56
	9	¼	22:08
	17	C	0:52
	25	¾	2:23
Out	2	N	12:31
	9	¼	4:23
	16	C	15:59
	24	¾	20:22
	31	N	22:42
Nov	7	¼	13:24
	15	C	9:42
	23	¾	13:04
	30	N	8:46
Dez	7	¼	2:12
	15	C	4:50
	23	¾	3:29
	29	N	19:10

1960				1961				1962				1963			
Jan	5	¼	18:54	Jan	1	C	23:07	Jan	6	N	12:36	Jan	3	¼	1:02
	13	C	23:51		10	¾	3:03		13	¼	5:02		9	C	23:09
	21	¾	15:01		16	N	21:31		20	C	18:17		17	¾	20:35
	28	N	6:16		23	¼	16:34		28	¾	23:37		25	N	13:43
Fev	4	¼	14:27		31	C	18:47	Fev	5	N	0:11	Fev	1	¼	8:51
	12	C	17:25	Fev	8	¾	16:50		11	¼	15:43		8	C	14:52
	19	¾	23:48		15	N	8:11		19	C	13:19		16	¾	17:39
	26	N	18:24		22	¼	8:35		27	¾	15:50		24	N	2:06
Mar	5	¼	11:06	Mar	2	C	13:35	Mar	6	N	10:31	Mar	2	¼	17:18
	13	C	8:26		10	¾	2:58		13	¼	4:39		10	C	7:49
	20	¾	6:41		16	N	18:51		21	C	7:56		18	¾	12:08
	27	N	7:38		24	¼	2:49		29	¾	4:12		25	N	12:10
Abr	4	¼	7:05	Abr	1	C	5:48	Abr	4	N	19:46	Abr	1	¼	3:15
	11	C	8:28		8	¾	10:16		11	¼	19:51		9	C	0:58
	18	¾	12:57		15	N	5:38		20	C	0:34		17	¾	2:53
	25	N	21:45		22	¼	21:50		27	¾	13:00		23	N	20:29
Mai	4	¼	1:01		30	C	18:41	Mai	4	N	4:25		30	¼	15:08
	11	C	5:43	Mai	7	¾	15:58		11	¼	12:45	Mai	8	C	17:24
	17	¾	19:55		14	N	16:55		19	C	14:33		16	¾	13:37
	25	N	12:27		22	¼	16:19		26	¾	19:06		23	N	4:00
Jun	2	¼	16:02		30	C	4:38	Jun	2	N	13:27		30	¼	4:56
	9	C	13:02	Jun	5	¾	21:19		10	¼	6:22	Jun	7	C	8:31
	16	¾	4:36		13	N	5:17		18	C	2:03		14	¾	20:54
	24	N	3:28		21	¼	9:02		24	¾	23:43		21	N	11:46
Jul	2	¼	3:49		28	C	12:38	Jul	1	N	23:53		28	¼	20:24
	8	C	19:37	Jul	5	¾	3:33		9	¼	23:40	Jul	6	C	21:56
	15	¾	15:43		12	N	19:12		17	C	11:41		14	¾	1:58
	23	N	18:31		20	¼	23:14		24	¾	4:19		20	N	20:43
	31	¼	12:39		27	C	19:51		31	N	12:24		28	¼	13:14
Ago	7	C	2:41	Ago	3	¾	11:48	Ago	8	¼	15:56	Ago	5	C	9:31
	14	¾	5:37		11	N	10:37		15	C	20:10		12	¾	6:22
	22	N	9:16		19	¼	10:52		22	¾	10:27		19	N	7:35
	29	¼	19:23		26	C	3:14		30	N	3:10		27	¼	6:55
Set	5	C	11:19	Set	1	¾	23:06	Set	7	¼	6:45	Set	3	C	19:34
	12	¾	22:20		10	N	2:50		14	C	4:12		10	¾	11:43
	20	N	23:13		17	¼	20:24		20	¾	19:36		17	N	20:51
	28	¼	1:13		24	C	11:34		28	N	19:40		26	¼	0:39
Out	4	C	22:17	Out	1	¾	14:11	Out	6	¼	19:55	Out	3	C	4:44
	12	¾	17:26		9	N	18:53		13	C	12:34		9	¾	19:28
	20	N	12:03		17	¼	4:35		20	¾	8:48		17	N	12:43
	27	¼	7:34		23	C	21:31		28	N	13:06		25	¼	17:21
Nov	3	C	11:58		31	¾	8:59	Nov	5	¼	7:15	Nov	1	C	13:56
	11	¾	13:48	Nov	8	N	9:59		11	C	22:04		8	¾	6:37
	18	N	23:47		15	¼	12:13		19	¾	2:10		16	N	6:51
	25	¼	15:42		22	C	9:44		27	N	6:30		24	¼	7:56
Dez	3	C	4:25		30	¾	6:19	Dez	4	¼	16:49		30	C	23:55
	11	¾	9:39	Dez	7	N	23:52		11	C	9:28	Dez	7	¾	21:35
	18	N	10:47		14	¼	20:06		18	¾	22:43		16	N	2:07
	25	¼	2:30		22	C	0:43		26	N	23:00		23	¼	19:55
					30	¾	3:58						30	C	11:04

1964				1965				1966				1967			
Jan	6	¾	15:59	Jan	2	N	21:07	Jan	7	C	5:17	Jan	3	¾	14:20
	14	N	20:44		10	¼	21:00		13	¾	20:00		10	N	18:07
	22	¼	5:29		17	C	13:38		21	N	15:47		18	¼	19:42
	28	C	23:23		24	¾	11:08		29	¼	19:49		26	C	6:41
Fev	5	¾	12:43	Fev	2	N	16:36	Fev	5	C	15:59	Fev	1	¾	23:04
	13	N	13:02		9	¼	8:53		12	¾	8:53		9	N	10:45
	20	¼	13:25		16	C	0:27		20	N	10:49		17	¼	15:57
	27	C	12:40		23	¾	5:40		28	¼	10:16		24	C	17:44
Mar	6	¾	10:01	Mar	3	N	9:56	Mar	7	C	1:46	Mar	3	¾	9:11
	14	N	2:14		10	¼	17:53		14	¾	0:20		11	N	4:30
	20	¼	20:40		17	C	11:24		22	N	4:47		19	¼	8:32
	28	C	2:49		25	¾	1:37		29	¼	20:44		26	C	3:21
Abr	5	¾	5:46	Abr	2	N	0:21	Abr	5	C	11:14	Abr	1	¾	20:59
	12	N	12:38		9	¼	0:40		12	¾	17:29		9	N	22:21
	19	¼	4:10		15	C	23:03		20	N	20:36		17	¼	20:48
	26	C	17:50		23	¾	21:07		28	¼	3:50		24	C	12:04
Mai	4	¾	22:20	Mai	1	N	11:56	Mai	4	C	21:01	Mai	1	¾	10:33
	11	N	21:02		8	¼	6:20		12	¾	11:20		9	N	14:56
	17	¼	12:43		15	C	11:53		20	N	9:43		17	¼	5:18
	26	C	9:30		23	¾	14:41		27	¼	8:51		23	C	20:23
Jun	3	¾	11:08		30	N	21:13	Jun	3	C	7:41		31	¾	1:53
	10	N	4:23	Jun	6	¼	12:12		11	¾	4:59	Jun	8	N	5:14
	16	¼	2:02		14	C	2:00		18	N	20:09		15	¼	11:12
	25	C	1:09		22	¾	5:37		25	¼	13:23		22	C	4:58
Jul	2	¾	20:31		29	N	4:53	Jul	2	C	19:37		29	¾	18:40
	9	N	11:31	Jul	5	¼	19:37		10	¾	21:43	Jul	7	N	17:01
	16	¼	11:48		13	C	17:03		18	N	4:31		14	¼	15:54
	24	C	15:59		21	¾	17:54		24	¼	19:00		21	C	14:40
Ago	1	¾	3:30		28	N	11:34	Ago	1	C	9:06		29	¾	12:15
	7	N	19:17	Ago	4	¼	5:48		9	¾	12:56	Ago	6	N	2:49
	15	¼	3:20		12	C	8:23		16	N	11:48		12	¼	20:45
	23	C	5:26		20	¾	3:51		23	¼	3:02		20	C	2:27
	30	¾	9:16		26	N	18:51		31	C	0:15		28	¾	5:36
Set	6	N	4:34	Set	2	¼	19:28	Set	8	¾	2:08	Set	4	N	11:38
	13	¼	21:24		10	C	23:33		14	N	19:14		11	¼	3:06
	21	C	17:31		18	¾	11:59		21	¼	14:25		18	C	17:00
	28	¾	15:02		25	N	3:18		29	C	16:48		26	¾	21:44
Out	5	N	16:20	Out	2	¼	12:38	Out	7	¾	13:09	Out	3	N	20:25
	13	¼	16:57		10	C	14:14		14	N	3:52		10	¼	12:12
	21	C	4:46		17	¾	19:00		21	¼	5:35		18	C	10:12
	27	¾	21:59		24	N	14:12		29	C	10:01		26	¾	12:04
Nov	4	N	7:17	Nov	1	¼	8:27	Nov	5	¾	22:19	Nov	2	N	5:49
	12	¼	12:21		9	C	4:16		12	N	14:27		9	¼	1:00
	19	C	15:44		16	¾	1:54		20	¼	0:21		17	C	4:53
	26	¾	7:11		23	N	4:11		28	C	2:41		25	¾	0:24
Dez	4	N	1:19	Dez	1	¼	5:25	Dez	5	¾	6:23	Dez	1	N	16:10
	12	¼	6:02		8	C	17:22		12	N	3:14		8	¼	17:58
	19	C	2:42		15	¾	9:52		19	¼	21:42		16	C	23:22
	25	¾	19:28		22	N	21:04		27	C	17:44		24	¾	10:49
					31	¼	1:47						31	N	3:39

1968				1969				1970				1971			
Jan	7	¼	14:23	Jan	3	C	18:28	Jan	7	N	20:38	Jan	4	¼	4:56
	15	C	16:12		11	¾	14:01		14	¼	13:19		11	C	13:21
	22	¾	19:39		18	N	4:59		22	C	12:57		19	¾	18:09
	29	N	16:30		25	¼	8:24		30	¾	14:39		26	N	22:56
Fev	6	¼	12:21	Fev	2	C	12:57	Fev	6	N	7:13	Fev	2	¼	14:31
	14	C	6:44		10	¾	12:09		13	¼	4:11		10	C	7:42
	21	¾	3:28		16	N	4:26		21	C	8:20		18	¾	12:14
	28	N	6:56		24	¼	4:31	Mar	1	¾	2:34		25	N	9:49
Mar	7	¼	9:21	Mar	4	C	5:18		7	N	17:43	Mar	4	¼	2:02
	14	C	18:53		11	¾	7:45		14	¼	21:16		12	C	2:34
	21	¾	11:08		18	N	4:52		23	C	1:53		20	¾	2:31
	28	N	22:49		26	¼	0:49		30	¾	11:05		26	N	19:24
Abr	6	¼	3:28	Abr	2	C	18:46	Abr	6	N	4:10	Abr	2	¼	15:47
	13	C	4:52		9	¾	13:59		13	¼	15:44		10	C	20:11
	19	¾	19:36		16	N	18:17		21	C	16:22		18	¾	12:59
	27	N	15:22		24	¼	19:45		28	¾	17:19		25	N	4:02
Mai	5	¼	17:55	Mai	2	C	5:14	Mai	5	N	14:52	Mai	2	¼	7:35
	12	C	13:05		8	¾	20:12		13	¼	10:26		10	C	11:24
	19	¾	5:45		16	N	8:27		21	C	3:38		17	¾	20:16
	27	N	7:30		24	¼	12:16		27	¾	22:32		24	N	12:33
Jun	4	¼	4:47		31	C	13:19	Jun	4	N	2:22	Jun	1	¼	0:43
	10	C	20:14	Jun	7	¾	3:40		12	¼	4:07		9	C	0:04
	17	¾	18:14		14	N	23:09		19	C	12:28		16	¾	1:25
	25	N	22:25		23	¼	1:45		26	¾	4:02		22	N	21:58
Jul	3	¼	12:42		29	C	20:04	Jul	3	N	15:19		30	¼	18:11
	10	C	3:18	Jul	6	¾	13:18		11	¼	19:44	Jul	8	C	10:37
	17	¾	9:12		14	N	14:12		18	C	19:59		15	¾	5:47
	25	N	11:50		22	¼	12:10		25	¾	11:00		22	N	9:16
Ago	1	¼	18:35		29	C	2:46	Ago	2	N	5:59		30	¼	11:08
	8	C	11:33	Ago	5	¾	1:39		10	¼	8:51	Ago	6	C	19:43
	16	¾	2:14		13	N	5:17		17	C	3:16		13	¾	10:56
	23	N	23:57		20	¼	20:04		23	¾	20:35		20	N	22:54
	30	¼	23:35		27	C	10:33		31	N	22:02		29	¼	2:57
Set	6	C	22:08	Set	3	¾	16:59	Set	8	¼	19:39	Set	5	C	4:03
	14	¾	20:32		11	N	19:57		15	C	11:10		11	¾	18:24
	22	N	11:09		19	¼	2:25		22	¾	9:43		19	N	14:43
	29	¼	5:07		25	C	20:22		30	N	14:32		27	¼	17:18
Out	6	C	11:47	Out	3	¾	11:06	Out	8	¼	4:44	Out	4	C	12:20
	14	¾	15:06		11	N	9:40		14	C	20:22		11	¾	5:30
	21	N	21:45		18	¼	8:32		22	¾	2:48		19	N	8:00
	28	¼	12:40		25	C	8:45		30	N	6:29		27	¼	5:55
Nov	5	C	4:26	Nov	2	¾	7:15	Nov	6	¼	12:48	Nov	2	C	21:20
	13	¾	8:54		9	N	22:12		13	C	7:29		9	¾	20:52
	20	N	8:02		16	¼	15:46		20	¾	23:14		18	N	1:47
	26	¼	23:31		23	C	23:55		26	N	21:15		25	¼	16:38
Dez	4	C	23:08	Dez	2	¾	3:51	Dez	5	¼	20:36	Dez	2	C	7:49
	13	¾	0:50		9	N	9:43		12	C	21:04		9	¾	16:04
	19	N	18:19		16	¼	1:10		20	¾	21:10		17	N	19:04
	26	¼	14:15		23	C	17:36		28	N	10:43		25	¼	1:36
					31	¾	22:53						31	C	20:20

1972				1973				1974				1975			
Jan	8	¾	13:32	Jan	4	N	15:43	Jan	1	¼	18:07	Jan	4	¾	19:05
	16	N	10:53		12	¼	5:28		8	C	12:37		12	N	10:21
	23	¼	9:30		18	C	21:29		15	¾	7:05		20	¼	15:15
	30	C	10:59		26	¾	6:06		23	N	11:03		27	C	15:10
Fev	7	¾	11:12	Fev	3	N	9:24		31	¼	7:40	Fev	3	¾	6:24
	15	N	0:30		10	¼	14:06	Fev	6	C	2:25		11	N	5:18
	21	¼	17:21		17	C	10:08		14	¾	0:05		19	¼	7:40
	29	C	3:13		25	¾	3:12		22	N	5:35		26	C	1:15
Mar	8	¾	7:06	Mar	5	N	0:08	Mar	1	¼	18:03	Mar	4	¾	20:21
	15	N	11:35		11	¼	21:26		8	C	10:04		12	N	23:48
	22	¼	2:13		18	C	23:34		15	¾	19:16		20	¼	20:05
	29	C	20:06		26	¾	23:47		23	N	21:25		27	C	10:37
Abr	6	¾	23:45	Abr	3	N	11:46		31	¼	1:45	Abr	3	¾	12:26
	13	N	20:32		10	¼	4:29	Abr	6	C	1:01		11	N	16:40
	20	¼	12:46		17	C	13:52		14	¾	14:59		19	¼	4:42
	28	C	12:45		25	¾	18:00		22	N	10:17		25	C	19:56
Mai	6	¾	12:27	Mai	2	N	20:56		29	¼	7:40	Mai	3	¾	5:45
	13	N	4:09		9	¼	12:07	Mai	6	C	8:55		11	N	7:06
	20	¼	1:17		17	C	4:59		14	¾	9:30		18	¼	10:30
	28	C	4:28		25	¾	8:41		21	N	20:35		25	C	5:51
Jun	4	¾	21:22	Jun	1	N	4:35		28	¼	13:04	Jun	1	¾	23:24
	11	N	11:31		7	¼	21:12	Jun	4	C	22:11		9	N	18:50
	18	¼	15:42		15	C	20:36		13	¾	1:46		16	¼	14:59
	26	C	18:47		23	¾	19:46		20	N	4:56		23	C	16:55
Jul	4	¾	3:26		30	N	11:39		26	¼	19:21	Jul	1	¾	16:38
	10	N	19:40	Jul	7	¼	8:27	Jul	4	C	12:41		9	N	4:11
	18	¼	7:47		15	C	11:57		12	¾	15:29		15	¼	19:48
	26	C	7:24		23	¾	3:58		19	N	12:07		23	C	5:29
Ago	2	¾	8:03		29	N	19:00		26	¼	3:52		31	¾	8:49
	9	N	5:27	Ago	5	¼	22:28	Ago	3	C	3:58	Ago	7	N	11:58
	17	¼	1:10		14	C	2:17		11	¾	2:47		14	¼	2:24
	24	C	18:23		21	¾	10:23		17	N	19:02		21	C	19:49
	31	¾	12:49		28	N	3:26		24	¼	15:39		29	¾	23:20
Set	7	N	17:29	Set	4	¼	15:23	Set	1	C	7:26	Set	5	N	19:20
	15	¼	19:14		12	C	15:17		9	¾	12:02		12	¼	12:00
	23	C	4:08		19	¾	16:11		16	N	2:46		20	C	11:51
	29	¾	19:17		26	N	13:55		23	¼	7:09		28	¾	11:47
Out	7	N	8:09	Out	4	¼	10:33	Out	1	C	10:39	Out	5	N	3:24
	15	¼	12:56		12	C	3:10		8	¾	19:46		12	¼	1:16
	22	C	13:26		18	¾	22:33		15	N	12:26		20	C	5:07
	29	¾	4:42		26	N	3:17		23	¼	1:54		27	¾	22:08
Nov	6	N	1:22	Nov	3	¼	6:30		31	C	1:20	Nov	3	N	13:06
	14	¼	5:02		10	C	14:28	Nov	7	¾	2:48		10	¼	18:22
	20	C	23:07		17	¾	6:35		14	N	0:54		18	C	22:29
	27	¾	17:45		24	N	19:56		21	¼	22:40		26	¾	6:53
Dez	5	N	20:25	Dez	3	¼	1:30		29	C	15:11	Dez	3	N	0:51
	13	¼	18:36		10	C	1:35	Dez	6	¾	10:11		10	¼	14:40
	20	C	9:46		16	¾	17:13		13	N	16:26		18	C	14:40
	27	¾	10:28		24	N	15:08		21	¼	19:44		25	¾	14:53
									29	C	3:52				

1976			
Jan	1	N	14:41
	9	¼	12:40
	17	C	4:48
	23	¾	23:05
	31	N	6:21
Fev	8	¼	10:06
	15	C	16:44
	22	¾	8:17
	29	N	23:26
Mar	9	¼	4:39
	16	C	2:53
	22	¾	18:55
	30	N	17:09
Abr	7	¼	19:03
	14	C	11:50
	21	¾	7:15
	29	N	10:20
Mai	7	¼	5:18
	13	C	20:05
	20	¾	21:23
	29	N	1:48
Jun	5	¼	12:21
	12	C	4:16
	19	¾	13:16
	27	N	14:51
Jul	4	¼	17:29
	11	C	13:10
	19	¾	6:30
	27	N	1:39
Ago	2	¼	22:07
	9	C	23:44
	18	¾	0:14
	25	N	11:01
Set	1	¼	3:36
	8	C	12:53
	16	¾	17:21
	23	N	19:56
	30	¼	11:13
Out	8	C	4:56
	16	¾	9:00
	23	N	5:10
	29	¼	22:06
Nov	6	C	23:16
	14	¾	22:40
	21	N	15:12
	28	¼	13:00
Dez	6	C	18:16
	14	¾	10:15
	21	N	2:09
	28	¼	7:49

1977			
Jan	5	C	12:11
	12	¾	19:56
	19	N	14:12
	27	¼	5:13
Fev	4	C	3:57
	11	¾	4:08
	18	N	3:38
	26	¼	2:51
Mar	5	C	17:14
	12	¾	11:36
	19	N	18:34
	27	¼	22:27
Abr	4	C	4:10
	10	¾	19:15
	18	N	10:36
	26	¼	14:43
Mai	3	C	13:04
	10	¾	4:09
	18	N	2:52
	26	¼	3:21
Jun	1	C	20:32
	8	¾	15:08
	16	N	18:24
	24	¼	12:45
Jul	1	C	3:25
	8	¾	4:40
	16	N	8:37
	23	¼	19:39
	30	C	10:53
Ago	6	¾	20:41
	14	N	21:32
	22	¼	1:05
	28	C	20:11
Set	5	¾	14:34
	13	N	9:24
	20	¼	6:19
	27	C	8:18
Out	5	¾	9:22
	12	N	20:32
	19	¼	12:47
	26	C	23:36
Nov	4	¾	3:59
	11	N	7:10
	17	¼	21:53
	25	C	17:32
Dez	3	¾	21:17
	10	N	17:34
	17	¼	10:38
	25	C	12:50

1978			
Jan	2	¾	12:08
	9	N	4:00
	16	¼	3:04
	24	C	7:57
	31	¾	23:52
Fev	7	N	14:55
	14	¼	22:12
	23	C	1:27
Mar	2	¾	8:35
	9	N	2:37
	16	¼	18:22
	24	C	16:21
	31	¾	15:12
Abr	7	N	15:16
	15	¼	13:57
	23	C	4:12
	29	¾	21:03
Mai	7	N	4:48
	15	¼	7:41
	22	C	13:18
	29	¾	3:31
Jun	5	N	19:02
	13	¼	22:45
	20	C	20:32
	27	¾	11:45
Jul	5	N	9:52
	13	¼	10:50
	20	C	3:06
	26	¾	22:32
Ago	4	N	1:02
	11	¼	20:07
	18	C	10:15
	25	¾	20:19
Set	2	N	16:10
	10	¼	3:21
	16	C	19:02
	24	¾	5:09
Out	2	N	6:42
	9	¼	9:39
	16	C	6:10
	24	¾	0:35
	31	N	20:07
Nov	7	¼	16:19
	14	C	20:01
	22	¾	21:25
	30	N	8:20
Dez	7	¼	0:35
	14	C	12:32
	22	¾	17:42
	29	N	19:37

1979			
Jan	5	¼	11:16
	13	C	7:10
	21	¾	11:24
	28	N	6:20
Fev	4	¼	0:37
	12	C	2:40
	20	¾	1:18
	26	N	16:46
Mar	5	¼	16:24
	13	C	21:15
	21	¾	11:23
	28	N	3:00
Abr	4	¼	9:58
	12	C	13:16
	19	¾	18:31
	26	N	13:16
Mai	4	¼	16:27
	12	C	2:02
	18	¾	23:58
	26	N	0:01
Jun	2	¼	22:38
	10	C	11:56
	17	¾	5:02
	24	N	11:59
Jul	2	¼	15:25
	9	C	20:00
	16	¾	11:00
	24	N	1:42
Ago	1	¼	5:58
	8	C	3:22
	14	¾	19:03
	22	N	17:11
	30	¼	18:10
Set	6	C	10:59
	13	¾	6:16
	21	N	9:48
	29	¼	4:21
Out	5	C	19:36
	12	¾	21:25
	21	N	2:24
	28	¼	13:07
Nov	4	C	5:48
	11	¾	16:25
	19	N	18:05
	26	¼	21:09
Dez	3	C	18:09
	11	¾	14:00
	19	N	8:24
	26	¼	5:12

1980				1981				1982				1983			
Jan	2	C	9:03	Jan	6	N	7:25	Jan	3	¼	4:47	Jan	6	¾	4:01
	10	¾	11:51		13	¼	10:11		9	C	19:54		14	N	5:09
	17	N	21:20		20	C	7:40		16	¾	23:59		22	¼	5:35
	24	¼	13:59		28	¾	4:20		25	N	4:57		28	C	22:27
Fev	1	C	14:22	Fev	4	N	22:15	Fev	1	¼	14:29	Fev	4	¾	19:18
	9	¾	7:36		11	¼	17:50		8	C	19:58		13	N	0:33
	16	N	8:52		18	C	22:59		15	¾	20:22		20	¼	17:33
	23	¼	0:15		27	¾	1:15		23	N	21:14		27	C	8:59
Mar	1	C	21:01	Mar	6	N	10:32	Mar	2	¼	22:16	Mar	6	¾	13:17
	9	¾	23:50		13	¼	1:51		9	C	20:46		14	N	17:44
	16	N	18:57		20	C	15:23		17	¾	17:16		22	¼	2:26
	23	¼	12:32		28	¾	19:35		25	N	10:19		28	C	19:28
	31	C	15:15	Abr	4	N	20:20	Abr	1	¼	5:09	Abr	5	¾	8:39
Abr	8	¾	12:07		11	¼	11:11		8	C	10:19		13	N	7:59
	15	N	3:47		19	C	8:00		16	¾	12:43		20	¼	8:59
	22	¼	3:00		27	¾	10:16		23	N	20:30		27	C	6:32
	30	C	7:36	Mai	4	N	4:20		30	¼	12:08	Mai	5	¾	3:44
Mai	7	¾	20:51		10	¼	22:23	Mai	8	C	0:46		12	N	19:26
	14	N	12:01		19	C	0:05		16	¾	5:12		19	¼	14:18
	21	¼	19:17		26	¾	21:01		23	N	4:41		26	C	18:49
	29	C	21:29	Jun	2	N	11:32		29	¼	20:07	Jun	3	¾	21:08
Jun	6	¾	2:54		9	¼	11:34	Jun	6	C	16:00		11	N	16:38
	12	N	20:39		17	C	15:05		14	¾	18:07		17	¼	19:47
	20	¼	12:33		25	¾	4:26		21	N	11:53		25	C	8:33
	28	C	9:03	Jul	1	N	19:04		28	¼	5:57	Jul	3	¾	12:13
Jul	5	¾	7:28		9	¼	2:40	Jul	6	C	7:33		10	N	12:19
	12	N	6:47		17	C	4:40		14	¾	3:48		17	¼	2:51
	20	¼	5:52		24	¾	9:41		20	N	18:58		24	C	23:28
	27	C	18:55		31	N	3:53		27	¼	18:23	Ago	2	¾	0:53
Ago	3	¾	12:01	Ago	7	¼	19:27	Ago	4	C	22:35		8	N	19:19
	10	N	19:10		15	C	16:38		12	¾	11:09		15	¼	12:48
	18	¼	22:29		22	¾	14:17		19	N	2:46		23	C	15:00
	26	C	3:43		29	N	14:45		26	¼	9:51		31	¾	11:23
Set	1	¾	18:08	Set	6	¼	13:27	Set	3	C	12:29	Set	7	N	2:36
	9	N	10:01		14	C	3:10		10	¾	17:20		14	¼	2:25
	17	¼	13:55		20	¾	19:48		17	N	12:10		22	C	6:37
	24	C	12:09		28	N	4:08		25	¼	4:08		29	¾	20:06
Out	1	¾	3:19	Out	6	¼	7:46	Out	3	C	1:09	Out	6	N	11:17
	9	N	2:51		13	C	12:50		9	¾	23:27		13	¼	19:43
	17	¼	3:48		20	¾	3:42		17	N	0:05		21	C	21:54
	23	C	20:53		27	N	20:15		25	¼	0:09		29	¾	15:38
	30	¾	16:34	Nov	5	¼	1:10	Nov	1	C	12:58	Nov	4	N	22:22
Nov	7	N	20:44		11	C	22:28		8	¾	6:39		12	¼	15:50
	15	¼	15:48		18	¾	14:55		15	N	15:11		20	C	12:30
	22	C	6:40		26	N	14:40		23	¼	20:07		27	¾	10:51
	29	¾	10:00	Dez	4	¼	16:23	Dez	1	C	0:22	Dez	4	N	12:27
Dez	7	N	14:36		11	C	20:42		7	¾	15:54		12	¼	13:10
	15	¼	1:48		18	¾	5:48		15	N	9:19		20	C	2:01
	21	C	18:09		26	N	10:11		23	¼	14:18		26	¾	18:53
	29	¾	6:33						30	C	11:34				

1984				1985				1986				1987			
Jan	3	N	5:17	Jan	7	C	2:17	Jan	3	¾	19:48	Jan	6	¼	22:36
	11	¼	9:49		13	¾	23:28		10	N	12:23		15	C	2:32
	18	C	14:06		21	N	2:29		17	¼	22:14		22	¾	22:46
	25	¾	4:49		29	¼	3:30		26	C	0:32		29	N	13:46
Fev	1	N	23:47	Fev	5	C	15:20	Fev	2	¾	4:42	Fev	5	¼	16:22
	10	¼	4:01		12	¾	7:58		9	N	0:56		13	C	20:59
	17	C	0:42		19	N	18:44		16	¼	19:56		21	¾	8:57
	23	¾	17:13		27	¼	23:42		24	C	15:03		28	N	0:52
Mar	2	N	18:32	Mar	7	C	2:14	Mar	3	¾	12:18	Mar	7	¼	11:59
	10	¼	18:28		13	¾	17:35		10	N	14:53		15	C	13:14
	17	C	10:11		21	N	12:00		18	¼	16:40		22	¾	16:23
	24	¾	7:59		29	¼	16:12		26	C	3:03		29	N	12:47
Abr	1	N	12:11	Abr	5	C	11:33	Abr	1	¾	19:31	Abr	6	¼	7:49
	9	¼	4:52		12	¾	4:43		9	N	6:09		14	C	2:32
	15	C	19:12		20	N	5:23		17	¼	10:36		20	¾	22:16
	23	¾	0:27		28	¼	4:26		24	C	12:47		28	N	1:35
Mai	1	N	3:47	Mai	4	C	19:54	Mai	1	¾	3:23	Mai	6	¼	2:27
	8	¼	11:51		11	¾	17:35		8	N	22:11		13	C	12:51
	15	C	4:30		19	N	21:42		17	¼	1:01		20	¾	4:03
	22	¾	17:46		27	¼	12:57		23	C	20:46		27	N	15:15
	30	N	16:49	Jun	3	C	3:51		30	¾	12:56	Jun	4	¼	18:54
Jun	6	¼	16:42		10	¾	8:20	Jun	7	N	14:01		11	C	20:50
	13	C	14:43		18	N	11:59		15	¼	12:01		18	¾	11:04
	21	¾	11:11		25	¼	18:54		22	C	3:43		26	N	5:38
	29	N	3:19	Jul	2	C	12:09		29	¾	0:54	Jul	4	¼	8:35
Jul	5	¼	21:05		10	¾	0:51	Jul	7	N	4:56		11	C	3:34
	13	C	2:21		17	N	23:57		14	¼	20:11		17	¾	20:18
	21	¾	4:02		24	¼	23:40		21	C	22:41		25	N	20:39
	28	N	11:52		31	C	21:42		28	¾	15:35	Ago	2	¼	19:25
Ago	4	¼	2:34	Ago	8	¾	18:29	Ago	5	N	18:37		9	C	10:18
	11	C	15:44		16	N	10:07		13	¼	2:22		16	¾	8:26
	19	¾	19:42		23	¼	4:37		19	C	6:55		24	N	12:00
	26	N	19:27		30	C	9:28		27	¾	8:40	Set	1	¼	3:49
Set	2	¼	10:31	Set	7	¾	12:17	Set	4	N	7:11		7	C	18:14
	10	C	7:02		14	N	19:21		11	¼	7:42		14	¾	23:46
	18	¾	9:32		21	¼	11:04		18	C	5:35		23	N	3:09
	25	N	3:12		29	C	0:10		26	¾	3:19		30	¼	10:40
Out	1	¼	21:53	Out	7	¾	5:05	Out	3	N	18:56	Out	7	C	4:13
	9	C	23:59		14	N	4:34		10	¼	13:29		14	¾	18:07
	17	¾	21:15		20	¼	20:14		17	C	19:23		22	N	17:29
	24	N	12:09		28	C	17:39		25	¾	22:27		29	¼	17:11
	31	¼	13:09	Nov	5	¾	20:07	Nov	2	N	6:03	Nov	5	C	16:47
Nov	8	C	17:44		12	N	14:21		8	¼	21:12		13	¾	14:39
	16	¾	7:00		19	¼	9:05		16	C	12:13		21	N	6:34
	22	N	22:58		27	C	12:43		24	¾	16:51		28	¼	0:38
	30	¼	8:02	Dez	5	¾	9:02	Dez	1	N	16:44	Dez	5	C	8:02
Dez	8	C	10:54		12	N	0:55		8	¼	8:03		13	¾	11:42
	15	¾	15:26		19	¼	1:59		16	C	7:06		20	N	6:26
	22	N	11:48		27	C	7:31		24	¾	9:18		27	¼	10:02
	30	¼	5:29						31	N	3:11				

1988				1989				1990				1991			
Jan	4	C	1:42	Jan	7	N	19:23	Jan	4	¼	10:41	Jan	7	¾	18:36
	12	¾	7:05		14	¼	13:59		11	C	4:58		15	N	23:51
	19	N	5:26		21	C	19:35		18	¾	21:18		23	¼	14:23
	25	¼	21:54		30	¾	2:03		26	N	19:21		30	C	6:11
Fev	2	C	20:53	Fev	6	N	7:38	Fev	2	¼	18:33	Fev	6	¾	13:53
	10	¾	23:02		12	¼	23:16		9	C	19:17		14	N	17:33
	17	N	15:55		20	C	15:33		17	¾	18:49		21	¼	22:59
	24	¼	12:16		28	¾	20:09		25	N	8:55		28	C	18:26
Mar	3	C	16:02	Mar	7	N	18:20	Mar	4	¼	2:06	Mar	8	¾	10:33
	11	¾	10:57		14	¼	10:12		11	C	11:00		16	N	8:12
	18	N	2:03		22	C	9:59		19	¾	14:32		23	¼	6:04
	25	¼	4:43		30	¾	10:23		26	N	19:49		30	C	7:18
Abr	2	C	9:22	Abr	6	N	3:33	Abr	2	¼	10:25	Abr	7	¾	6:47
	9	¾	19:22		12	¼	23:14		10	C	3:20		14	N	19:39
	16	N	12:01		21	C	3:14		18	¾	7:04		21	¼	12:40
	23	¼	22:33		28	¾	20:47		25	N	4:28		28	C	21:00
Mai	1	C	23:42	Mai	5	N	11:47	Mai	1	¼	20:19	Mai	7	¾	0:47
	9	¾	1:24		12	¼	14:21		9	C	19:32		14	N	4:37
	15	N	22:12		20	C	18:17		17	¾	19:46		20	¼	19:47
	23	¼	16:50		28	¾	4:02		24	N	11:48		27	C	11:38
	31	C	10:54	Jun	3	N	19:54		31	¼	8:12	Jun	5	¾	15:31
Jun	7	¾	6:23		11	¼	7:00	Jun	8	C	11:02		12	N	12:07
	14	N	9:15		19	C	6:58		16	¾	4:09		19	¼	4:20
	22	¼	10:24		26	¾	9:10		22	N	18:56		27	C	3:00
	29	C	19:47	Jul	3	N	5:00		29	¼	22:09	Jul	5	¾	2:51
Jul	6	¾	11:37		11	¼	0:20	Jul	8	C	1:25		11	N	19:07
	13	N	21:54		18	C	17:43		15	¾	11:05		18	¼	15:12
	22	¼	2:15		25	¾	13:32		22	N	2:55		26	C	18:26
	29	C	3:26	Ago	1	N	16:07		29	¼	14:03	Ago	3	¾	11:27
Ago	4	¾	18:23		9	¼	17:30	Ago	6	C	14:21		10	N	2:29
	12	N	12:32		17	C	3:08		13	¾	15:55		17	¼	5:02
	20	¼	15:53		23	¾	18:41		20	N	12:40		25	C	9:08
	27	C	10:57		31	N	5:46		28	¼	7:35	Set	1	¾	18:18
Set	3	¾	3:51	Set	8	¼	9:50	Set	5	C	1:47		8	N	11:02
	11	N	4:50		15	C	11:52		11	¾	20:54		15	¼	22:03
	19	¼	3:19		22	¾	2:11		19	N	0:47		23	C	22:41
	25	C	7:08		29	N	21:48		27	¼	2:07	Out	1	¾	0:31
Out	2	¾	16:59	Out	8	¼	0:53	Out	4	C	12:03		7	N	21:40
	10	N	21:50		14	C	20:33		11	¾	3:32		15	¼	15:34
	18	¼	13:02		21	¾	13:20		18	N	15:38		23	C	11:09
	25	C	4:36		29	N	15:28		26	¼	20:28		30	¾	7:12
Nov	1	¾	10:13	Nov	6	¼	14:12	Nov	2	C	21:49	Nov	6	N	11:12
	9	N	14:21		13	C	5:52		9	¾	13:03		14	¼	14:03
	16	¼	21:36		20	¾	4:45		17	N	9:06		21	C	22:57
	23	C	15:54		28	N	9:42		25	¼	13:13		28	¾	15:22
Dez	1	¾	6:51	Dez	6	¼	1:27	Dez	2	C	7:50	Dez	6	N	3:57
	9	N	5:37		12	C	16:31		9	¾	2:05		14	¼	9:33
	16	¼	5:41		19	¾	23:56		17	N	4:23		21	C	10:24
	23	C	5:30		28	N	3:21		25	¼	3:17		28	¾	1:56
	31	¾	4:58						31	C	18:36				

1992			
Jan	4	N	23:11
	13	¼	2:33
	19	C	21:29
	26	¾	15:28
Fev	3	N	19:01
	11	¼	16:16
	18	C	8:05
	25	¾	7:57
Mar	4	N	13:23
	12	¼	2:37
	18	C	18:19
	26	¾	2:31
Abr	3	N	5:02
	10	¼	10:07
	17	C	4:43
	24	¾	21:41
Mai	2	N	17:46
	9	¼	15:45
	16	C	16:04
	24	¾	15:54
Jun	1	N	3:58
	7	¼	20:48
	15	C	4:51
	23	¾	8:12
	30	N	12:19
Jul	7	¼	2:45
	14	C	19:07
	22	¾	22:13
	29	N	19:36
Ago	5	¼	11:00
	13	C	10:28
	21	¾	10:02
	28	N	2:43
Set	3	¼	22:40
	12	C	2:18
	19	¾	7:54
	26	N	10:41
Out	3	¼	14:13
	11	C	18:04
	19	¾	4:13
	25	N	20:35
Nov	2	¼	9:12
	10	C	9:21
	17	¾	11:40
	24	N	9:12
Dez	2	¼	6:18
	9	C	23:42
	16	¾	19:14
	24	N	0:44

1993			
Jan	1	¼	3:40
	8	C	12:38
	15	¾	4:02
	22	N	18:28
	30	¼	23:21
Fev	6	C	23:56
	13	¾	14:58
	21	N	13:06
Mar	1	¼	15:47
	8	C	9:47
	15	¾	4:18
	23	N	7:16
	31	¼	4:11
Abr	6	C	18:44
	13	¾	19:40
	21	N	23:50
	29	¼	12:42
Mai	6	C	3:35
	13	¾	12:21
	21	N	14:08
	28	¼	18:22
Jun	4	C	13:03
	12	¾	5:37
	20	N	1:54
	26	¼	22:44
Jul	3	C	23:46
	11	¾	22:50
	19	N	11:25
	26	¼	3:26
Ago	2	C	12:11
	10	¾	15:21
	17	N	19:29
	24	¼	9:59
Set	1	C	2:34
	9	¾	6:28
	16	N	3:11
	22	¼	19:33
	30	C	18:55
Out	8	¾	19:36
	15	N	11:37
	22	¼	8:53
	30	C	12:39
Nov	7	¾	6:37
	13	N	21:35
	21	¼	2:05
	29	C	6:32
Dez	6	¾	15:50
	13	N	9:28
	20	¼	22:27
	28	C	23:06

1994			
Jan	5	¾	0:02
	11	N	23:11
	19	¼	20:28
	27	C	13:24
Fev	3	¾	8:07
	10	N	14:31
	18	¼	17:48
	26	C	1:16
Mar	4	¾	16:54
	12	N	7:06
	20	¼	12:15
	27	C	11:10
Abr	3	¾	2:56
	11	N	0:18
	19	¼	2:35
	25	C	19:46
Mai	2	¾	14:34
	10	N	17:08
	18	¼	12:51
	25	C	15:40
Jun	1	¾	4:04
	9	N	8:28
	16	¼	19:58
	23	C	11:34
	30	¾	19:32
Jul	8	N	21:39
	16	¼	1:13
	22	C	20:17
	30	¾	12:41
Ago	7	N	8:46
	14	¼	5:58
	21	C	6:48
	29	¾	6:42
Set	5	N	18:34
	12	¼	11:35
	19	C	20:02
	28	¾	0:25
Out	5	N	3:56
	11	¼	19:18
	19	C	12:19
	27	¾	16:45
Nov	3	N	13:37
	10	¼	6:15
	18	C	6:58
	26	¾	7:05
Dez	2	N	23:55
	9	¼	21:07
	18	C	2:18
	25	¾	19:07

1995			
Jan	1	N	10:57
	8	¼	15:47
	16	C	20:28
	24	¾	4:59
	30	N	22:49
Fev	7	¼	12:55
	15	C	12:17
	22	¾	13:05
Mar	1	N	11:49
	9	¼	10:15
	17	C	1:27
	23	¾	20:11
	31	N	2:10
Abr	8	¼	5:36
	15	C	12:09
	22	¾	3:19
	29	N	17:38
Mai	7	¼	21:45
	14	C	20:49
	21	¾	11:37
	29	N	9:29
Jun	6	¼	10:27
	13	C	4:04
	19	¾	22:02
	28	N	0:51
Jul	5	¼	20:04
	12	C	22:50
	19	¾	11:11
	27	N	15:14
Ago	4	¼	3:17
	10	C	18:17
	18	¾	3:05
	26	N	4:32
Set	2	¼	9:04
	9	C	3:38
	16	¾	21:11
	24	N	16:56
Out	1	¼	14:37
	8	C	15:53
	16	¾	16:27
	24	N	4:37
	30	¼	21:18
Nov	7	C	7:22
	15	¾	11:41
	22	N	15:44
	29	¼	6:29
Dez	7	C	1:28
	15	¾	5:32
	22	N	2:23
	28	¼	19:08

1996			
Jan	5	C	20:52
	13	¾	20:46
	20	N	12:52
	27	¼	11:15
Fev	4	C	15:59
	12	¾	8:38
	18	N	23:31
	26	¼	5:54
Mar	5	C	9:24
	12	¾	17:16
	19	N	10:46
	27	¼	1:32
Abr	4	C	0:08
	10	¾	23:37
	17	N	23:37
	25	¼	20:41
Mai	3	C	11:49
	10	¾	5:05
	17	N	11:47
	25	¼	14:14
Jun	1	C	20:48
	8	¾	11:07
	16	N	1:37
	24	¼	5:25
Jul	1	C	3:59
	7	¾	18:56
	15	N	16:16
	23	¼	17:50
	30	C	10:36
Ago	6	¾	5:26
	14	N	7:35
	22	¼	3:38
	28	C	17:53
Set	4	¾	19:07
	12	N	23:08
	20	¼	11:42
	27	C	2:52
Out	4	¾	12:05
	12	N	14:16
	19	¼	18:10
	26	C	14:12
Nov	3	¾	7:52
	11	N	4:17
	18	¼	1:10
	25	C	4:11
Dez	3	¾	5:07
	10	N	16:57
	17	¼	9:32
	24	C	20:42

1997			
Jan	2	¾	1:46
	9	N	4:27
	15	¼	20:03
	23	C	15:12
	31	¾	19:41
Fev	7	N	15:07
	14	¼	8:59
	22	C	10:28
Mar	2	¾	9:39
	9	N	1:16
	16	¼	0:07
	24	C	4:47
	31	¾	19:39
Abr	7	N	11:03
	14	¼	17:01
	22	C	20:35
	30	¾	2:38
Mai	6	N	20:48
	14	¼	10:56
	22	C	9:15
	29	¾	7:53
Jun	5	N	7:05
	13	¼	4:53
	20	C	19:10
	27	¾	12:43
Jul	4	N	18:41
	12	¼	21:45
	20	C	3:21
	26	¾	18:29
Ago	3	N	8:15
	11	¼	12:44
	18	C	10:56
	25	¾	2:25
Set	1	N	23:53
	10	¼	1:32
	16	C	18:51
	23	¾	13:36
Out	1	N	16:53
	9	¼	12:23
	16	C	3:47
	23	¾	4:50
	31	N	10:02
Nov	7	¼	21:45
	14	C	14:13
	21	¾	23:59
	30	N	2:15
Dez	7	¼	6:10
	14	C	2:38
	21	¾	21:44
	29	N	16:58

1998			
Jan	5	¼	14:19
	12	C	17:25
	20	¾	19:41
	28	N	6:02
Fev	3	¼	22:55
	11	C	10:24
	19	¾	15:28
	26	N	17:27
Mar	5	¼	8:42
	13	C	4:36
	21	¾	7:39
	28	N	3:15
Abr	3	¼	20:20
	11	C	22:25
	19	¾	19:54
	26	N	11:42
Mai	3	¼	10:05
	11	C	14:31
	19	¾	4:37
	25	N	19:33
Jun	2	¼	1:46
	10	C	4:20
	17	¾	10:39
	24	N	3:51
Jul	1	¼	18:44
	9	C	16:02
	16	¾	15:15
	23	N	13:45
	31	¼	12:06
Ago	8	C	2:11
	14	¾	19:50
	22	N	2:04
	30	¼	5:08
Set	6	C	11:22
	13	¾	1:59
	20	N	17:03
	28	¼	21:12
Out	5	C	20:13
	12	¾	11:12
	20	N	10:11
	28	¼	11:47
Nov	4	C	5:19
	11	¾	0:29
	19	N	4:28
	27	¼	0:24
Dez	3	C	15:20
	10	¾	17:55
	18	N	22:44
	26	¼	10:47

1999			
Jan	2	C	2:51
	9	¾	14:23
	17	N	15:47
	24	¼	19:16
	31	C	16:08
Fev	8	¾	11:59
	16	N	6:40
	23	¼	2:44
Mar	2	C	7:00
	10	¾	8:42
	17	N	18:49
	24	¼	10:19
	31	C	22:50
Abr	9	¾	2:52
	16	N	4:23
	22	¼	19:03
	30	C	14:56
Mai	8	¾	17:30
	15	N	12:06
	22	¼	5:35
	30	C	6:41
Jun	7	¾	4:21
	13	N	19:04
	20	¼	18:14
	28	C	21:39
Jul	6	¾	11:58
	13	N	2:25
	20	¼	9:01
	28	C	11:26
Ago	4	¾	17:26
	11	N	11:10
	19	¼	1:48
	26	C	23:49
Set	2	¾	22:18
	9	N	22:04
	17	¼	20:07
	25	C	10:52
Out	2	¾	4:03
	9	N	11:36
	17	¼	15:01
	24	C	21:04
	31	¾	12:05
Nov	8	N	3:54
	16	¼	9:04
	23	C	7:05
	29	¾	23:20
Dez	7	N	22:33
	16	¼	0:51
	22	C	17:33
	29	¾	14:06

Capítulo 14

Breve introdução à síntese do mapa

1. Depois de descobrir o grau e o signo do seu Ascendente, coloque-o do lado esquerdo do mapa.

2. Coloque os outros onze glifos em torno do mapa, no sentido *anti-horário.*

3. Coloque o Sol e a Lua nos seus respectivos posicionamentos.

4. Examine o mapa e calcule o número de fatores masculinos e femininos. Se o Sol, a Lua e o Ascendente estiverem em signos masculinos/positivos, a personalidade será extrovertida, confiante, possivelmente esportiva e enérgica. Se os três estiverem em signos femininos, a pessoa será introvertida, voltada para o lar, amável e possivelmente um pouco tímida com estranhos.

5. Faça o mesmo com os elementos e as triplicidades. Não há necessidade de fazer tempestade num copo d'água; é só anotar os elementos e verificar se há algum desequilíbrio — por exemplo, dois fatores em signos de Fogo, nada em signos cardeais. Isso lhe dará uma rápida pista para caracterizar a pessoa.

6. Agora verifique quais são os signos ocupados pelo Sol e pela Lua: isso lhe revelará o caráter da pessoa.

7. O último passo, muito importante, é verificar as casas ocupadas pelo Sol e pela Lua, para ver *para onde* são direcionadas as energias da pessoa, o que ela faz e o que está tentando atingir.

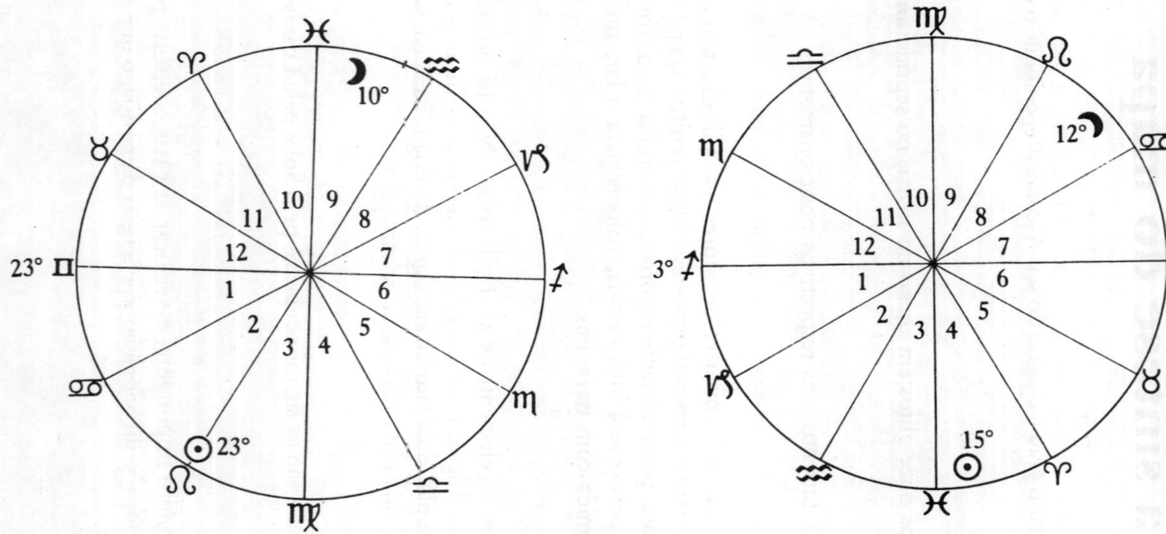

MAPA 1

MAPA 2

Fig. 14.1

Capítulo 15

Compatibilidade entre o Sol e a Lua

Quando o Sol e a Lua estão em signos compatíveis há uma sensação de harmonia interior; o comportamento do dia-a-dia e as reações íntimas instintivas da pessoa são de natureza semelhante. Se esses dois planetas estiverem em signos incompatíveis, há uma divisão na personalidade, tornando as reações íntimas e instintivas muito diferentes da conduta externa. O caso ainda se torna mais complexo porque a maioria das pessoas na realidade projeta no mundo o seu Ascendente. Preciso fazer uma confissão: detesto quando me perguntam "você é capaz de adivinhar qual é o meu signo?" — porque como astróloga sei que tenho muito mais probabilidade de "captar" o Ascendente que o signo solar. É inútil tentar explicar isso aos não-iniciados.

Se em geral a primeira impressão dada ao mundo normalmente é representada pelo Ascendente ou pela combinação do Sol e do Ascendente, é possível que você emita um forte sinal, dizendo "minha personalidade é do tipo AA", provocando portanto uma reação dos outros adequada ao tipo "AA", enquanto lá no fundo você pode estar escondendo uma personalidade do tipo "BB", que exige um tipo de reação bem diferente!

No tocante aos relacionamentos emocionais íntimos, a maioria das pessoas provavelmente projeta de qualquer forma uma imagem interior ou lunar, provocando portanto o tipo correto de reação do outro (sem dúvida a resposta lunar do outro). Os posicionamentos *aparentemente* desarmônicos entre si, na verdade não são assim tão maus, porque resultam numa personalidade mais completa. O raciocínio subjacente a esse conceito pode ser explicado por uma mistura de astrologia e psicologia, ou pela simples teoria astrológica.

Elementos, triplicidades e aspectos

Do ponto de vista puramente astrológico, trata-se de dividir cada signo por elementos e triplicidades, além dos aspectos astrológicos. Portanto, os planetas que estão no mesmo elemento (Ar, Fogo, Terra ou Água) têm algo em comum; os planetas da mesma triplicidade (cardeal, fixa, mutável) também têm algo em comum. A única ocasião em que dois planetas estão em total harmonia é quando eles estão no mesmo signo, caso contrário há uma mistura de harmonia e desarmonia na maioria dos aspectos planetários. Esse conceito é muito avançado e complexo, mas eu o dividi para poder explicá-lo a vocês.

1. Os planetas no mesmo elemento têm algo em comum.
   Sol em Áries — Fogo
   Lua em Leão — Fogo
   Esses planetas estão num aspecto de TRÍGONO.
2. Os planetas na mesma triplicidade têm algo em comum.
   Sol em Áries — cardeal
   Lua em Câncer — cardeal
   Esses planetas estão num aspecto de QUADRATURA.
   Sol em Áries — cardeal
   Lua em Libra — cardeal
   Esses planetas estão em aspecto de OPOSIÇÃO.
3. Planetas do mesmo gênero têm algo em comum.
   Sol em Áries — masculino
   Lua em Gêmeos — masculino
   Esses planetas estão em aspecto de SEXTIL.
4. De maneira geral o Ar e o Fogo se dão muito bem, e o mesmo acontece entre a Terra e a Água; entretanto, Ar e Água/Terra são de natureza diferentes, assim como Fogo e Terra/Água, etc. Os aspectos realmente incômodos são o semi-sextil e o quincunce, porque nos dois casos nem os elementos nem as triplicidades são harmônicos. No caso do semi-sextil, pelo menos os signos são vizinhos um do outro, e os signos vizinhos *têm* alguma coisa em comum. Entretanto planetas em quincunce não têm absolutamente nada em comum.
   Sol em Áries — Fogo, cardeal
   Lua em Touro — Terra, fixa
   Este é um aspecto de SEMI-SEXTIL.
   Sol em Áries — Fogo, cardeal
   Lua em Virgem — Terra, mutável
   Este é um aspecto de QUINCUNCE.

A teoria astrológica padrão diz que as conjunções (planetas no mesmo signo) são uma poderosa força benéfica ou maléfica, os sextis e trígonos são posicionamentos fáceis, enquanto as quadraturas e as oposições provocam tensão. Em geral semi-sextis não têm muito efeito em nenhum sentido, mas os quincunces podem ser um autêntico aborrecimento. A figura 15.2 mostra a forma geométrica desses aspectos.

Do ponto de vista psicológico a aparente situação super-harmônica do Sol e da Lua no mesmo signo pode ser *boa demais.* Ter os planetas mais importantes no mesmo signo pode resultar numa personalidade muito unilateral. Para quem está apenas começando, combinar os efeitos do Sol e da Lua na própria personalidade e ver como eles se fundem é um exercício interessante. Consulte primeiro a Figura 15.1 para ver como eles se fundem astrologicamente e depois procure na lista para verificar como eles funcionam em conjunto na prática.

TABELA DE COMPATIBILIDADE SOL/LUA

LOCALIZE AQUI A POSIÇÃO DA SUA LUA

LOCALIZE AQUI A POSIÇÃO DO SEU SOL

	AR	TO	GE	CA	LE	VI	LI	ES	SA	CP	AQ	PE
AR	*	0	=	=	=	0	=	0	=	=	=	0
TO	0	*	0	=	=	=	0	=	0	=	=	=
GE	=	0	*	0	=	=	=	0	=	0	=	=
CA	=	=	0	*	0	=	=	=	0	=	0	=
LE	=	=	=	0	*	0	=	=	=	0	=	0
VI	0	=	=	=	0	*	0	=	=	=	0	=
LI	=	0	=	=	=	0	*	0	=	=	=	0
ES	0	=	0	=	=	=	0	*	0	=	=	=
SA	=	0	=	0	=	=	=	0	*	0	=	=
CP	=	=	0	=	0	=	=	=	0	*	0	=
AQ	=	=	=	0	=	0	=	=	=	0	*	0
PE	0	=	=	=	0	=	0	=	=	=	0	*

* harmônico
0 desarmônico
= razoável

Fig. 15.1

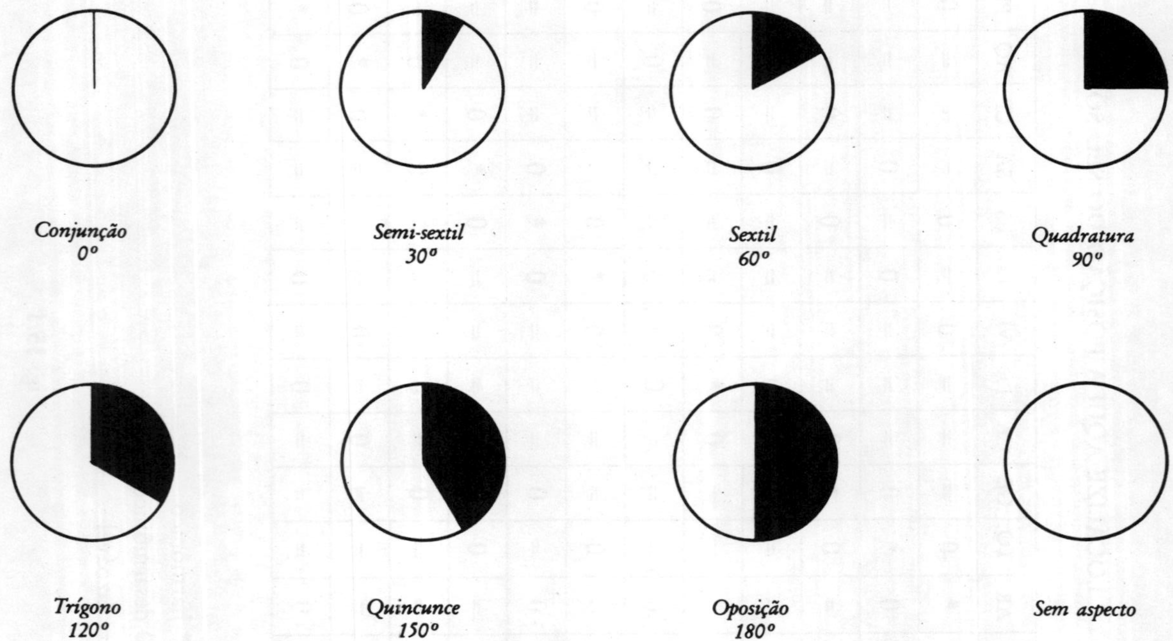
Conjunção
0°
Semi-sextil
30°
Sextil
60°
Quadratura
90°
Trígono
120°
Quincunce
150°
Oposição
180°
Sem aspecto

Fig. 15.2

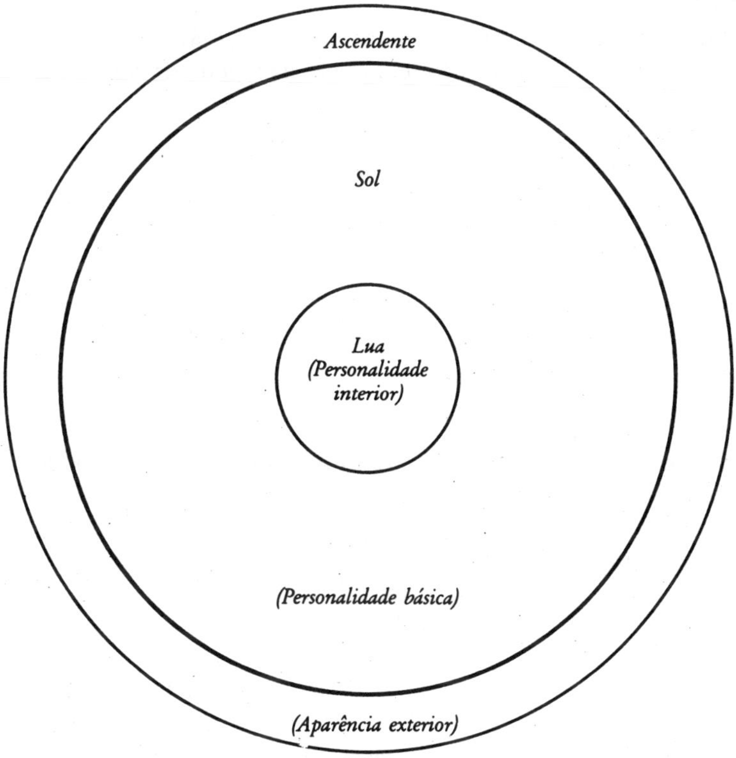

Fig. 15.3
CAMADAS DA PERSONALIDADE

Capítulo 16

Combinações Sol/Lua

Sol Áries, Lua Áries ☉ ♈ ☽ ♈
Extrovertido, com iniciativa própria e uma reserva inesgotável de entusiasmo; rápido no pensamento e na ação. Você não tem paciência e pode ser muito autocentrado.

Sol Áries, Lua Touro ☉ ♈ ☽ ♉
Confiante, entusiástico e adorável, bom construtor, arquiteto ou jardineiro, com jeito para arte. Pode ser dogmático.

Sol Áries, Lua Gêmeos ☉ ♈ ☽ ♊
Habilidoso, bom engenheiro ou desenhista, cheio de idéias brilhantes. Ágil com as palavras, mas às vezes agressivo e sarcástico. Pode deixar suas tarefas para os outros terminarem.

Sol Áries, Lua Câncer ☉ ♈ ☽ ♋
Muito resoluto, boa cabeça para negócios, jeito agradável. A vida doméstica é muito importante para você. Sensível, mas esconde essa faceta dos outros.

Sol Áries, Lua Leão ☉ ♈ ☽ ♌
Um autêntico empreendedor, você precisa da luz dos refletores. Entusiástico e otimista, pode ser mandão e dominador. Muito criativo, mas às vezes cego para as influências menos visíveis.

Sol Áries, Lua Virgem ☉ ♈ ☽ ♍
Inquisitivo, analítico e inteligente. No trabalho é muito eficiente e talentoso; em assuntos pessoais é tímido. Bom escritor, crítico severo, mas pode gostar demais de procurar pequenos defeitos.

Sol Áries, Lua Libra ☉ ♈ ☽ ♎
Por fora confiante e ardente, por dentro mais tranqüilo. Sensível aos outros; também amoroso e apaixonado. Bom tino comercial, mas pode ser ambicioso demais.

Sol Áries, Lua Escorpião ☉ ♈ ☽ ♏
Excelente soldado ou cirurgião; bom nível de concentração. Coerente, intenso e apaixonado a respeito de tudo; você pode ser demais para qualquer pessoa lidar por muito tempo. Tente relaxar e deixar que os outros também o façam.

Sol Áries, Lua Sagitário ☉ ♈ ☽ ♐
Inquieto e enérgico, você é um explorador nato, tanto em termos físicos quanto intelectuais. Pode impregnar os outros de amor pela vida e de idealismo. Não tem tato e é sarcástico.

Sol Áries, Lua Capricórnio ☉ ♈ ☽ ♑
Resoluto, nada o detém, precisa chegar lá no alto, mesmo às custas da sua vida pessoal. Procura dominar os outros pela força da sua personalidade.

Sol Áries, Lua Aquário ☉ ♈ ☽ ♒
Humanitário e idealista, daria um maravilhoso treinador esportivo ou professor, mas precisa tomar cuidado para não ferir os outros com seus impensados comentários sarcásticos.

Sol Áries, Lua Peixes ☉ ♈ ☽ ♓
Por fora entusiástico, por dentro tímido e sem autoconfiança. Amável e bem-intencionado, mas pode ter propensão para fazer sermões. De vez em quando precisa ficar longe das pessoas.

Sol Touro, Lua Áries ☉ ♉ ☽ ♈
Por fora calmo, por dentro ambicioso e resoluto. Pode ser muito criativo de um modo prático. Pode prezar demais as próprias opiniões. Bom engenheiro e construtor; também tem pendores artísticos.

Sol Touro, Lua Touro ☉ ♉ ☽ ♉
Teimoso, pontos de vista arraigados, materialista, mas também criativo e artístico, amante da música. O que você faz resiste à prova do tempo. No amor é leal.

Sol Touro, Lua Gêmeos ☉ ♉ ☽ ♊
Perceptivo e com talentos artísticos, bom homem de mídia ou especialista em *marketing*. É um amante do lar, com ocasionais explosões de desassossego. Afetuoso, mas não muito sensual.

Sol Touro, Lua Câncer ☉ ♉ ☽ ♋
Uma pessoa realmente doméstica e familiar. Capaz de motivar os outros a conseguir muita coisa, mas você mesmo se esconde das luzes. Sua imaginação pode ser usada com muito sucesso.

Sol Touro, Lua Leão ☉ ♉ ☽ ♌
Opiniões muito arraigadas e personalidade definida; é de difícil adaptação a mudanças. Adora crianças e é profundamente leal aos outros. Pode ser um bom cantor ou dançarino.

Sol Touro, Lua Virgem ☉ ♉ ☽ ♍
Trabalha com atenção e sabe juntar minúcia e arte. Bom com a família, capaz de apren-

der e ensinar técnicas relacionadas com a palavra ou com a música. Deve procurar não ser crítico ou pessimista demais. Tem forte interesse pela nutrição.

Sol Touro, Lua Libra ☉ ♉ ☽ ♎

Muito sensual, com pendores artísticos e uma boa cabeça para negócios. Talvez acomodado demais para grandes realizações; mas quando está motivado pode chegar às alturas. Amável e gentil, mas também egoísta.

Sol Touro, Lua Escorpião ☉ ♉ ☽ ♏

Com dons artísticos e sensual, pode realizar muita coisa. Suas opiniões são arraigadas; você é teimoso. Muito leal e persistente, pode ser um bom vendedor. Também é bastante independente.

Sol Touro, Lua Sagitário ☉ ♉ ☽ ♐

Por fora firme, por dentro inquieto. Pode viajar na imaginação. Interessado na religião tradicional — não seja muito antiquado nem julgue os outros precipitadamente.

Sol Touro, Lua Capricórnio ☉ ♉ ☽ ♑

Resoluto e ambicioso, com uma forte necessidade de segurança. Nos negócios é arguto e prático, mas por dentro é tímido e nas questões pessoais é nervoso. Muito leal e amoroso.

Sol Touro, Lua Aquário ☉ ♉ ☽ ♒

Inovador e com dotes artísticos, é boa companhia e trabalha com afinco. Precisa de liberdade, mas faz questão que os outros andem na linha. Boa concentração e alto nível de confiança.

Sol Touro, Lua Peixes ☉ ♉ ☽ ♓

Sonhador e paciente, altamente dotado para a arte, você pode ter dificuldade em concretizar os projetos que tem em mente. Sua simpatia pode levá-lo a cuidar de deficientes. Sensual e amoroso.

Sol Gêmeos, Lua Áries ☉ ♊ ☽ ♈

Mente muito aguçada; pode deixar-se levar por seu grande entusiasmo. Bom profissional de mídia, amigo interessante, mas um pouquinho sarcástico demais.

Sol Gêmeos, Lua Touro ☉ ♊ ☽ ♉

Você tem boas idéias e paciência para terminar o que começa. Bom para cuidar de assuntos domésticos, bom pai. Num relacionamento precisa de diálogo e de compreensão; no trabalho, de um ambiente artístico e intelectual.

Sol Gêmeos, Lua Gêmeos ☉ ♊ ☽ ♊

Com boas idéias em quantidade, você tem dificuldade em terminar tudo. Muito inteligente e hábil, mas pode ser um pouco insensível. Seu problema é a tensão; tente relaxar e sentir.

Sol Gêmeos, Lua Câncer ☉ ♊ ☽ ♋
Amistoso e conversador, em geral pelo telefone. Adora viagens e novidades, além da vida familiar. Não deixe que pessoas de personalidade mais forte se imponham a você. Capaz de proporcionar aos outros um lar feliz; boa memória.

Sol Gêmeos, Lua Leão ☉ ♊ ☽ ♌
Animado, amistoso e de boa aparência — você sempre será popular. Precisa expressar criativamente as idéias que tem. Bom com as crianças, pois você mesmo nunca se torna de fato adulto.

Sol Gêmeos, Lua Virgem ☉ ♊ ☽ ♍
Inventivo, versátil e cheio de idéias, mas falta-lhe autoconfiança. Às vezes seus nervos levam a melhor sobre você. Bom pesquisador, escritor, secretário.

Sol Gêmeos, Lua Libra ☉ ♊ ☽ ♎
Cheio de idéias, que nem sempre executa. Diplomático e divertido, pode ser um pouco inquieto demais. Paquerador e engraçado, mas com uma tendência a ser prolixo.

Sol Gêmeos, Lua Escorpião ☉ ♊ ☽ ♏
Mente brilhante e perspicaz. Por fora é um solitário de coração frio; por dentro arde em paixões secretas, e é também emocionalmente vulnerável. Pode ser muito criativo como escritor, músico, médico ou espião. Hábil com as palavras, sarcástico.

Sol Gêmeos, Lua Sagitário ☉ ♊ ☽ ♐
Inquieto, bom esportista ou viajante aventureiro. Bom acadêmico ou professor. Pode precisar dar mais atenção aos seus sentimentos e aos sentimentos dos outros.

Sol Gêmeos, Lua Capricórnio ☉ ♊ ☽ ♑
Inteligente e ambicioso, culto, pode ter sucesso na mídia. Os relacionamentos podem lhe causar sofrimento; precisa tentar ser mais caloroso com os outros. Capaz e sério.

Sol Gêmeos, Lua Aquário ☉ ♊ ☽ ♒
Mente aberta, bom acadêmico e professor. Idéias amplas, perspicaz. Pode ter medo de demonstrar emoção ou até seus sentimentos. Independência de julgamento; bom jornalista ou vendedor.

Sol Gêmeos, Lua Peixes ☉ ♊ ☽ ♓
A personalidade tem profundezas ocultas; bom com as crianças, também em esportes e dança. Escritor imaginativo, mas disposto demais a explicar tudo aos outros. Personalidade efervescente, mas sem autoconfiança; nervoso e incapacitado quando está sob muito *stress.*

Sol Câncer, Lua Áries ☉ ♋ ☽ ♈
Capaz e competitivo, com boa cabeça para negócios e capacidade de entender os outros. Precisa de um bom lar, mas se entedia facilmente quando passa muito tempo em casa. Estranha mistura de solicitude e impaciência.

Sol Câncer, Lua Touro ☉ ♋ ☽ ♉
Gentil, solícito e carinhoso. Ama o lar e a família; também tem boa cabeça para negócios. Possui dotes artísticos, é musical e um pouco acomodado; com propensão a meditar.

Sol Câncer, Lua Gêmeos ☉ ♋ ☽ ♊
Inteligente e sério, agradável e bem-sucedido. Você parece ser lento, mas pode ser rápido e astuto. Bom político, excelente vendedor. Pode ter jeito para esportes.

Sol Câncer, Lua Câncer ☉ ♋ ☽ ♋
Emoções fortes, ligação sólida com a família. Tendência a mudar de estado de espírito e isolar-se. Bom coração, ciente das necessidades dos outros. Ligado ao passado, bom historiador.

Sol Câncer, Lua Leão ☉ ♋ ☽ ♌
Solícito e compassivo, muito amoroso com a família e os amigos. Emocionalmente vulnerável. Seus padrões são altos e você pode prejudicar-se por despeito.

Sol Câncer, Lua Virgem ☉ ♋ ☽ ♍
Bom posicionamento para enfermeiros e médicos, para quem dá assistência de forma prática. Bom para minúcias, memória excelente. Quando magoado isola-se. Boa cabeça para negócios, um pouco obstinado, bom vendedor. Uma pessoa preocupada.

Sol Câncer, Lua Libra ☉ ♋ ☽ ♎
Boa cabeça para negócios. Tem ambição pessoal e em relação à família. Ama a beleza e a harmonia; provavelmente tem talento artístico. Pode ter dificuldade em colocar as idéias em prática.

Sol Câncer, Lua Escorpião ☉ ♋ ☽ ♏
Forte intuição; deve mudar muito de estado de espírito. É difícil ignorar você. Tente manter uma perspectiva otimista da vida — evite ser pessimista demais.

Sol Câncer, Lua Sagitário ☉ ♋ ☽ ♐
Esta combinação faz de você um adepto da família que tem necessidade de liberdade emocional. Você é idealista e adorável, mas pode pedir mais da vida do que racionalmente se pode esperar.

Sol Câncer, Lua Capricórnio ☉ ♋ ☽ ♑
Você tem uma cabeça muito boa para negócios, tem argúcia e intuição. Pode ser bem-sucedido, desde que não tente encurtar o caminho nem fazer economias bobas.

Sol Câncer, Lua Aquário ☉ ♋ ☽ ♒
Um político hábil com uma mente aguda, que opera por trás de uma fachada tranqüila. Capaz de transmitir bem seus pontos de vista. Sempre atento para tirar proveito das situações.

Sol Câncer, Lua Peixes ☉ ♋ ☽ ♓
Muito sensível e intuitivo, tem tanta sintonia com os outros que é capaz de esquecer suas próprias necessidades. Pode preferir trabalhar numa área onde estará cuidando de pessoas menos afortunadas (ou de animais).

Sol Leão, Lua Áries ☉ ♌ ☽ ♈
Você tem coragem, vivacidade e entusiasmo, mas precisa aprender a não tratar os outros com grosseria. Se conseguir deixar de se concentrar nas próprias necessidades poderá ir longe.

Sol Leão, Lua Touro ☉ ♌ ☽ ♉
Você é gentil, confiável, dedicado à família e altamente prático, mas pode ser de uma obstinação exagerada na procura do benefício próprio. Tem uma visão tradicional da vida.

Sol Leão, Lua Gêmeos ☉ ♌ ☽ ♊
Você gosta de ficar ocupado; sua cabeça trabalha em excesso. Independente, criativo e inteligente, você tem boas qualidades de liderança, mas seu sarcasmo pode ser um pouco demasiado para algumas pessoas.

Sol Leão, Lua Câncer ☉ ♌ ☽ ♋
Um verdadeiro tipo chegado à família, com uma forte necessidade de tomar conta dos outros. Às vezes pode se deixar dominar pelas emoções. Gosta do passado e da tradição. Muito solícito e gentil.

Sol Leão, Lua Leão ☉ ♌ ☽ ♌
Dramático e expansivo, você tem necessidade de deslumbrar os outros. É engraçado e divertido, mas pode ser um pouco autocentrado demais. Tente dar atenção aos detalhes em vez de ignorá-los.

Sol Leão, Lua Virgem ☉ ♌ ☽ ♍
Você pode ser um excelente empregado, pois é capaz de delegar e também de trabalhar com lógica. Sua língua afiada pode ser um pouco difícil de aturar. Você é muito honesto, sua natureza é basicamente gentil.

Sol Leão, Lua Libra ☉ ♌ ☽ ♎
Muito afetuoso e provavelmente também *sexy*, esbanja classe. Tem boa cabeça para negócios, mas pode gostar demais de querer as coisas do seu jeito.

Sol Leão, Lua Escorpião ☉ ♌ ☽ ♏
Personalidade muito intensa e forte, talvez dramática demais. Você é muito leal e pode ser um pouco possessivo, mas seus colegas respeitam-no pela honestidade e pela capacidade de trabalho.

Sol Leão, Lua Sagitário ☉ ♌ ☽ ♐
Muito aventureiro, ninguém consegue prendê-lo. É leal, orgulhoso e tem bom coração. Tem altos padrões pessoais, mas precisa conter o sarcasmo e também pensar antes de se comprometer.

Sol Leão, Lua Capricórnio ☉ ♌ ☽ ♑
Muito organizado e ambicioso, você se destina ao sucesso em alguma área de trabalho tradicional. Não trate mal os outros nem disfarce muito a sua ternura.

Sol Leão, Lua Aquário ☉ ♌ ☽ ♒
Você tem opiniões fortes e pode engajar-se numa causa. Você é leal, fiel e tem um senso de eqüidade muito desenvolvido. Tente ser mais prático e flexível.

Sol Leão, Lua Peixes ☉ ♌ ☽ ♓
Um sonhador, um místico capaz de dar vida a seus sonhos. Para você é difícil virar as costas às pessoas que precisam da sua ajuda e da sua força. Não desanime se nem todos os seus planos funcionarem. Criativo e de bom coração.

Sol Virgem, Lua Áries ☉ ♍ ☽ ♈
Sua mente é afiada, e a língua também. Ágil e inteligente, pode ter sucesso em muitas profissões. Para você é essencial expressar-se por meio da palavra escrita.

Sol Virgem, Lua Touro ☉ ♍ ☽ ♉
Interessado no cultivo e no preparo de alimentos, sua criatividade é estruturada, e você é amável. Pode não ter confiança para dar início aos projetos. Pontos de vista sensatos, úteis e práticos.

Sol Virgem, Lua Gêmeos ☉ ♍ ☽ ♊
Você é muito ágil e inteligente; tem uma mente e uma língua que raramente ficam quietas. É capaz de coletar e analisar informações, mas seu intelecto pode impedi-lo de sintonizar-se com os sentimentos — seus e dos outros.

Sol Virgem, Lua Câncer ☉ ♍ ☽ ♋
Muito solícito, interessado em alimentação e nutrição. Pode ter sucesso como pequeno empresário. Você se preocupa com a família e pode ser um pouco meticuloso e mal-humorado demais.

Sol Virgem, Lua Leão ☉ ♍ ☽ ♌
Solícito, consciencioso e organizado, pode-se contar com você quando é preciso tomar uma providência. Pode trabalhar com crianças. Tem padrões pessoais muito elevados, mas não tem autoconfiança.

Sol Virgem, Lua Virgem ☉ ♍ ☽ ♍
Falta de confiança, em parte devido a uma infância infeliz. Você pode dar atenção exagerada a minúcias e se preocupar em demasia com coisas de pouca importância.

Honesto e amável, sempre tenta ajudar os outros e cumpre seu dever em todos os sentidos.

Sol Virgem, Lua Libra ☉ ♍ ☽ ♎
Bem-arrumado e ordeiro, você gosta de organizar. Pode ser um bom intermediário ou trabalhar em conjunto com alguém. Boa mente, mas demora a tomar decisões. Bom cozinheiro.

Sol Virgem, Lua Escorpião ☉ ♍ ☽ ♏
Inteligente e crítico, pode ser muito bom médico ou enfermeiro. Precisa chegar até o fundo das coisas, mas pode ser frio demais em relação aos outros.

Sol Virgem, Lua Sagitário ☉ ♍ ☽ ♐
Humanitário e previdente, você se interessa por educação. Caloroso e amistoso, às vezes impulsivo, também pode cuidar de detalhes. Pode tornar-se um bom professor ou um agente de viagens ainda melhor.

Sol Virgem, Lua Capricórnio ☉ ♍ ☽ ♑
Bom nos negócios, mas possivelmente exagera na autodisciplina e na seriedade. Você é competente, consciencioso e inteligente, mas precisa cultivar o senso de diversão e prestar um pouco de atenção nas necessidades dos outros. É muito confiável para com a família.

Sol Virgem, Lua Aquário ☉ ♍ ☽ ♒
Você pode ser um professor maravilhoso. Pensador profundo, muito prestativo com as pessoas carentes. Não deixe que sua necessidade de independência o prive da vida familiar ou o distancie dos seus sentimentos.

Sol Virgem, Lua Peixes ☉ ♍ ☽ ♓
Você vive para satisfazer as necessidades dos outros, e depois se pergunta por que as próprias necessidades não são atendidas. Sua mente é boa quando se projeta externamente em atividades intelectuais. Intuitivo, interessado em medicina e nutrição.

Sol Libra, Lua Áries ☉ ♎ ☽ ♈
Você é bom na hora de começar as coisas, mas pode ter dificuldade em terminar o que começa. Para isso pode receber ajuda dos outros. É inteligente e intuitivo, mas pode ser egoísta e impaciente. Bom nos momentos de crises.

Sol Libra, Lua Touro ☉ ♎ ☽ ♉
Você tem boa aparência e muito bom gosto. Adora música e arte, mas pode ser acomodado demais para desenvolver a técnica necessária. Bom tipo doméstico e familiar, prático nos negócios.

Sol Libra, Lua Gêmeos ☉ ♎ ☽ ♊
Um teórico com uma boa cabeça; pode ser superficial. Hábil e inteligente, é capaz

de dar aplicação prática a alguma técnica, desde que tenha ajuda dos outros. Fique em sintonia com seus sentimentos e com os dos outros.

Sol Libra, Lua Câncer ☉ ♎ ☽ ♋
Amável e agradável, capaz de formar um belo lar, atencioso com a família. Bom gerente de pessoal ou contador. De vez em quando precisa desligar-se dos outros e cuidar de si mesmo.

Sol Libra, Lua Leão ☉ ♎ ☽ ♌
Metade do tempo você está apaixonado pelo amor; sua atitude na vida é romântica e dramática. Inteligente e criativo, mas pode entediar-se com facilidade. Muito astuto nos negócios ou na política.

Sol Libra, Lua Virgem ☉ ♎ ☽ ♍
Agradável, charmoso e sensato, você pode fazer quase tudo, desde que não haja bagunça nem sujeira. Leal com os amigos. Bom em trabalhos minuciosos. Culto e musical.

Sol Libra, Lua Libra ☉ ♎ ☽ ♎
Tanto sua aparência quanto sua personalidade são atraentes, mas você pode passar a metade do tempo sonhando. Precisa ser mais decidido e enérgico.

Sol Libra, Lua Escorpião ☉ ♎ ☽ ♏
Fortemente sexual e intenso, pode dar um bocado de trabalho para quem se aproximar de você. É resoluto e sério, mas precisa controlar a tendência a dominar os outros.

Sol Libra, Lua Sagitário ☉ ♎ ☽ ♐
Provavelmente você viajará muito a negócios, e deve ser ótimo para lidar e negociar com estrangeiros. Pode ser atraído pela advocacia, pois tem boa capacidade de discernimento.

Sol Libra, Lua Capricórnio ☉ ♎ ☽ ♑
Você é muito determinado, e trabalha mais que os librianos em geral. Pode ser muito bem sucedido, pois seu discernimento em relação às pessoas é bastante correto.

Sol Libra, Lua Aquário ☉ ♎ ☽ ♒
Muito independente e também bastante inteligente. Tem bom discernimento e é capaz de lidar com os outros de maneira enérgica mas tranqüila. Sua imaginação é forte, e você pode ganhar a vida com ela.

Sol Libra, Lua Peixes ☉ ♎ ☽ ♓
Musical e com dotes artísticos, você pode ser um romântico sonhador. Sua personalidade e sua aparência são atraentes. Tem uma intuição profunda, mas pode demorar um pouco demais para agir.

Sol Escorpião, Lua Áries ☉ ♏ ☽ ♈
Você tem o caráter forte, mas pode estar disposto *demais* a combater tudo e todos. Seus sentimentos são intensos, e seu pavio é meio curto, mas você tem grandes reservas de coragem e pode realizar muita coisa.

Sol Escorpião, Lua Touro ☉ ♏ ☽ ♉
Sensual e musical, você pode ter muito talento para algo atraente, como a horticultura. Pode ser obstinado ou prático demais. Uma pessoa muito confiável.

Sol Escorpião, Lua Gêmeos ☉ ♏ ☽ ♊
Essa combinação mostra uma infância difícil e uma sensação precoce de perda. Não continue a encarar o mundo com tanta desconfiança. Muito inteligente e intuitivo em relação às pessoas.

Sol Escorpião, Lua Câncer ☉ ♏ ☽ ♋
Aparência e conversa agradáveis; profundamente intuitivo, mas é possível que você tenha mais facilidade de se entender com os animais que com as pessoas. Seu ponto fraco é a oscilação de estado de espírito.

Sol Escorpião, Lua Leão ☉ ♏ ☽ ♌
Opiniões muito arraigadas; para você é difícil adaptar-se. Leal com a família, sobretudo com os filhos. Capaz de terminar o que começa. Cuidado para não fazer muito drama por qualquer coisa.

Sol Escorpião, Lua Virgem ☉ ♏ ☽ ♍
Mostra uma infância difícil, com sensação de isolamento. Tente adquirir confiança nos outros. Inteligente e cumpridor dos deveres, pode sentir-se atraído pela carreira médica.

Sol Escorpião, Lua Libra ☉ ♏ ☽ ♎
Você é atraente e inteligente; essa combinação dá diplomacia e determinação — você pode ser um bom político. Pode dominar a família com sua personalidade ou negligenciá-la em benefício da carreira.

Sol Escorpião, Lua Escorpião ☉ ♏ ☽ ♏
Você tem uma personalidade vigorosa, muitas vezes com sentimentos passionais em relação a tudo. Tente não dominar os outros. Pode conseguir quase tudo o que quiser.

Sol Escorpião, Lua Sagitário ☉ ♏ ☽ ♐
Inteligente e perspicaz, você pode se tornar um bom advogado ou homem de negócios, e também um bom detetive. Seu senso de humor não o deixa perder a noção de perspectiva.

Sol Escorpião, Lua Capricórnio ☉ ♏ ☽ ♑
Você pode ser uma pessoa bem séria e resoluta. Pode chegar ao topo de qualquer

área à qual se dedique, mas é possível que só na maturidade resolva o lado pessoal da sua vida.

Sol Escorpião, Lua Aquário ☉ ♏ ☽ ♒
Você é independente e inteligente, e tem um forte traço intuitivo. É decidido e instintivo, mas pode ser um tanto intolerante e rude.

Sol Escorpião, Lua Peixes ☉ ♏ ☽ ♓
Intuitivo e com dotes artísticos, provavelmente musical. Sente um forte impulso no sentido de ajudar os outros, quem sabe na área da saúde. Quando se sente ameaçado, é capaz de recolher-se a um silêncio ferido ou despeitado.

Sol Sagitário, Lua Áries ☉ ♐ ☽ ♈
Você é franco e honesto, mas pode lançar-se precipitadamente em projetos novos e estimulantes. O desassossego pode levá-lo a dar a volta ao mundo, mas também pode dificultar a continuidade dos seus relacionamentos.

Sol Sagitário, Lua Touro ☉ ♐ ☽ ♉
Você é gentil, tem bom coração e muito entusiasmo pelas coisas boas da vida. Pode ser inspirado na culinária ou na arte capaz de unir praticidade e imaginação.

Sol Sagitário, Lua Gêmeos ☉ ♐ ☽ ♊
Você está sempre ocupado e agitado. Pode ser muito bom esportista ou intérprete. Inteligente e expressando-se bem, pode tornar-se um bom escritor.

Sol Sagitário, Lua Câncer ☉ ♐ ☽ ♋
Você é intuitivo e criativo, e pode tornar-se um bom médium. Há uma dicotomia entre a sua necessidade do conforto de um lar e sua ânsia de liberdade. Às vezes é infantil.

Sol Sagitário, Lua Leão ☉ ♐ ☽ ♌
Dramático e expansivo, pode sair-se bem no palco. Tente sintonizar-se um pouquinho mais com as necessidades dos outros. Jovial e ativo, você é uma companhia muito divertida.

Sol Sagitário, Lua Virgem ☉ ♐ ☽ ♍
Você tem capacidade de pensar com profundidade e organizadamente. Pode tornar-se um professor maravilhoso. Não imponha regras aos outros.

Sol Sagitário, Lua Libra ☉ ♐ ☽ ♎
Você pode tornar-se um advogado fabuloso, pois tem talento para tudo o que se relaciona com a lei. Não seja muito impiedoso para com as pessoas não tão brilhantes ou bem-sucedidas quanto você.

Sol Sagitário, Lua Escorpião ☉ ♐ ☽ ♏
Você pode ser um bom detetive, pois tem capacidade de investigar e raciocínio jurídico. Não seja muito duro com as pessoas que têm interesses diferentes ou que são menos capazes que você.

Sol Sagitário, Lua Sagitário ☉ ♐ ☽ ♐
Você pode ser um formidável explorador, pois adora viajar e é agitado demais para ficar muito tempo parado. Tente sintonizar-se com as pessoas comuns, pois nem todos entendem a amplitude da sua mente.

Sol Sagitário, Lua Capricórnio ☉ ♐ ☽ ♑
Inteligente e resoluto, honesto e divertido, você pode ir longe na vida. Deve viajar e envolver-se com negócios, mas precisa ter paciência com as pessoas menos capazes.

Sol Sagitário, Lua Aquário ☉ ♐ ☽ ♒
Você tem a cabeça aberta e pode ensinar os outros. Tende a viver num mundo seu, fora de sintonia com quase todas as pessoas. Pode ser um gênio excêntrico.

Sol Sagitário, Lua Peixes ☉ ♐ ☽ ♓
Você é intuitivo, amável e espiritual, e pode tornar-se um bom professor. Com dons artísticos e imaginativo, você tem muito a dar aos outros, mas pode ser um pouco vago e sem praticidade, às vezes.

Sol Capricórnio, Lua Áries ☉ ♑ ☽ ♈
Você é bastante determinado e também pode ser muito inteligente. Tendo decidido qual é o seu objetivo, você sem dúvida o atingirá, embora no caminho possa passar por cima de algumas pessoas.

Sol Capricórnio, Lua Touro ☉ ♑ ☽ ♉
Prático e sensato, você pode realizar muita coisa no mundo das artes e dos negócios. Cuidado com a teimosia; tente ver o ponto de vista dos outros.

Sol Capricórnio, Lua Gêmeos ☉ ♑ ☽ ♊
Inteligente, organizado. Pode tornar-se um bom escritor, vendedor, homem de negócios, capaz de colocar em prática as boas idéias e terminar o que começa.

Sol Capricórnio, Lua Câncer ☉ ♑ ☽ ♋
Tipo doméstico, amante do lar, muito leal, respeitável e também extremamente sério. Pode ter uma tendência a recolher-se à sua casca. Preocupa-se com tudo. Bom professor ou conselheiro.

Sol Capricórnio, Lua Leão ☉ ♑ ☽ ♌
Bom para exercer cargos de autoridade. Um chefe solícito. Respeitável e confiável, mas também muito resoluto, você pode ser capaz de passar por cima das pessoas mais fracas.

Sol Capricórnio, Lua Virgem ☉ ♑ ☽ ♍
Muito estável, confiável, tipo chegado à família. É provável que cozinhe divinamente. Cabeça muito boa para negócios. Pode deixar um pouco a desejar em termos de humor; pode ser pedante demais.

Sol Capricórnio, Lua Libra ☉ ♑ ☽ ♎
Uma boa mistura de estabilidade aliada à capacidade para negócios. Sabe conviver e também conquistar muita coisa, mas talvez seus planos para ganhar dinheiro pequem pelo excesso de entusiasmo.

Sol Capricórnio, Lua Escorpião ☉ ♑ ☽ ♏
Muita força de caráter. Sabe claramente para onde vai e o que quer da vida. Muito confiável, leal e amável, mas não tem tempo para brincadeiras. Detesta mostrar o que sente.

Sol Capricórnio, Lua Sagitário ☉ ♑ ☽ ♐
Muita estabilidade e capacidade, além de uma ampla percepção das coisas. Pode trabalhar no ramo de viagens, no ensino, na área jurídica ou religiosa. Bom para qualquer tipo de trabalho concentrado em que seja preciso lidar com pessoas investidas de poder.

Sol Capricórnio, Lua Capricórnio ☉ ♑ ☽ ♑
Muito tímido e retraído. Grande trabalhador, bom para lidar com os mais velhos. Até uma idade avançada pode achar a vida muito difícil. Para você seria muito benéfico ter um *hobby* ou um canal de vazão da criatividade.

Sol Capricórnio, Lua Aquário ☉ ♑ ☽ ♒
Bom organizador. Capaz de fazer coisas em grande escala. Pode ser um pouco duro consigo mesmo e com os outros, mas muito resoluto e capaz.

Sol Capricórnio, Lua Peixes ☉ ♑ ☽ ♓
Profundo, amável, intuitivo, muito bom nas profissões assistenciais, sobretudo em relação à velhice; mas pode ser um pouco tímido demais e magoar-se com muita facilidade. Bastante sério.

Sol Aquário, Lua Áries ☉ ♒ ☽ ♈
Grande amplitude de visão. Bom professor, ou engenheiro. Muito inteligente, mas pode ser de difícil convívio. Não julgue os outros com muita severidade. Bom senso de humor.

Sol Aquário, Lua Touro ☉ ♒ ☽ ♉
Você é capaz de dar conta de muito trabalho e realizar muita coisa. É bastante firme, resoluto e confiável, mas pode ser teimoso demais. Pode interessar-se por música, arte ou produtos de beleza.

Sol Aquário, Lua Gêmeos ☉ ♒ ☽ ♊
Estudioso ou professor nato, muito inteligente. Uma certa tendência para abandonar uma idéia por outra; também precisa dar mais estabilidade aos seus relacionamentos.

Sol Aquário, Lua Câncer ☉ ♒ ☽ ♋
Um tipo chegado à família, bom com crianças pequenas e animais. Pode lecionar e é uma boa companhia, embora possa ter certa tendência para retrair-se.

Sol Aquário, Lua Leão ☉ ♒ ☽ ♌
Personalidade muito animada, sempre às voltas com várias coisas ao mesmo tempo. Leal, um pouco teimoso, resoluto, mas pode ser independente e desajeitado.

Sol Aquário, Lua Virgem ☉ ♒ ☽ ♍
Inteligente, estudioso, capaz de colocar em prática as idéias de maneira muito minuciosa. Provavelmente é ótimo em pesquisas, mas pode ser um pouco excêntrico e ranheta, difícil de conviver.

Sol Aquário, Lua Libra ☉ ♒ ☽ ♎
Muito divertido, de fácil convívio, amigo de todos, mas não muito confiável nos relacionamentos íntimos. Bom em quase qualquer área que não exija muito esforço constante.

Sol Aquário, Lua Escorpião ☉ ♒ ☽ ♏
Muita autoconfiança. Capacidade de liderança. Pode ter uma grande tendência para tratar os outros com dureza. Pensador muito original. Irrita-se facilmente com gente tola.

Sol Aquário, Lua Sagitário ☉ ♒ ☽ ♐
Muito independente, franco, um pouco sem tato, interessado em todos os tipos de idéias novas. Inteligente, bom professor. Tem uma tendência para se atirar às coisas sem pensar.

Sol Aquário, Lua Capricórnio ☉ ♒ ☽ ♑
Mistura de seriedade e espontaneidade. Responsável, capaz, chegado à família, bom profissional. Idéias originais e muita determinação.

Sol Aquário, Lua Aquário ☉ ♒ ☽ ♒
Bastante excêntrico, amante da liberdade, independente, muito divertido. Idéias e estilo de vida originais, mas não é um tipo que verdadeiramente seja chegado à família. Não julgue os outros com muita severidade.

Sol Aquário, Lua Peixes ☉ ♒ ☽ ♓
Muito imaginativo, intuitivo, com a capacidade de unir senso comum e misticismo. Amável, inteligente, um pouco dado a devaneios e a se deixar levar pela fantasia.

Sol Peixes, Lua Áries ☉ ♓ ☽ ♈
Intuitivo, ágil e inteligente, bastante resoluto, muito divertido, bom amigo, mas com a família não é muito confiável. Pode oscilar entre o egoísmo e a consideração pelos outros.

Sol Peixes, Lua Touro ☉ ♓ ☽ ♉
Sociável e agradável, com dons artísticos, amável e musical. Apesar de ter dificuldade para começar qualquer coisa, uma vez começada você a termina. Tem boa aparência e elegância. Tendência à preguiça.

Sol Peixes, Lua Gêmeos ☉ ♓ ☽ ♊
Nervoso, loquaz, inteligente, preocupado. Precisa de um parceiro estável. É divertido, tem boa aparência e é interessante, mas nunca cresce de verdade. Às vezes tem prostrações nervosas.

Sol Peixes, Lua Câncer ☉ ♓ ☽ ♋
Sensível, amável e atencioso, muda muito de humor, mas também é gentil e solícito. Pode ser um bom enfermeiro, médico ou professor. Pode interessar-se por dietas e culinária. Compreensivo, porém falta-lhe um pouco de senso prático.

Sol Peixes, Lua Leão ☉ ♓ ☽ ♌
Generoso, imaginativo, criativo e amável. Sente necessidade de circular. Gosta do estímulo das novas amizades, mas confia muito facilmente e pode ser sensível à adulação.

Sol Peixes, Lua Virgem ☉ ♓ ☽ ♍
Nervoso, atencioso, profundo e intuitivo, pode sair-se muito bem trabalhando por conta própria numa área criativa. Pode ser meticuloso e preocupado demais; precisa de um parceiro forte. Interessa-se por alimentação e dieta.

Sol Peixes, Lua Libra ☉ ♓ ☽ ♎
Você não pode perder o contato com a realidade. Suas idéias são boas. Pode realizar muito associando-se a uma pessoa forte e prática. Precisa ser estimulado pelos outros.

Sol Peixes, Lua Escorpião ☉ ♓ ☽ ♏
Perceptivo, intuitivo, profundo, atraído pela medicina, pelo trabalho na polícia e na área judicial. Enxerga fundo dentro dos outros e pode manipulá-los. Seu humor oscila, mas também é solícito e amável. Pode absorver-se consigo mesmo e ser de difícil convívio.

Sol Peixes, Lua Sagitário ☉ ♓ ☽ ♐
Bom vendedor, mente profunda e séria. Pode trabalhar na área religiosa ou como conservacionista. Sua família não pode depender de você, já que em geral sua cabeça está em outro lugar.

Sol Peixes, Lua Capricórnio ☉ ♓ ☽ ♑
Aqui se juntam criatividade, intuição e senso prático; assim, você tanto pode realizar-se profissionalmente como ser um tipo chegado à família. O único problema é a falta de autoconfiança.

Sol Peixes, Lua Aquário ☉ ♓ ☽ ♒
Amistoso, capaz de dar início a um projeto e depois perder o interesse. Místico, bom professor e solícito, mas precisa de um parceiro prático e estável, pois você quase nunca tem os pés no chão.

Sol Peixes, Lua Peixes ☉ ♓ ☽ ♓
Imaginação muito ativa. As coisas para você trazem presságios e têm significados. Prefere trabalhar sozinho em casa. Acha que as pessoas tendem a esgotá-lo; absorve os problemas dos outros e às vezes acha difícil a vida familiar.

Conclusão

Para aqueles cujo único contato com a astrologia foi a leitura dos signos solares nos horóscopos das revistas e dos jornais, espero que este livro lhes abra o apetite e seja um estímulo para uma investigação mais profunda. Para os que já são interessados pelo assunto, tendo já levantado mapas e desenvolvido uma pesquisa própria, espero que o livro aumente o seu conhecimento e compreensão sobre a forma como apenas *um* dos planetas atua sobre a nossa vida.

Aprendi muito sobre a Lua enquanto fazia a pesquisa para este livro; nunca havia percebido que há tanto a descobrir nesse pequeno satélite. Tenho medo só de pensar num mapa montado para uma pessoa nascida em Saturno, que tem umas doze luas, ou mais! Acho melhor deixar esse problema para a próxima geração de astrólogos.

A astrologia é um assunto vivo e em evolução, uma ciência intuitiva que será encarada com muito maior seriedade à medida que a era de Aquário se aproxima. Espero que agora você caminhe juntamente com seus planetas, aprendendo e gratificando-se com esse assunto absolutamente fascinante.

Apêndice 1

As efemérides

Como usar as efemérides

As Efemérides mostram a posição da Lua à meia-noite, em dias alternados. Para encontrar a posição da *sua* Lua:

1. Localize o ano do seu nascimento.
2. Localize o mês do seu nascimento.
3. Localize o dia do seu nascimento ou o dia imediatamente anterior.
4. A menos que você tenha nascido à meia-noite do dia mostrado, ou logo depois, será preciso fazer uma correção *aumentando meio grau para cada hora.*

Meia-noite do dia do nascimento — posição mostrada nas efemérides		
6 horas	mesmo dia	some 3°
meio-dia	mesmo dia	some 6°
18 horas	mesmo dia	some 9°
meia-noite	dia seguinte	some 12°
6 horas	dia seguinte	some 15°
meio-dia	dia seguinte	some 18°
18 horas	dia seguinte	some 21°

Se o resultado da soma for maior que 29° de qualquer signo, a Lua passa para o *signo seguinte.*

Lembre-se: se você nasceu em Nova York, além dessa adição é preciso somar cinco horas (ou 2° 30'). Se você nasceu em Bombaim, subtraia cinco horas (ou 2° 30').

Se a esta altura você estiver completamente confuso, ligue para um astrólogo de seu conhecimento e peça ajuda.

1930

	Jan	Fev	Mar	Abr	Mai	Jun	Jul	Ago	Set	Out	Nov	Dez
1	20Cp	5Pi	14Pi	1Ta	7Ge	0Le	10Vi	1Sc	19Sg	22Cp	6Pi	8Ar
3	14Aq	29Pi	9Ar	27Ta	5Cn	29Le	8Li	27Sc	13Cp	16Aq	0Ar	2Ta
5	8Pi	24Ar	4Ta	25Ge	4Le	27Vi	4Sc	22Sg	7Aq	10Pi	24Ar	29Ta
7	2Ar	20Ta	0Ge	23Cn	2Vi	24Li	0Sg	16Cp	1Pi	4Ar	20Ta	26Ge
9	28Ar	18Ge	28Ge	22Le	0Li	20Sc	25Sg	10Aq	25Pi	28Ar	17Ge	25Cn
11	25Ta	18Cn	27Cn	20Vi	28Li	16Sg	19Cp	4Pi	19Ar	24Ta	14Cn	24Le
13	24Ge	18Le	26Le	19Li	24Sc	11Cp	13Aq	28Pi	14Ta	20Ge	13Le	22Vi
15	25Cn	18Vi	26Vi	16Sc	20Sg	5Aq	7Pi	22Ar	10Ge	18Cn	11Vi	20Li
17	25Le	17Li	24Li	12Sg	14Cp	28Aq	1Ar	17Ta	7Cn	16Le	9Li	17Sc
19	24Vi	13Sc	21Sc	7Cp	8Aq	22Pi	25Ar	14Ge	6Le	15Vi	7Sc	13Sg
21	22Li	8Sg	16Sg	1Aq	2Pi	17Ar	21Ta	12Cn	6Vi	14Li	5Sg	9Cp
23	17Sc	2Cp	11Cp	24Aq	26Pi	13Ta	19Ge	12Le	6Li	13Sc	1Cp	4Aq
25	12Sg	26Cp	4Aq	19Pi	22Ar	11Ge	19Cn	13Vi	5Sc	10Sg	26Cp	28Aq
27	6Cp	20Aq	28Aq	14Ar	18Ta	10Cn	19Le	12Li	2Sg	6Cp	20Aq	21Pi
29	29Cp		23Pi	10Ta	17Ge	10Le	19Vi	10Sc	28Sg	0Aq	14Pi	15Ar
31	23Aq		18Ar		16Cn		18Li	6Sg		24Aq		10Ta

1931

	Jan	Fev	Mar	Abr	Mai	Jun	Jul	Ago	Set	Out	Nov	Dez
1	23Ta	13Cn	21Cn	14Vi	23Li	14Sg	19Cp	5Pi	19Ar	22Ta	9Cn	16Le
3	20Ge	12Le	20Le	14Li	22Sc	11Cp	15Aq	29Pi	13Ta	16Ge	5Le	13Vi
5	19Cn	13Vi	21Vi	14Sc	20Sg	7Aq	9Pi	23Ar	7Ge	12Cn	3Vi	12Li
7	19Le	12Li	21Li	12Sg	16Cp	1Pi	3Ar	17Ta	3Cn	9Le	2Li	11Sc
9	18Vi	10Sc	20Sc	8Cp	11Aq	25Pi	26Ar	12Ge	1Le	8Vi	2Sc	10Sg
11	17Li	7Sg	16Sg	3Aq	5Pi	18Ar	21Ta	9Cn	0Vi	8Li	2Sg	8Cp
13	14Sc	2Cp	12Cp	27Aq	29Pi	13Ta	17Ge	7Le	0Li	9Sc	0Cp	5Aq
15	10Sg	27Cp	6Aq	20Pi	22Ar	9Ge 5Cn	14Cn	7Vi	0Sc	8Sg	27Cp	0Pi
17	5Cp	21Aq	0Pi	14Ar	17Ta	3Le	13Le	6Li	29Sc	5Cp	22Aq	24Pi
19	0Aq	15Pi	23Pi	8Ta	13Ge	2Vi	12Vi	5Sc	26Sg	1Aq	16Pi	18Ar
21	24Aq	8Ar	17Ar	3Ge	9Cn	0Li	11Li	3Sg	22Cp	26Aq	10Ar	12Ta
23	18Pi	2Ta	11Ta	29Ge	7Le	28Li	9Sc	0Cp	17Aq	20Pi	4Ta	6Ge
25	11Ar	27Ta	6Ge	26Cn	5Vi	26Sc 23Sg	6Sg	25Cp	11Pi	13Ar	28Ta	2Cn
27	6Ta	23Ge	2Cn	24Le	3Li		3Cp	20Aq	4Ar	7Ta	23Ge	29Cn
29	1Ge		0Le	23Vi	2Sc		28Cp	14Pi	28Ar	1Ge	19Cn	26Le
31	28Ge		29Le		0Sg		23Aq	7Ar		26Ge		24Vi

1932

	Jan	Fev	Mar	Abr	Mai	Jun	Jul	Ago	Set	Out	Nov	Dez
1	8Li	1Sg	26Sg	15Aq	18Pi	2Ta	5Ge	21Cn	10Vi	18Li	12Sg	20Cp
3	6Sc	29Sg	22Cp	9Pi	12Ar	26Ta	29Ge	17Le	9Li	18Sc	11Cp	17Aq
5	5Sg	25Cp	17Aq	3Ar	6Ta	21Ge	25Cn	15Vi	8Sc	17Sg	8Aq	13Pi
7	3Cp	21Aq	12Pi	27Ar	29Ta	16Cn	21Le	13Li	7Sg	15Cp	4Pi	8Ar
9	0Aq	16Pi	6Ar	20Ta	24Ge	11Le	18Vi	11Sc	5Cp	12Aq	29Pi	2Ta
11	25Aq	10Ar	0Ta	14Ge	18Cn	8Vi	16Li	10Sg	2Aq	7Pi	23Ar	25Ta
13	20Pi	3Ta	24Ta	9Cn	14Le	6Li	15Sc	8CP	28Aq	2Ar	17Ta	19Ge
15	14Ar	27Ta	18Ge	5Le	11Vi	4Sc	14Sg	5Aq	23Pi	26Ar	10Ge	13Cn
17	7Ta	22Ge	13Cn	2Vi	10Li	4Sg	12Cp	2Pi	17Ar	20Ta	4Cn	8Le
19	2Ge	18Cn	10Le	1Li	10Sc	3Cp	10Aq	27Pi	11Ta	13Ge	29Cn	4Vi
21	27Ge	16Le	8Vi	2Sc	10Sg	2Aq	6Pi	21Ar	5Ge	7Cn	23Le	0Li
23	24Cn	15Vi	8Li	2Sg	10Cp	28Aq	1Ar	15Ta	29Ge	2Le	21Vi	28Li
25	22Le	15Li	9Sc	1Cp	7Aq	23Pi	25Ar	9Ge	24Cn	28Le	19Li	28Sc
27	20Vi	14Sc	8Sg	28Cp	3Pi	17Ar	19Ta	3Cn	20Le	26Vi	19Sc	28Sg
29	19Li	12Sg	6Cp	24Aq	27Pi	11Ta	13Ge	29Cn	18Vi	26Li	20Sq	27Cp
31	17Sc		2Aq		21Ar		8Cn	26Le		27Sc		25Aq

1933

	Jan	Fev	Mar	Abr	Mai	Jun	Jul	Ago	Set	Out	Nov	Dez
1	9Pi	24Ar	2Ta	16Ge	18Cn	4Vi	9Li	2Sg	25Cp	3Pi	22Ar	26Ta
3	4Ar	18Ta	26Ta	10Cn	12Le	0Li	7Sc	1Cp	24Aq	0Ar	17Ta	20Ge
5	28Ar	12Ge	20Ge	4Le	8Vi	28Li	7Sg	1Aq	22Pi	26Ar	12Ge	14Cn
7	22Ta	6Cn	14Cn	0Vi	5Li	28Sc	7Cp	29Aq	18Ar	21Ta	5Cn	7Le
9	16Ge	1Le	9Le	27Vi	4Sc	29Sg	7Aq	27Pi	13Ta	15Ge	29Cn	2Vi
11	10Cn	27Le	5Vi	26Li	5Sg	28Cp	5Pi	23Ar	8Ge	9Cn	23Le	27Vi
13	5Le	24Vi	3Li	26Sc	5Cp	27Aq	2Ar	18Ta	1Cn	3Le	18Vi	23Li
15	1Vi	21Li	2Sc	25Sg	4Aq	23Pi	27Ar	11Ge	25Cn	28Le	15Li	22Sc
17	27Vi	20Sc	1Sg	24Cp	1Pi	18Ar	21Ta	5Cn	20Le	24Vi	14Sc	22Sg
19	25Li	18Sg	29Sg	21Aq	27Pi	12Ta	15Ge	29Cn	16Vi	21Li	14Sg	23Cp
21	23Sc	16Cp	27Cp	17Pi	21Ar	6Ge	9Cn	24Le	13Li	20Sc	14Cp	22Aq
23	22Sg	14Aq	24Aq	12Ar	15Ta	0Cn	3Le	20Vi	11Sc	20Sg	13Aq	20Pi
25	21Cp	11Pi	20Pi	6Ta	9Ge	24Cn	28Le	17Li	9Sg	18Cp	10Pi	16Ar
27	19Aq	7Ar	15Ar	0Ge	3Cn	18Le	23Vi	14Sc	8Cp	16Aq	6Ar	11Ta
29	16Pi		10Ta	24Ge	27Cn	13Vi	20Li	12Sg	6Aq	13Pi	2Ta	5Ge
31	12Ar		4Ge		21Le		17Sc	11Cp		9Ar		29Ge

1934

	Jan	Fev	Mar	Abr	Mai	Jun	Jul	Ago	Set	Out	Nov	Dez
1	11Cn	25Le	4Vi	22Li	29Sc	22Cp	1Pi	22Ar	9Ge	12Cn	25Le	27Vi
3	4Le	20Vi	29Vi	19Sc	28Sg	21Aq	29Pi	18Ta	4Cn	6Le	19Vi	22Li
5	28Le	16Li	26Li	17Sg	26Cp	19Pi	26Ar	13Ge	27Cn	29Le	14Li	19Sc
7	23Vi	12Sc	23Sc	16Cp	25Aq	16Ar	21Ta	7Cn	21Le	24Vi	11Sc	17Sg
9	19Li	10Sg	20Sg	14Aq	22Pi	12Ta	16Ge	0Le	15Vi	19Li	8Sg	16Cp
11	16Sc	9Cp	19Cp	12Pi	19Ar	7Ge	10Cn	24Le	10Li	15Sc	7Cp	15Aq
13	15Sg	9Aq	18Aq	9Ar	15Ta	1Cn	3Le	18Vi	5Sc	12Sg	5Aq	14Pi
15	16Cp	8Pi	17Pi	6Ta	10Ge	25Cn	27Le	13Li	2Sg	10Cp	3Pi	12Ar
17	16Aq	7Ar	14Ar	2Ge	4Cn	18Le	21Vi	8Sc	29Sg	8Aq	1Ar	8Ta
19	15Pi	3Ta	11Ta	26Ge	28Cn	12Vi	16Li	5Sg	28Cp	7Pi	29Ar	4Ge
21	12Ar	28Ta	6Ge	20Cn	22Le	7Li	12Sc	3Cp	27Aq	5Ar	25Ta	29Ge
23	8Ta	22Ge	0Cn	14Le	16Vi	3Sc	10Sg	3Aq	26Pi	3Ta	21Ge	24Cn
25	2Ge	16Cn	24Cn	8Vi	12Li	1Sg	9Cp	3Pi	25Ar	0Ge	16Cn	17Le
27	26Ge	10Le	18Le	4Li	9Sc	1Cp	10Aq	3Ar	22Ta	26Ge	9Le	11Vi
29	20Cn		13Vi	1Sc	8Sg	1Aq	10Pi	1Ta	18Ge	20Cn	3Vi	5Li
31	13Le		8Li		7Cp		8Ar	27Ta		13Le		0Sc

1935

	Jan	Fev	Mar	Abr	Mai	Jun	Jul	Ago	Set	Out	Nov	Dez
1	13Sc	3Cp	12Cp	5Pi	14Ar	5Ge	10Cn	25Le	9Li	13Sc	0Cp	7Aq
3	11Sg	3Aq	11Aq	5Ar	12Ta	1Cn	4Le	19Vi	3Sc	8Sg	27Cp	5Pi
5	10Cp	3Pi	11Pi	4Ta	10Ge	26Cn	28Le	12Li	28Sc	3Cp	25Aq	4Ar
7	10Aq	3Ar	12Ar	2Ge	6Cn	20Le	22Vi	7Sc	24Sg	0Aq	23Pi	2Ta
9	10Pi	2Ta	10Ta	28Ge	1Le	14Vi	16Li	2Sg	21Cp	29Aq	23Ar	1Ge
11	8Ar	28Ta	7Ge	23Cn	24Le	8Li	11Sc	29Sg	21Aq	29Pi	22Ta	28Ge
13	5Ta	23Ge	2Cn	16Le	18Vi	3Sc	7Sg	27Cp	21Pi	0Ta	21Ge	25Cn
15	1Ge	17Cn	26Cn	10Vi	12Li	29Sc	5Cp	27Aq	21Ar	29Ta	17Cn	20Le
17	26Ge	11Le	20Le	4Li	8Sc	26Sg	4Aq	28Pi	20Ta	26Ge	12Le	14Vi
19	20Cn	5Vi	13Vi	29Li	4Sg	25Cp	4Pi	27Ar	17Ge	22Cn	6Vi	7Li
21	14Le	28Vi	8Li	25Sc	1Cp	24Aq	3Ar	25Ta	13Cn	16Le	0Li	2Sc
23	8Vi	23Li	2Sc	21Sg	29Cp	22Pi	1Ta	21Ge	7Le	9Vi	24Li	26Sc
25	2Li	18Sc	28Sc	18Cp	27Aq	20Ar	28Ta	16Cn	1Vi	3Li	18Sc	23Sg
27	26Li	14Sg	24Sg	16Aq	25Pi	18Ta	24Ge	10Le	25Vi	27Li	14Sg	20Cp
29	22Sc		21Cp	15Pi	24Ar	14Ge	19Cn	4Vi	18Li	22Sc	10Cp	18Aq
31	19Sg		20Aq		21Ta		13Le	27Vi		17Sg		16Pi

1936

	Jan	Fev	Mar	Abr	Mai	Jun	Jul	Ago	Set	Out	Nov	Dez
1	1Ar	23Ta	17Ge	5Le	8Vi	22Li	25Sc	11Cp	1Pi	9Ar	3Ge	10Cn
3	29Ar	20Ge	13Cn	29Le	2Li	16Sc	20Sg	8Aq	0Ar	9Ta	2Cn	8Le
5	27Ta	16Cn	8Le	23Vi	26Li	11Sg	16Cp	6Pi	0Ta	9Ge	29Cn	3Vi
7	24Ge	11Le	2Vi	17Li	20Sc	6Cp	13Aq	5Ar	29Ta	7Cn	25Le	28Vi
9	20Cn	6Vi	26Vi	11Sc	14Sg	3Aq	11Pi	4Ta	27Ge	3Le	19Vi	22Li
11	15Le	0Li	20Li	5Sg	10Cp	0Pi	9Ar	2Ge	23Cn	28Le	13Li	16Sc
13	10Vi	23Li	14Sc	0Cp	6Aq	28Pi	7Ta	0Cn	18Le	22Vi	7Sc	9Sg
15	3Li	17Sc	8Sg	26Cp	3Pi	27Ar	6Ge	26Cn	13Vi	16Li	1Sg	4Cp
17	27Li	12Sg	3Cp	23Aq	2Ar	26Ta	3Cn	22Le	7Li	10Sc	25Sg	29Cp
19	22Sc	8Cp	0Aq	22Pi	2Ta	24Ge	0Le	17Vi	1Sc	4Sg	19Cp	25Aq
21	17Sg	6Aq	29Aq	23Ar	1Ge	22Cn	26Le	11Li	25Sc	28Sg	15Aq	22Pi
23	14Cp	6Pi	29Pi	23Ta	0Cn	18Le	21Vi	5Sc	19Sg	23Cp	12Pi	20Ar
25	13Aq	6Ar	0Ta	22Ge	27Cn	13Vi	15Li	28Sc	14Cp	19Aq	11Ar	19Ta
27	12Pi	6Ta	29Ta	19Cn	22Le	7Li	8Sc	23Sg	10Aq	17Pi	10Ta	19Ge
29	11Ar	4Ge	27Ge	14Le	17Vi	1Sc	3Sg	19Cp	9Pi	17Ar	11Ge	18Cn
31	10Ta		23Cn		11Li		28Sg	16Aq		18Ta		15Le

1937

	Jan	Fev	Mar	Abr	Mai	Jun	Jul	Ago	Set	Out	Nov	Dez
1	29Le	14Li	22Li	6Sg	8Cp	25Aq	1Ar	24Ta	17Cn	25Le	13Li	17Sc
3	24Vi	8Sc	16Sc	29Sg	3Aq	21Pi	29Ar	23Ge	15Le	21Vi	8Sc	10Sg
5	18Li	1Sg	9Sg	24Cp	28Aq	19Ar	28Ta	21Cn	12Vi	17Li	2Sg	4Cp
7	12Sc	26Sg	3Cp	20Aq	26Pi	19Ta	28Ge	20Le	8Li	11Sc	25Sg	28Cp
9	6Sg	21Cp	29Cp	18Pi	25Ar	19Ge	27Cn	17Vi	3Sc	5Sg	19Cp	22Aq
11	0Cp	17Aq	26Aq	17Ar	26Ta	19Cn	25Le	13Li	27Sc	29Sg	13Aq	17Pi
13	25Cp	15Pi	24Pi	17Ta	26Ge	17Le	22Vi	7Sc	21Sg	23Cp	9Pi	14Ar
15	22Aq	14Ar	23Ar	17Ge	25Cn	14Vi	17Li	1Sg	15Cp	18Aq	6Ar	13Ta
17	19Pi	12Ta	23Ta	15Cn	22Le	9Li	11Sc	25Sg	10Aq	14Pi	5Ta	13Ge
19	17Ar	10Ge	21Ge	12Le	17Vi	3Sc	5Sg	19Cp	6Pi	12Ar	5Ge	13Cn
21	15Ta	8Cn	19Cn	8Vi	12Li	26Sc	29Sg	14Aq	4Ar	12Ta	5Cn	13Le
23	14Ge	5Le	15Le	3Li	6Sc	20Sg	23Cp	11Pi	3Ta	11Ge	4Le	11Vi
25	12Cn	2Vi	11Vi	27Li	29Sc	14Cp	18Aq	9Ar	1Ge	10Cn	2Vi	7Li
27	10Le	27Vi	6Li	21Sc	23Sg	9Aq	15Pi	7Ta	0Cn	8Le	28Vi	2Sc
29	6Vi		0Sc	14Sg	17Cp	5Pi	12Ar	5Ge	28Cn	5Vi	23Li	25Sc
31	2Li		24Sc		12Aq		10Ta	3Cn		1Li		19Sg

1938

	Jan	Fev	Mar	Abr	Mai	Jun	Jul	Ago	Set	Out	Nov	Dez
1	1Cp	16Aq	25Aq	13Ar	20Ta	13Cn	22Le	13Li	29Sc	1Cp	15Aq	17Pi
3	25Cp	11Pi	21Pi	11Ta	19Ge	13Le	20Vi	9Sc	23Sg	25Cp	9Pi	12Ar
5	19Aq	7Ar	17Ar	9Ge	18Cn	11Vi	17Li	3Sg	17Cp	19Aq	5Ar	9Ta
7	14Pi	4Ta	15Ta	8Cn	17Le	7Li	12Sc	27Sg	11Aq	14Pi	1Ta	8Ge
9	10Ar	2Ge	13Ge	6Le	14Vi	3Sc	6Sg	20Cp	5Pi	10Ar	29Ta	8Cn
11	8Ta	0Cn	11Cn	4Vi	10Li	27Sc	0Cp	14Aq	1Ar	6Ta	28Ge	7Le
13	6Ge	0Le	9Le	1Li	6Sc	21Sg	24Cp	9Pi	27Ar	4Ge	27Cn	6Vi
15	6Cn	29Le	8Vi	27Li	0Sg	15Cp	17Aq	4Ar	24Ta	2Cn	26Le	4Li
17	6Le	27Vi	5Li	22Sc	24Sg	8Aq	12Pi	0Ta	21Ge	0Le	23Vi	0Sc
19	5Vi	23Li	1Sc	16Sg	18Cp	3Pi	7Ar	27Ta	20Cn	29Le	20Li	25Sc
21	3Li	18Sc	26Sc	10Cp	12Aq	28Pi	3Ta	25Ge	19Le	27Vi	16Sc	20Sg
23	28Li	12Sg	20Sg	3Aq	6Pi	24Ar	1Ge	24Cn	18Vi	24Li	11Sg	14Cp
25	22Sc	6Cp	14Cp	28Aq	2Ar	22Ta	0Cn	24Le	16Li	20Sc	5Cp	7Aq
27	16Sg	0Aq	8Aq	24Pi	29Ar	22Ge	1Le	23Vi	12Sc	15Sg	29Cp	1Pi
29	9Cp		3Pi	21Ar	28Ta	22Cn	1Vi	21Li	7Sg	9Cp	23Aq	25Pi
31	4Aq		29Pi		28Ge		29Vi	17Sc		3Aq		20Ar

1939

	Jan	Fev	Mar	Abr	Mai	Jun	Jul	Ago	Set	Out	Nov	Dez
1	3Ta	24Ge	3Cn	27Le	5Li	26Sc	0Cp	15Aq	0Ar	3Ta	22Ge	0Le
3	1Ge	24Cn	2Le	26Vi	3Sc	21Sg	25Cp	9Pi	24Ar	29Ta	19Cn	28Le
5	1Cn	24Le	2Vi	25Li	0Sg	16Cp	18Aq	3Ar	19Ta	25Ge	17Le	26Vi
7	1Le	24Vi	2Li	22Sc	26Sg	10Aq	12Pi	27Ar	15Ge	22Cn	16Vi	24Li
9	1Vi	23Li	1Sc	18Sg	20Cp	4Pi	6Ar	22Ta	12Cn	21Le	14Li	22Sc
11	0Li	19Sc	27Sc	12Cp	14Aq	28Pi	1Ta	19Ge	12Le	21Vi	13Sc	19Sg
13	27Li	14Sg	22Sg	6Aq	8Pi	23Ar	27Ta	18Cn	12Vi	20Li	10Sg	15Cp
15	22Sc	8Cp	16Cp	0Pi	2Ar	19Ta	25Ge	18Le	12Li	19Sc	7Cp	9Aq
17	17Sg	1Aq	10Aq	24Pi	28Ar	17Ge	25Cn	19Vi	11Sc	16Sg	2Aq	3Pi
19	11Cp	25Aq	4Pi	19Ar	24Ta	16Cn	25Le	18Li	8Sg	11Cp	26Aq	27Pi
21	4Aq	19Pi	28Pi	15Ta	22Ge	16Le	25Vi	16Sc	3Cp	6Aq	19Pi	21Ar
23	28Aq	14Ar	23Ar	12Ge	21Cn	15Vi	23Li	12Sg	27Cp	29Aq	13Ar	16Ta
25	22Pi	9Ta	19Ta	10Cn	20Le	12Li	19Sc	6Cp	21Aq	23Pi	8Ta	13Ge
27	17Ar	5Ge	16Ge	8Le	18Vi	9Sc	15Sg	0Aq	15Pi	18Ar	4Ge	11Cn
29	12Ta		13Cn	7Vi	16Li	5Sg	9Cp	24Aq	9Ar	13Ta	2Cn	10Le
31	9Ge		12Le		12Sc		3Aq	18Pi		9Ge		9Vi

1940

	Jan	Fev	Mar	Abr	Mai	Jun	Jul	Ago	Set	Out	Nov	Dez
1	23Vi	15Sc	8Sg	26Cp	29Aq	12Ar	14Ta	1Cn	22Le	0Li	23Sc	0Cp
3	21Li	12Sg	4Cp	20Aq	22Pi	6Ta	10Ge	29Cn	21Vi	0Sc	22Sg	28Cp
5	18Sc	7Cp	29Cp	14Pi	16Ar	1Ge	6Cn	28Le	21Li	0Sg	20Cp	24Aq
7	15Sg	2Aq	23Aq	7Ar	10Ta	27Ge	4Le	27Vi	20Sc	28Sg	15Aq	18Pi
9	10Cp	26Aq	17Pi	1Ta	5Ge	24Cn	3Vi	26Li	18Sg	24Cp	10Pi	12Ar
11	5Aq	20Pi	10Ar	26Ta	1Cn	22Le	1Li	24Sc	14Cp	19Aq	3Ar	5Ta
13	29Aq	13Ar	4Ta	21Ge	28Cn	20Vi	29Li	21Sg	9Aq	13Pi	27Ar	29Ta
15	23Pi	7Ta	29Ta	17Cn	25Le	19Li	27Sc	17Cp	4Pi	6Ar	21Ta	25Ge
17	17Ar	2Ge	24Ge	15Le	24Vi	17Sc	24Sg	13Aq	28Pi	0Ta	15Ge	21Cn
19	11Ta	28Ge	21Cn	14Vi	23Li	15Sg	21Cp	7Pi	21Ar	24Ta	11Cn	17Le
21	7Ge	27Cn	20Le	14Li	22Sc	12Cp	16Aq	1Ar	15Ta	18Ge	7Le	15Vi
23	4Cn	27Le	20Vi	13Sc	20Sg	8Aq	11Pi	24Ar	9Ge	14Cn	4Vi	13Li
25	4Le	27Vi	20Li	12Sg	17Cp	3Pi	4Ar	18Ta	4Cn	10Le	2Li	11Sc
27	4Vi	27Li	20Sc	9Cp	12Aq	26Pi	28Ar	13Ge	1Le	8Vi	2Sc	10Sg
29	3Li	25Sc	17Sg	4Aq	7Pi	20Ar	22Ta	9Cn	0Vi	8Li	1Sg	8Cp
31	2Sc		13Cp		0Ar		18Ge	7Le		8Sc		6Aq

1941

	Jan	Fev	Mar	Abr	Mai	Jun	Jul	Ago	Set	Out	Nov	Dez
1	19Aq	3Ar	12Ar	25Ta	29Ge	16Le	23Vi	16Sc	9Cp	16Aq	4Ar	7Ta
3	14Pi	27Ar	5Ta	19Ge	23Cn	13Vi	21Li	14Sg	6Aq	12Pi	28Ar	0Ge
5	8Ar	21Ta	29Ta	14Cn	19Le	11Li	20Sc	13Cp	3Pi	7Ar	22Ta	24Ge
7	1Ta	15Ge	23Ge	10Le	17Vi	10Sc	19Sg	11Aq	28Pi	1Ta	15Ge	18Cn
9	25Ta	11Cn	19Cn	8Vi	16Li	10Sg	18Cp	7Pi	23Ar	25Ta	9Cn	13Le
11	20Ge	8Le	16Le	8Li	16Sc	10Cp	16Aq	2Ar	17Ta	19Ge	4Le	9Vi
13	16Cn	6Vi	15Vi	8Sc	17Sg	8Aq	12Pi	27Ar	10Ge	13Cn	29Le	5Li
15	13Le	5Li	15Li	8Sg	16Cp	4Pi	7Ar	21Ta	5Cn	8Le	26Vi	4Sc
17	11Vi	4Sc	14Sc	7Cp	13Aq	29Pi	1Ta	14Ge	0Le	4Vi	25Li	4Sg
19	9Li	3Sg	13Sg	4Aq	8Pi	23Ar	24Ta	9Cn	26Le	3Li	26Sc	4Cp
21	8Sc	0Cp	11Cp	29Aq	2Ar	16Ta	19Ge	5Le	25Vi	2Sc	26Sg	4Aq
23	6Sg	27Cp	7Aq	23Pi	26Ar	10Ge	14Cn	2Vi	24Li	3Sg	26Cp	1Pi
25	4Cp	23Aq	2Pi	17Ar	19Ta	5Cn	9Le	0Li	23Sc	2Cp	23Aq	27Pi
27	1Aq	17Pi	26Pi	11Ta	13Ge	0Le	6Vi	28Li	22Sg	0Aq	18Pi	22Ar
29	27Aq		20Ar	4Ge	8Cn	26Le	4Li	27Sc	20Cp	26Aq	13Ar	15Ta
31	21Pi		14Ta		3Le		2Sc	25Sg		22Pi		9Ge

1942

	Jan	Fev	Mar	Abr	Mai	Jun	Jul	Ago	Set	Out	Nov	Dez
1	21Ge	7Le	15Le	3Li	11Sc	5Cp	13Aq	3Ar	19Ta	21Ge	5Le	7Vi
3	15Cn	2Vi	11Vi	2Sc	11Sg	4Aq	11Pi	29Ar	13Ge	15Cn	29Le	2Li
5	10Le	29Vi	9Li	1Sg	10Cp	2Pi	7Ar	23Ta	7Cn	9Le	24Vi	29Li
7	6Vi	26Li	7Sc	0Cp	9Aq	28Pi	2Ta	17Ge	1Le	4Vi	22Li	29Sc
9	2Li	24Sc	5Sg	28Cp	6Pi	23Ar	26Ta	11Cn	26Le	0Li	20Sc	29Sg
11	29Li	23Sg	4Cp	25Aq	1Ar	17Ta	20Ge	5Le	21Vi	27Li	20Sg	29Cp
13	28Sc	21Cp	2Aq	22Pi	26Ar	11Ge	14Cn	29Le	18Li	26Sc	19Cp	28Aq
15	28Sg	20Aq	29Aq	17Ar	20Ta	5Cn	8Le	25Vi	16Sc	25Sg	18Aq	25Pi
17	27Cp	17Pi	25Pi	12Ta	14Ge	29Cn	3Vi	21Li	14Sg	23Cp	15Pi	21Ar
19	26Aq	13Ar	21Ar	6Ge	8Cn	23Le	28Vi	19Sc	12Cp	21Aq	11Ar	16Ta
21	22Pi	8Ta	15Ta	29Ge	2Le	18Vi	24Li	17Sg	10Aq	18Pi	7Ta	10Ge
23	18Ar	2Ge	9Ge	23Cn	26Le	15Li	22Sc	16Cp	8Pi	15Ar	1Ge	4Cn
25	12Ta	25Ge	3Cn	18Le	22Vi	13Sc	22Sg	15Aq	6Ar	10Ta	25Ge	28Cn
27	6Ge	20Cn	27Cn	14Vi	20Li	13Sg	22Cp	14Pi	2Ta	5Ge	19Cn	21Le
29	29Ge		23Le	11Li	19Sc	13Cp	21Aq	11Ar	27Ta	29Ge	13Le	16Vi
31	24Cn		19Vi		20Sg		19Pi	7Ta		23Cn		11Li

1943

	Jan	Fev	Mar	Abr	Mai	Jun	Jul	Ago	Set	Out	Nov	Dez
1	24Li	15Sg	25Sg	19Aq	27Pi	17Ta	21Ge	6Le	20Vi	24Li	14Sg	22Cp
3	22Sc	15Cp	24Cp	17Pi	24Ar	12Ge	15Cn	29Le	15Li	20Sc	11Cp	20Aq
5	22Sg	15Aq	23Aq	15Ar	20Ta	6Cn	9Le	23Vi	10Sc	17Sg	9Aq	18Pi
7	22Cp	15Pi	23Pi	12Ta	16Ge	0Le	2Vi	18Li	6Sg	14Cp	8Pi	16Ar
9	22Aq	13Ar	21Ar	8Ge	10Cn	24Le	26Vi	13Sc	4Cp	13Aq	6Ar	13Ta
11	21Pi	9Ta	17Ta	2Cn	4Le	18Vi	21Li	10Sg	3Aq	12Pi	4Ta	10Ge
13	18Ar	4Ge	12Ge	26Cn	27Le	13Li	18Sc	9Cp	3Pi	11Ar	1Ge	5Cn
15	13Ta	28Ge	6Cn	19Le	22Vi	9Sc	16Sg	9Aq	2Ar	9Ta	27Ge	29Cn
17	7Ge	21Cn	0Le	14Vi	18Li	8Sg	16Cp	9Pi	1Ta	6Ge	21Cn	23Le
19	1Cn	15Le	24Le	9Li	15Sc	7Cp	16Aq	9Ar	28Ta	1Cn	15Le	17Vi
21	25Cn	10Vi	18Vi	6Sc	14Sg	7Aq	16Pi	6Ta	23Ge	25Cn	9Vi	11Li
23	18Le	5Li	14Li	4Sg	13Cp	6Pi	14Ar	2Ge	17Cn	19Le	3Li	6Sc
25	13Vi	0Sc	11Sc	3Cp	12Aq	4Ar	10Ta	27Ge	11Le	13Vi	28Li	3Sg
27	7Li	27Sc	8Sg	1Aq	10Pi	1Ta	6Ge	21Cn	5Vi	8Li	25Sc	2Cp
29	3Sc		6Cp	29Aq	7Ar	26Ta	0Cn	14Le	29Vi	3Sc	23Sg	1Aq
31	1Sg		4Aq		4Ta		24Cn	8Vi		0Sg		1Pi

1944

	Jan	Fev	Mar	Abr	Mai	Jun	Jul	Ago	Set	Out	Nov	Dez
1	15Pi	7Ta	29Ta	16Cn	18Le	2Li	4Sc	21Sg	12Aq	20Pi	14Ta	21Ge
3	13Ar	3Ge	25Ge	10Le	12Vi	26Li	0Sg	19Cp	12Pi	21Ar	13Ge	18Cn
5	10Ta	28Ge	19Cn	4Vi	6Li	22Sc	27Sg	19Aq	12Ar	21Ta	10Cn	13Le
7	6Ge	22Cn	13Le	27Vi	0Sc	18Sg	25Cp	19Pi	12Ta	18Ge	5Le	7Vi
9	1Cn	16Le	7Vi	22Li	26Sc	16Cp	24Aq	18Ar	10Ge	15Cn	0Vi	1Li
11	26Cn	10Vi	1Li	17Sc	22Sg	14Aq	23Pi	16Ta	5Cn	9Le	23Vi	25Li
13	19Le	4Li	25Li	12Sg	20Cp	13Pi	22Ar	13Ge	0Le	3Vi	17Li	20Sc
15	13Vi	28Li	20Sc	9Cp	17Aq	11Ar	19Ta	8Cn	24Le	27Vi	11Sc	15Sg
17	7Li	23Sc	15Sg	7Aq	16Pi	9Ta	16Ge	3Le	18Vi	20Li	6Sg	12Cp
19	1Sc	19Sg	13Cp	5Pi	14Ar	6Ge	11Cn	27Le	11Li	15Sc	2Cp	9Aq
21	27Sc	18Cp	11Aq	5Ar	13Ta	2Cn	6Le	21Vi	5Sc	9Sg	29Cp	7Pi
23	25Sg	17Aq	11Pi	4Ta	11Ge	28Cn	0Vi	14Li	0Sg	5Cp	26Aq	5Ar
25	24Cp	18Pi	11Ar	2Ge	7Cn	22Le	24Vi	8Sc	25Sg	2Aq	24Pi	3Ta
27	25Aq	18Ar	10Ta	29Ge	2Le	16Vi	18Li	3Sg	22Cp	0Pi	23Ar	2Ge
29	24Pi	16Ta	8Ge	24Cn	26Le	10Li	12Sc	29Sg	20Aq	29Pi	22Ta	29Ge
31	23Ar		4Cn		20Vi		8Sg	27Cp		29Ar		26Cn

1945

	Jan	Fev	Mar	Abr	Mai	Jun	Jul	Ago	Set	Out	Nov	Dez
1	8Le	23Vi	2Li	16Sc	19Sg	7Aq	15Pi	9Ta	1Cn	8Le	24Vi	27Li
3	3Vi	17Li	25Li	10Sg	14Cp	4Pi	13Ar	7Ge	28Cn	3Vi	18Li	21Sc
5	27Vi	11Sc	19Sc	5Cp	10Aq	3Ar	12Ta	4Cn	23Le	27Vi	12Sc	15Sg
7	21Li	5Sg	13Sg	1Aq	8Pi	2Ta	11Ge	1Le	18Vi	21Li	6Sg	9Cp
9	15Sc	1Cp	9Cp	29Aq	7Ar	1Ge	9Cn	27Le	13Li	15Sc	0Cp	4Aq
11	10Sg	28Cp	6Aq	28Pi	7Ta	0Cn	6Le	22Vi	7Sc	9Sg	24Cp	0Pi
13	7Cp	27Aq	5Pi	29Ar	7Ge	28Cn	2Vi	16Li	0Sg	3Cp	20Aq	27Pi
15	4Aq	27Pi	6Ar	29Ta	6Cn	24Le	26Vi	10Sc	24Sg	28Cp	17Pi	26Ar
17	3Pi	26Ar	6Ta	28Ge	3Le	18Vi	20Li	4Sg	19Cp	25Aq	16Ar	25Ta
19	2Ar	25Ta	5Ge	24Cn	28Le	12Li	14Sc	29Sg	16Aq	23Pi	17Ta	25Ge
21	0Ta	22Ge	2Cn	19Le	22Vi	6Sc	8Sg	25Cp	15Pi	23Ar	17Ge	24Cn
23	28Ta	18Cn	28Cn	14Vi	16Li	0Sg	4Cp	22Aq	15Ar	24Ta	16Cn	21Le
25	25Ge	13Le	22Le	7Li	10Sc	25Sg	0Aq	21Pi	15Ta	23Ge	13Le	17Vi
27	21Cn	7Vi	16Vi	1Sc	4Sg	21Cp	27Aq	21Ar	14Ge	21Cn	9Vi	12Li
29	17Le		10Li	25Sc	29Sg	18Aq	26Pi	20Ta	12Cn	17Le	3Li	6Sc
31	11Vi		4Sc		24Cp		24Ar	18Ge		12Vi		29Sc

1946

	Jan	Fev	Mar	Abr	Mai	Jun	Jul	Ago	Set	Out	Nov	Dez
1	11Sg	27Cp	5Aq	24Pi	2Ta	25Ge	3Le	23Vi	9Sc	11Sg	24Cp	27Aq
3	6Cp	23Aq	2Pi	23Ar	2Ge	25Cn	1Vi	19Li	3Sg	4Cp	19Aq	23Pi
5	1Aq	20Pi	0Ar	23Ta	2Cn	23Le	28Vi	13Sc	26Sg	28Cp	15Pi	20Ar
7	27Aq	18Ar	29Ar	22Ge	0Le	19Vi	23Li	7Sg	20Cp	23Aq	12Ar	19Ta
9	24Pi	17Ta	28Ta	20Cn	27Le	14Li	17Sc	0Cp	15Aq	20Pi	11Ta	19Ge
11	22Ar	15Ge	26Ge	17Le	22Vi	8Sc	10Sg	25Cp	12Pi	18Ar	11Ge	20Cn
13	20Ta	13Cn	23Cn	13Vi	17Li	2Sg	4Cp	20Aq	9Ar	18Ta	11Cn	19Le
15	19Ge	10Le	20Le	8Li	11Sc	25Sg	28Cp	16Pi	8Ta	17Ge	10Le	16Vi
17	18Cn	7Vi	16Vi	2Sc	5Sg	19Cp	23Aq	13Ar	6Ge	15Cn	7Vi	12Li
19	16Le	3Li	11Li	26Sc	28Sg	14Aq	20Pi	11Ta	4Cn	13Le	3Li	7Sc
21	12Vi	27Li	5Sc	19Sg	22Cp	9Pi	16Ar	9Ge	2Le	10Vi	27Li	1Sg
23	8Li	21Sc	29Sc	13Cp	17Aq	6Ar	14Ta	8Cn	0Vi	6Li	22Sc	24Sg
25	2Sc	15Sg	23Sg	8Aq	13Pi	4Ta	13Ge	6Le	26Vi	1Sc	15Sg	18Cp
27	25Sc	9Cp	17Cp	4Pi	11Ar	4Ge	13Cn	4Vi	22Li	25Sc	9Cp	12Aq
29	19Sg		12Aq	2Ar	10Ta	4Cn	12Le	1Li	17Sc	19Sg	3Aq	6Pi
31	14Cp		10Pi		10Ge		10Vi	27Li		12Cp		2Ar

1947

	Jan	Fev	Mar	Abr	Mai	Jun	Jul	Ago	Set	Out	Nov	Dez
1	15Ar	7Ge	17Ge	10Le	19Vi	8Sc	11Sg	26Cp	11Pi	15Ar	5Ge	13Cn
3	13Ta	6Cn	16Cn	9Vi	15Li	2Sg	5Cp	20Aq	6Ar	12Ta	3Cn	13Le
5	12Ge	6Le	15Le	6Li	11Sc	26Sg	29Cp	14Pi	2Ta	9Ge	2Le	11Vi
7	13Cn	5Vi	13Vi	2Sc	6Sg	20Cp	22Aq	9Ar	28Ta	7Cn	0Vi	8Li
9	13Le	3Li	11Li	27Sc	0Cp	14Aq	17Pi	5Ta	26Ge	5Le	28Vi	5Sc
11	11Vi	29Li	7Sc	22Sg	23Cp	8Pi	12Ar	2Ge	25Cn	4Vi	25Li	0Sg
13	8Li	24Sc	2Sg	15Cp	17Aq	3Ar	8Ta	0Cn	24Le	2Li	21Sc	25Sg
15	3Sc	18Sg	26Sg	9Aq	12Pi	0Ta	7Ge	0Le	23Vi	0Sc	16Sg	19Cp
17	28Sc	11Cp	19Cp	4Pi	8Ar	28Ta	6Cn	0Vi	22Li	26Sc	11Cp	13Aq
19	21Sg	5Aq	13Aq	0Ar	5Ta	28Ge	7Le	29Vi	18Sc	21Sg	5Aq	6Pi
21	15Cp	0Pi	9Pi	27Ar	5Ge	28Cn	7Vi	27Li	13Sg	15Cp	28Aq	1Ar
23	9Aq	26Pi	5Ar	26Ta	4Cn	28Le	5Li	23Sc	7Cp	9Aq	23Pi	26Ar
25	3Pi	22Ar	2Ta	24Ge	4Le	26Vi	1Sc	17Sg	1Aq	3Pi	18Ar	23Ta
27	29Pi	19Ta	0Ge	23Cn	2Vi	22Li	26Sc	11Cp	25Aq	28Pi	15Ta	22Ge
29	25Ar		28Ge	21Le	29Vi	17Sc	20Sg	4Aq	19Pi	24Ar	14Ge	22Cn
31	23Ta		26Cn		25Li		14Cp	28Aq		21Ta		22Le

1948

	Jan	Fev	Mar	Abr	Mai	Jun	Jul	Ago	Set	Out	Nov	Dez
1	7Vi	28Li	20Sc	6Cp	8Aq	21Pi	24Ar	11Ge	3Le	12Vi	5Sc	11Sg
3	5Li	24Sc	15Sg	0Aq	2Pi	16Ar	20Ta	10Cn	3Vi	12Li	3Sg	8Cp
5	2Sc	19Sg	10Cp	24Aq	26Pi	12Ta	17Ge	9Le	4Li	11Sc	0Cp	3Aq
7	27Sc	13Cp	3Aq	18Pi	21Ar	9Ge	16Cn	10Vi	3Sc	9Sg	25Cp	27Aq
9	22Sg	6Aq	27Aq	12Ar	16Ta	7Cn	16Le	10Li	0Sg	5Cp	19Aq	21Pi
11	16Cp	0Pi	21Pi	8Ta	14Ge	6Le	15Vi	8Sc	26Sg	29Cp	13Pi	15Ar
13	9Aq	24Pi	16Ar	4Ge	11Cn	5Vi	14Li	4Sg	20Cp	23Aq	7Ar	9Ta
15	3Pi	19Ar	11Ta	1Cn	10Le	3Li	11Sc	29Sg	14Aq	17Pi	1Ta	5Ge
17	27Pi	14Ta	7Ge	29Cn	8Vi	1Sc	7Sg	23Cp	8Pi	11Ar	27Ta	2Cn
19	22Ar	10Ge	4Cn	27Le	6Li	27Sc	2Cp	17Aq	2Ar	5Ta	23Ge	1Le
21	18Ta	8Cn	3Le	26Vi	4Sc	23Sg	26Cp	11Pi	26Ar	0Ge	21Cn	29Le
23	15Ge	8Le	2Vi	25Li	1Sg	18Cp	20Aq	5Ar	21Ta	27Ge	18Le	28Vi
25	15Cn	9Vi	2Li	23Sc	27Sg	12Aq	14Pi	29Ar	16Ge	24Cn	17Vi	26Li
27	16Le	9Li	1Sc	19Sg	22Cp	6Pi	8Ar	24Ta	13Cn	22Le	15Li	23Sc
29	16Vi	7Sc	28Sc	14Cp	16Aq	0Ar	2Ta	20Ge	12Le	21Vi	13Sc	20Sg
31	15Li		24Sg		10Pi		28Ta	18Cn		20Li		16Cp

1949

	Jan	Fev	Mar	Abr	Mai	Jun	Jul	Ago	Set	Out	Nov	Dez
1	28Cp	13Pi	22Pi	6Ta	10Ge	29Cn	7Vi	1Sc	23Sg	29Cp	15Pi	17Ar
3	23Aq	7Ar	15Ar	1Ge	6Cn	27Le	6Li	29Sc	19Cp	24Aq	9Ar	11Ta
5	17Pi	1Ta	9Ta	26Ge	2Le	25Vi	4Sc	26Sg	14Aq	18Pi	2Ta	5Ge
7	11Ar	25Ta	4Ge	22Cn	0Vi	23Li	2Sg	22Cp	9Pi	12Ar	26Ta	0Cn
9	5Ta	21Ge	29Ge	20Le	29Vi	22Sc	29Sg	18Aq	3Ar	5Ta	20Ge	25Cn
11	0Ge	19Cn	27Cn	20Vi	28Li	20Sg	26Cp	12Pi	26Ar	29Ta	16Cn	22Le
13	27Ge	18Le	26Le	20Li	28Sc	18Cp	22Aq	6Ar	20Ta	23Ge	12Le	19Vi
15	25Cn	18Vi	27Vi	20Sc	26Sg	14Aq	16Pi	0Ta	14Ge	19Cn	9Vi	17Li
17	25Le	18Li	27Li	18Sg	23Cp	8Pi	10Ar	24Ta	10Cn	16Le	8Li	16Sc
19	24Vi	17Sc	26Sc	15Cp	18Aq	2Ar	4Ta	19Ge	7Le	14Vi	7Sc	16Sg
21	23Li	13Sg	23Sg	10Aq	12Pi	26Ar	28Ta	15Cn	6Vi	14Li	7Sg	14Cp
23	20Sc	9Cp	19Cp	4Pi	6Ar	20Ta	24Ge	13Le	6Li	14Sc	6Cp	12Aq
25	16Sg	4Aq	13Aq	28Pi	0Ta	15Ge	21Cn	13Vi	6Sc	14Sg	4Aq	7Pi
27	12Cp	28Aq	7Pi	21Ar	24Ta	12Cn	19Le	12Li	5Sg	12Cp	29Aq	1Ar
29	7Aq		1Ar	15Ta	19Ge	9Le	18Vi	11Sc	3Cp	8Aq	23Pi	25Ar
31	1Pi		24Ar		16Cn		17Li	9Sg		3Pi		19Ta

1950

	Jan	Fev	Mar	Abr	Mai	Jun	Jul	Ago	Set	Out	Nov	Dez
1	1Ge	17Cn	25Cn	14Vi	22Li	16Sg	24Cp	13Pi	28Ar	0Ge	14Cn	18Le
3	26Ge	14Le	22Le	14Li	23Sc	16Cp	22Aq	8Ar	22Ta	24Ge	9Le	14Vi
5	22Cn	12Vi	21Vi	14Sc	23Sg	14Aq	18Pi	2Ta	16Ge	18Cn	5Vi	11Li
7	19Le	11Li	20Li	14Sg	21Cp	10Pi	12Ar	26Ta	10Cn	14Le	2Li	10Sc
9	16Vi	9Sc	20Sc	12Cp	18Aq	4Ar	6Ta	20Ge	6Le	10Vi	2Sc	10Sg
11	14Li	7Sg	18Sg	9Aq	13Pi	28Ar	0Ge	15Cn	2Vi	9Li	2Sg	11Cp
13	12Sc	5Cp	15Cp	4Pi	7Ar	22Ta	24Ge	11Le	0Li	9Sc	2Cp	10Aq
15	11Sg	2Aq	11Aq	28Pi	1Ta	15Ge	19Cn	7Vi	29Li	8Sg	1Aq	7Pi
17	9Cp	28Aq	7Pi	22Ar	25Ta	10Cn	15Le	5Li	28Sc	7Cp	28Aq	3Ar
19	6Aq	23Pi	1Ar	16Ta	19Ge	5Le	11Vi	3Sc	27Sg	5Aq	24Pi	27Ar
21	2Pi	17Ar	25Ar	9Ge	13Cn	1Vi	8Li	2Sg	24Cp	1Pi	18Ar	21Ta
23	27Pi	11Ta	19Ta	4Cn	8Le	28Vi	6Sc	0Cp	21Aq	26Pi	12Ta	14Ge
25	21Ar	4Ge	13Ge	28Cn	4Vi	26Li	5Sg	28Cp	17Pi	21Ar	6Ge	8Cn
27	15Ta	29Ge	7Cn	25Le	2Li	25Sc	4Cp	25Aq	12Ar	15Ta	29Ge	3Le
29	9Ge		3Le	23Vi	1Sc	25Sg	2Aq	21Pi	6Ta	9Ge	23Cn	28Le
31	4Cn		0Vi		1Sg		0Pi	16Ar		2Cn		23Vi

1951

	Jan	Fev	Mar	Abr	Mai	Jun.	Jul	Ago	Set	Out	Nov	Dez
1	7Li	29Sc	10Sg	3Aq	10Pi	28Ar	2Ge	16Cn	1Vi	6Li	26Sc	5Cp
3	4Sc	28Sg	8Cp	0Pi	6Ar	22Ta	25Ge	10Le	27Vi	3Sc	25Sg	5Aq
5	3Sg	27Cp	6Aq	27Pi	1Ta	16Ge	19Cn	5Vi	23Li	1Sg	24Cp	3Pi
7	4Cp	26Aq	4Pi	22Ar	26Ta	10Cn	13Le	0Li	20Sc	29Sg	22Aq	0Ar
9	3Aq	23Pi	1Ar	17Ta	20Ge	4Le	7Vi	26Li	18Sg	28Cp	20Pi	26Ar
11	2Pi	19Ar	27Ar	11Ge	13Cn	28Le	3Li	23Sc	17Cp	26Aq	16Ar	21Ta
13	28Pi	13Ta	21Ta	5Cn	7Le	23Vi	29Li	22Sg	16Aq	23Pi	12Ta	15Ge
15	23Ar	7Ge	15Ge	29Cn	2Vi	20Li	28Sc	22Cp	14Pi	20Ar	7Ge	9Cn
17	17Ta	1Cn	9Cn	24Le	28Vi	19Sc	27Sg	21Aq	12Ar	16Ta	1Cn	3Le
19	11Ge	25Cn	3Le	20Vi	26Li	19Sg	28Cp	20Pi	8Ta	11Ge	24Cn	27Le
21	5Cn	21Le	29Le	18Li	25Sc	19Cp	27Aq	17Ar	3Ge	5Cn	18Le	21Vi
23	29Cn	17Vi	25Vi	17Sc	26Sg	19Aq	25Pi	12Ta	27Ge	28Cn	13Vi	16Li
25	24Le	14Li	23Li	16Sg	25Cp	17Pi	22Ar	7Ge	20Cn	22Le	8Li	14Sc
27	20Vi	11Sc	22Sc	16Cp	24Aq	13Ar	16Ta	1Cn	15Le	17Vi	6Sc	13Sg
29	17Li		21Sg	14Aq	20Pi	8Ta	10Ge	24Cn	9Vi	14Li	5Sg	13Cp
31	15Sc		19Cp		16Ar		4Cn	19Le		12Sc		14Aq

1952

	Jan	Fev	Mar	Abr	Mai	Jun	Jul	Ago	Set	Out	Nov	Dez
1	28Aq	19Ar	10Ta	26Ge	27Cn	11Vi	14Li	2Sg	24Cp	3Pi	25Ar	2Ge
3	26Pi	15Ta	5Ge	20Cn	21Le	6Li	10Sc	0Cp	24Aq	2Ar	23Ta	28Ge
5	23Ar	9Ge	0Cn	13Le	15Vi	2Sc	8Sg	0Aq	24Pi	1Ta	20Ge	23Cn
7	18Ta	3Cn	23Cn	7Vi	10Li	29Sc	7Cp	1Pi	23Ar	29Ta	15Cn	17Le
9	12Ge	27Cn	17Le	2Li	7Sc	28Sg	7Aq	0Ar	21Ta	25Ge	9Le	10Vi
11	6Cn	21Le	11Vi	28Li	5Sg	28Cp	7Pi	29Ar	16Ge	19Cn	3Vi	4Li
13	0Le	15Vi	6Li	25Sc	4Cp	27Aq	5Ar	25Ta	11Cn	13Le	26Vi	29Li
15	24Le	9Li	2Sc	23Sg	2Aq	25Pi	2Ta	20Ge	5Le	7Vi	21Li	26Sc
17	18Vi	5Sc	29Sc	21Cp	1Pi	22Ar	28Ta	14Cn	28Le	1Li	17Sc	23Sg
19	12Li	2Sg	26Sg	20Aq	28Pi	18Ta	23Ge	8Le	22Vi	26Li	15Sg	22Cp
21	9Sc	0Cp	25Cp	18Pi	25Ar	14Ge	17Cn	1Vi	17Li	22Sc	13Cp	21Aq
23	6Sg	0Aq	24Aq	16Ar	22Ta	8Cn	11Le	25Vi	12Sc	18Sg	11Aq	20Pi
25	6Cp	29Aq	23Pi	13Ta	17Ge	2Le	4Vi	20Li	8Sg	16Cp	9Pi	18Ar
27	6Aq	29Pi	21Ar	9Ge	12Cn	26Le	28Vi	15Sc	5Cp	14Aq	7Ar	15Ta
29	6Pi	27Ar	18Ta	4Cn	5Le	19Vi	23Li	11Sg	3Aq	12Pi	5Ta	11Ge
31	5Ar		13Ge		29Le		18Sc	9Cp		11Ar		6Cn

1953

	Jan	Fev	Mar	Abr	Mai	Jun	Jul	Ago	Set	Out	Nov	Dez
1	19Cn	3Vi	12Vi	27Li	1Sg	21Cp	29Aq	23Ar	15Ge	20Cn	5Vi	7Li
3	13Le	27Vi	6Li	22Sc	27Sg	19Aq	28Pi	21Ta	10Cn	14Le	29Vi	1Sc
5	7Vi	21Li	0Sc	17Sg	24Cp	17Pi	26Ar	18Ge	5Le	8Vi	22Li	25Sc
7	0Li	15Sc	25Sc	14Cp	22Aq	15Ar	24Ta	13Cn	29Le	2Li	17Sc	21Sg
9	24Li	11Sg	20Sg	12Aq	21Pi	14Ta	21Ge	8Le	23Vi	26Li	11Sg	17Cp
11	20Sc	9Cp	18Cp	11Pi	20Ar	11Ge	17Cn	2Vi	17Li	20Sc	7Cp	14Aq
13	17Sg	9Aq	17Aq	11Ar	19Ta	8Cn	12Le	26Vi	10Sc	14Sg	3Aq	11Pi
15	16Cp	9Pi	17Pi	10Ta	17Ge	3Le	6Vi	20Li	5Sg	10Cp	1Pi	10Ar
17	16Aq	9Ar	17Ar	8Ge	13Cn	28Le	29Vi	14Sc	0Cp	7Aq	29Pi	8Ta
19	15Pi	8Ta	16Ta	5Cn	8Le	21Vi	23Li	9Sg	27Cp	5Pi	29Ar	7Ge
21	14Ar	5Ge	14Ge	0Le	2Vi	15Li	18Sc	5Cp	26Aq	5Ar	28Ta	5Cn
23	12Ta	0Cn	9Cn	24Le	25Vi	10Sc	14Sg	3Aq	27Pi	5Ta	27Ge	1Le
25	8Ge	24Cn	3Le	17Vi	19Li	6Sg	11Cp	3Pi	27Ar	5Ge	24Cn	27Le
27	3Cn	18Le	27Le	11Li	14Sc	3Cp	10Aq	3Ar	27Ta	3Cn	19Le	21Vi
29	27Cn		21Vi	6Sc	10Sg	1Aq	9Pi	3Ta	24Ge	29Cn	13Vi	15Li
31	21Le		15Li		7Cp		9Ar	1Ge		23Le		9Sc

1954

	Jan	Fev	Mar	Abr	Mai	Jun	Jul	Ago	Set	Out	Nov	Dez
1	21Sc	7Cp	15Cp	5Pi	13Ar	7Ge	14Cn	3Vi	18Li	20Sc	5Cp	9Aq
3	16Sg	4Aq	12Aq	5Ar	14Ta	6Cn	12Le	28Vi	12Sc	14Sg	29Cp	5Pi
5	12Cp	3Pi	12Pi	5Ta	14Ge	4Le	7Vi	22Li	6Sg	8Cp	25Aq	2Ar
7	10Aq	2Ar	12Ar	5Ge	12Cn	29Le	2Li	16Sc	0Cp	3Aq	23Pi	1Ta
9	8Pi	1Ta	11Ta	3Cn	8Le	24Vi	26Li	10Sg	25Cp	1Pi	23Ar	1Ge
11	6Ar	0Ge	10Ge	29Cn	3Vi	18Li	20Sc	5Cp	22Aq	0Ar	23Ta	1Cn
13	5Ta	27Ge	7Cn	24Le	27Vi	12Sc	14Sg	1Aq	21Pi	0Ta	23Ge	0Le
15	3Ge	23Cn	3Le	19Vi	21Li	6Sg	9Cp	28Aq	21Ar	0Ge	22Cn	27Le
17	0Cn	18Le	27Le	12Li	15Sc	1Cp	5Aq	27Pi	21Ta	29Ge	19Le	23Vi
19	27Cn	13Vi	22Vi	6Sc	9Sg	26Cp	3Pi	26Ar	19Ge	26Cn	14Vi	17Li
21	22Le	7Li	15Li	0Sg	4Cp	22Aq	1Ar	24Ta	16Cn	22Le	9Li	11Sc
23	17Vi	1Sc	9Sc	24Sg	29Cp	20Pi	29Ar	22Ge	12Le	17Vi	2Sc	5Sg
25	11Li	24Sc	3Sg	19Cp	25Aq	18Ar	27Ta	19Cn	8Vi	11Li	26Sc	29Sg
27	4Sc	19Sg	27Sg	16Aq	23Pi	17Ta	26Ge	16Le	2Li	5Sc	20Sg	23Cp
29	29Sc		23Cp	14Pi	22Ar	16Ge	23Cn	11Vi	27Li	29Sc	14Cp	19Aq
31	24Sg		20Aq		22Ta		20Le	6Li		23Sg		15Pi

1955

	Jan	Fev	Mar	Abr	Mai	Jun	Jul	Ago	Set	Out	Nov	Dez
1	28Pi	21Ta	2Ge	25Cn	2Vi	19Li	22Sc	6Cp	21Aq	26Pi	18Ta	26Ge
3	26Ar	20Ge	0Cn	22Le	27Vi	13Sc	15Sg	0Aq	17Pi	24Ar	17Ge	26Cn
5	25Ta	18Cn	28Cn	18Vi	22Li	7Sg	9Cp	25Aq	15Ar	23Ta	16Cn	24Le
7	25Ge	16Le	25Le	13Li	16Sc	0Cp	3Aq	21Pi	13Ta	22Ge	14Le	21Vi
9	24Cn	13Vi	21Vi	7Sc	10Sg	24Cp	28Aq	18Ar	11Ge	20Cn	11Vi	17Li
11	22Le	9Li	17Li	1Sg	3Cp	19Aq	24Pi	16Ta	9Cn	17Le	7Li	12Sc
13	18Vi	3Sc	11Sc	25Sg	27Cp	14Pi	21Ar	14Ge	7Le	15Vi	2Sc	6Sg
15	13Li	27Sc	5Sg	19Cp	22Aq	11Ar	19Ta	13Cn	5Vi	11Li	27Sc	29Sg
17	7Sc	21Sg	28Sg	13Aq	18Pi	10Ta	19Ge	12Le	2Li	6Sc	21Sg	23Cp
19	1Sg	15Cp	23Cp	10Pi	17Ar	10Ge	18Cn	10Vi	28Li	0Sg	14Cp	17Aq
21	25Sg	11Aq	18Aq	8Ar	16Ta	10Cn	18Le	7Li	22Sc	24Sg	8Aq	11Pi
23	20Cp	7Pi	16Pi	8Ta	17Ge	9Le	16Vi	2Sc	16Sg	18Cp	3Pi	7Ar
25	15Aq	5Ar	15Ar	8Ge	16Cn	7Vi	12Li	27Sc	10Cp	12Aq	29Pi	4Ta
27	12Pi	4Ta	14Ta	7Cn	15Le	3Li	6Sc	20Sg	4Aq	7Pi	26Ar	3Ge
29	9Ar		13Ge	5Le	11Vi	28Li	0Sg	14Cp	29Aq	4Ar	26Ta	4Cn
31	7Ta		11Cn		7Li		24Sg	9Aq		3Ta		4Le

1956

	Jan	Fev	Mar	Abr	Mai	Jun	Jul	Ago	Set	Out	Nov	Dez
1	19Le	9Li	0Sc	15Sg	17Cp	1Pi	4Ar	23Ta	15Cn	24Le	17Li	23Sc
3	17Vi	5Sc	25Sc	9Cp	11Aq	26Pi	0Ta	21Ge	15Le	23Vi	14Sc	18Sg
5	14Li	29Sc	19Sg	3Aq	5Pi	22Ar	28Ta	21Cn	15Vi	22Li	10Sg	12Cp
7	9Sc	23Sg	13Cp	27Aq	1Ar	20Ta	27Ge	21Le	14Li	19Sc	4Cp	6Aq
9	3Sg	17Cp	7Aq	23Pi	28Ar	19Ge	28Cn	21Vi	11Sc	14Sg	28Cp	0Pi
11	26Sg	11Aq	1Pi	19Ar	26Ta	19Cn	28Le	19Li	6Sg	9Cp	22Aq	24Pi
13	20Cp	5Pi	27Pi	17Ta	25Ge	19Le	27Vi	15Sc	1Cp	2Aq	16Pi	19Ar
15	14Aq	1Ar	24Ar	15Ge	24Cn	17Vi	24Li	10Sg	24Cp	26Aq	11Ar	16Ta
17	8Pi	27Ar	21Ta	14Cn	23Le	14Li	19Sc	4Cp	18Aq	21Pi	8Ta	14Ge
19	4Ar	24Ta	19Ge	12Le	20Vi	9Sc	13Sg	28Cp	12Pi	16Ar	6Ge	13Cn
21	0Ta	22Ge	17Cn	10Vi	17Li	4Sg	7Cp	22Aq	8Ar	13Ta	4Cn	13Le
23	28Ta	21Cn	15Le	7Li	13Sc	28Sg	1Aq	16Pi	3Ta	10Ge	3Le	12Vi
25	27Ge	20Le	14Vi	3Sc	7Sg	22Cp	25Aq	11Ar	0Ge	8Cn	2Vi	10Li
27	27Cn	19Vi	12Li	29Sc	1Cp	16Aq	19Pi	6Ta	27Ge	6Le	29Vi	6Sc
29	27Le	17Li	8Sc	23Sg	25Cp	10Pi	14Ar	3Ge	25Cn	5Vi	26Li	2Sg
31	26Vi		3Sg		19Aq		10Ta	1Cn		3Li		27Sg

1957

	Jan	Fev	Mar	Abr	Mai	Jun	Jul	Ago	Set	Out	Nov	Dez
1	9Cp	23Aq	2Pi	17Ar	22Ta	12Cn	21Le	15Li	5Sg	10Cp	25Aq	27Pi
3	3Aq	17Pi	26Pi	13Ta	19Ge	11Le	20Vi	13Sc	1Cp	5Aq	19Pi	20Ar
5	27Aq	11Ar	21Ar	9Ge	16Cn	10Vi	19Li	9Sg	26Cp	28Aq	12Ar	15Ta
7	20Pi	6Ta	16Ta	5Cn	14Le	8Li	16Sc	4Cp	20Aq	22Pi	7Ta	11Ge
9	15Ar	2Ge	12Ge	3Le	13Vi	5Sc	12Sg	28Cp	13Pi	16Ar	2Ge	8Cn
11	10Ta	0Cn	9Cn	2Vi	11Li	2Sg	7Cp	23Aq	7Ar	10Ta	28Ge	6Le
13	7Ge	29Cn	8Le	2Li	9Sc	28Sg	2Aq	16Pi	1Ta	5Ge	25Cn	4Vi
15	6Cn	0Vi	8Vi	1Sc	7Sg	23Cp	26Aq	10Ar	26Ta	1Cn	23Le	2Li
17	7Le	0Li	8Li	29Sc	3Cp	17Aq	20Pi	4Ta	21Ge	28Cn	21Vi	0Sc
19	7Vi	29Li	7Sc	25Sg	27Cp	11Pi	13Ar	29Ta	19Cn	27Le	20Li	28Sc
21	6Li	26Sc	4Sg	20Cp	21Aq	5Ar	8Ta	26Ge	18Le	26Vi	19Sc	25Sg
23	3Sc	21Sg	29Sg	13Aq	15Pi	0Ta	4Ge	24Cn	18Vi	26Li	17Sg	21Cp
25	29Sc	15Cp	23Cp	7Pi	9Ar	26Ta	1Cn	24Le	18Li	25Sc	13Cp	16Aq
27	24Sg	9Aq	17Aq	1Ar	4Ta	23Ge	1Le	25Vi	17Sc	23Sg	9Aq	11Pi
29	18Cp		11Pi	26Ar	1Ge	22Cn	1Vi	24Li	14Sg	18Cp	3Pi	4Ar
31	12Aq		5Ar		28Ge		1Li	22Sc		13Aq		28Ar

1958

	Jan	Fev	Mar	Abr	Mai	Jun	Jul	Ago	Set	Out	Nov	Dez
1	10Ta	27Ge	5Cn	26Le	4Li	28Sc	5Cp	23Aq	8Ar	10Ta	25Ge	0Le
3	6Ge	25Cn	3Le	26Vi	4Sc	26Sg	2Aq	18Pi	2Ta	4Ge	20Cn	27Le
5	3Cn	24Le	2Vi	26Li	4Sg	24Cp	27Aq	12Ar	25Ta	28Ge	17Le	24Vi
7	1Le	24Vi	3Li	26Sc	2Cp	19Aq	22Pi	5Ta	20Ge	24Cn	14Vi	23Li
9	0Vi	24Li	3Sc	24Sg	29Cp	14Pi	16Ar	29Ta	16Cn	21Le	14Li	22Sc
11	29Vi	21Sc	1Sg	20Cp	24Aq	8Ar	9Ta	24Ge	13Le	20Vi	14Sc	22Sg
13	27Li	18Sg	28Sg	15Aq	18Pi	1Ta	4Ge	21Cn	12Vi	21Li	14Sg	20Cp
15	25Sc	14Cp	24Cp	9Pi	11Ar	26Ta	29Ge	19Le	12Li	21Sc	13Cp	18Aq
17	21Sg	9Aq	18Aq	3Ar	5Ta	21Ge	26Cn	18Vi	12Sc	20Sg	9Aq	13Pi
19	17Cp	3Pi	12Pi	26Ar	29Ta	17Cn	24Le	18Li	11Sg	17Cp	5Pi	7Ar
21	12Aq	27Pi	6Ar	20Ta	24Ge	14Le	23Vi	16Sc	8Cp	13Aq	29Pi	1Ta
23	7Pi	21Ar	29Ar	15Ge	20Cn	12Vi	21Li	14Sg	4Aq	8Pi	22Ar	24Ta
25	0Ar	14Ta	23Ta	10Cn	17Le	10Li	19Sc	11Cp	29Aq	2Ar	16Ta	19Ge
27	24Ar	9Ge	18Ge	7Le	15Vi	9Sc	17Sg	7Aq	23Pi	26Ar	10Ge	14Cn
29	18Ta		14Cn	5Vi	14Li	7Sg	14Cp	2Pi	17Ar	19Ta	5Cn	10Le
31	14Ge		11Le		13Sc		10Aq	26Pi		13Ge		7Vi

1959

	Jan	Fev	Mar	Abr	Mai	Jun	Jul	Ago	Set	Out	Nov	Dez
1	21Vi	14Sc	24Sc	17Cp	23Aq	9Ar	12Ta	26Ge	12Le	17Vi	8Sc	17Sg
3	18Li	12Sg	23Sg	13Aq	18Pi	3Ta	5Ge	20Cn	8Vi	15Li	8Sg	17Cp
5	17Sc	10Cp	20Cp	9Pi	12Ar	27Ta	29Ge	16Le	6Li	14Sc	8Cp	16Aq
7	16Sg	7Aq	16Aq	3Ar	6Ta	21Ge	24Cn	13Vi	4Sc	14Sg	6Aq	13Pi
9	14Cp	3Pi	12Pi	27Ar	0Ge	15Cn	20Le	10Li	3Sg	12Cp	3Pi	8Ar
11	12Aq	29Pi	7Ar	21Ta	24Ge	10Le	16Vi	8Sc	1Cp	10Aq	28Pi	2Ta
13	8Pi	23Ar	1Ta	15Ge	18Cn	6Vi	13Li	6Sg	29Cp	6Pi	23Ar	26Ta
15	3Ar	16Ta	24Ta	9Cn	13Le	3Li	11Sc	5Cp	26Aq	1Ar	17Ta	20Ge
17	27Ar	10Ge	18Ge	4Le	9Vi	1Sc	10Sg	3Aq	22Pi	26Ar	11Ge	13Cn
19	20Ta	5Cn	13Cn	0Vi	7Li	1Sg	9Cp	1Pi	18Ar	20Ta	4Cn	8Le
21	15Ge	1Le	9Le	29Vi	7Sc	1Cp	8Aq	27Pi	12Ta	14Ge	28Cn	2Vi
23	10Cn	28Le	6Vi	29Li	7Sg	0Aq	6Pi	22Ar	6Ge	8Cn	23Le	28Vi
25	6Le	27Vi	5Li	29Sc	7Cp	28Aq	2Ar	16Ta	0Cn	2Le	19Vi	25Li
27	3Vi	26Li	5Sc	29Sg	6Aq	24Pi	26Ar	10Ge	24Cn	27Le	17Li	24Sc
29	1Li		5Sg	27Cp	2Pi	18Ar	20Ta	4Cn	20Le	24Vi	16Sc	25Sg
31	29Li		3Cp		27Pi		14Ge	29Cn		23Li		25Cp

1960

	Jan	Fev	Mar	Abr	Mai	Jun	Jul	Ago	Set	Out	Nov	Dez
1	10Aq	29Pi	20Ar	5Ge	7Cn	21Le	25Vi	14Sc	7Cp	16Aq	8Ar	13Ta
3	8Pi	25Ar	15Ta	29Ge	1Le	16Vi	21Li	13Sg	6Aq	15Pi	4Ta	8Ge
5	4Ar	19Ta	9Ge	22Cn	25Le	12Li	19Sc	12Cp	6Pi	12Ar	0Ge	3Cn
7	29Ar	13Ge	3Cn	17Le	20Vi	10Sc	18Sg	12Aq	4Ar	9Ta	24Ge	26Cn
9	23Ta	7Cn	27Cn	12Vi	18Li	10Sg	19Cp	12Pi	1Ta	4Ge	18Cn	20Le
11	16Ge	1Le	22Le	9Li	17Sc	10Cp	19Aq	10Ar	26Ta	28Ge	12Le	14Vi
13	10Cn	26Le	18Vi	8Sc	16Sg	10Aq	18Pi	6Ta	20Ge	22Cn	6Vi	9Li
15	5Le	22Vi	15Li	7Sg	16Cp	9Pi	14Ar	0Ge	14Cn	16Le	1Li	6Sc
17	29Le	19Li	13Sc	6Cp	15Aq	5Ar	9Ta	24Ge	8Le	11Vi	28Li	4Sg
19	25Vi	16Sc	11Sg	4Aq	12Pi	0Ta	4Ge	18Cn	3Vi	6Li	26Sc	4Cp
21	22Li	14Sg	9Cp	2Pi	8Ar	25Ta	27Ge	12Le	28Vi	3Sc	26Sg	5Aq
23	19Sc	13Cp	8Aq	28Pi	3Ta	19Ge	21Cn	6Vi	24Li	2Sg	25Cp	4Pi
25	18Sg	12Aq	5Pi	24Ar	28Ta	12Cn	15Le	2Li	22Sc	0Cp	24Aq	1Ar
27	18Cp	10Pi	2Ar	19Ta	22Ge	6Le	9Vi	28Li	20Sg	29Cp	21Pi	28Ar
29	18Aq	7Ar	28Ar	13Ge	15Cn	0Vi	5Li	25Sc	18Cp	27Aq	18Ar	23Ta
31	16Pi		23Ta		9Le		1Sc	23Sg		24Pi		17Ge

1961

	Jan	Fev	Mar	Abr	Mai	Jun	Jul	Ago	Set	Out	Nov	Dez
1	29Ge	14Le	22Le	8Li	13Sc	4Cp	13Aq	6Ar	26Ta	0Cn	15Le	16Vi
3	23Cn	8Vi	17Vi	4Sc	10Sg	3Aq	12Pi	4Ta	22Ge	25Cn	8Vi	10Li
5	17Le	2Li	11Li	0Sg	9Cp	2Pi	10Ar	0Ge	16Cn	18Le	2Li	5Sc
7	11Vi	27Li	7Sc	28Sg	7Aq	0Ar	7Ta	25Ge	10Le	12Vi	27Li	2Sg
9	5Li	23Sc	3Sg	26Cp	5Pi	27Ar	3Ge	19Cn	3Vi	6Li	23Sc	29Sg
11	1Sc	21Sg	1Cp	24Aq	3Ar	23Ta	28Ge	13Le	27Vi	1Sc	20Sg	28Cp
13	28Sc	21Cp	0Aq	23Pi	0Ta	19Ge	22Cn	6Vi	22Li	27Sc	17Cp	26Aq
15	27Sg	21Aq	29Aq	21Ar	27Ta	13Cn	16Le	0Li	17Sc	23Sg	15Aq	24Pi
17	28Cp	21Pi	29Pi	19Ta	23Ge	7Le	9Vi	24Li	13Sg	20Cp	13Pi	22Ar
19	28Aq	19Ar	27Ar	15Ge	17Cn	1Vi	3Li	20Sc	10Cp	19Aq	12Ar	20Ta
21	27Pi	16Ta	24Ta	9Cn	11Le	25Vi	28Li	17Sg	9Aq	18Pi	10Ta	16Ge
23	24Ar	11Ge	19Ge	3Le	5Vi	19Li	24Sc	15Cp	8Pi	17Ar	7Ge	12Cn
25	20Ta	5Cn	13Cn	27Le	29Vi	16Sc	22Sg	15Aq	8Ar	15Ta	4Cn	6Le
27	14Ge	29Cn	7Le	21Vi	24Li	14Sg	22Cp	15Pi	7Ta	13Ge	28Cn	0Vi
29	8Cn		1Vi	16Li	21Sc	13Cp	22Aq	15Ar	5Ge	8Cn	22Le	24Vi
31	2Le		25Vi		20Sg		22Pi	13Ta		3Le		18Li

1962

	Jan	Fev	Mar	Abr	Mai	Jun	Jul	Ago	Set	Out	Nov	Dez
1	0Sc	17Sg	26Sg	17Aq	26Pi	19Ta	26Ge	13Le	28Vi	1Sc	16Sg	22Cp
3	26Sc	15Cp	24Cp	16Pi	25Ar	17Ge	22Cn	8Vi	22Li	25Sc	12Cp	18Aq
5	23Sg	15Aq	23Aq	17Ar	25Ta	14Cn	17Le	1Li	16Sc	19Sg	8Aq	16Pi
7	22Cp	15Pi	23Pi	16Ta	23Ge	9Le	11Vi	25Li	10Sg	15Cp	5Pi	14Ar
9	22Aq	15Ar	24Ar	14Ge	19Cn	3Vi	5Li	19Sc	6Cp	12Aq	5Ar	14Ta
11	21Pi	13Ta	22Ta	11Cn	13Le	27Vi	29Li	14Sg	3Aq	11Pi	5Ta	13Ge
13	19Ar	10Ge	19Ge	5Le	7Vi	21Li	24Sc	11Cp	3Pi	11Ar	5Ge	11Cn
15	16Ta	5Cn	14Cn	29Le	1Li	16Sc	20Sg	10Aq	3Ar	12Ta	3Cn	7Le
17	13Ge	29Cn	9Le	23Vi	25Li	11Sg	17Cp	9Pi	3Ta	11Ge	0Le	3Vi
19	8Cn	23Le	2Vi	17Li	20Sc	8Cp	16Aq	9Ar	2Ge	8Cn	25Le	27Vi
21	3Le	17Vi	26Vi	11Sc	16Sg	6Aq	15Pi	8Ta	29Ge	4Le	19Vi	20Li
23	27Le	11Li	20Li	6Sg	12Cp	4Pi	14Ar	6Ge	25Cn	28Le	12Li	14Sc
25	20Vi	5Sc	14Sc	2Cp	10Aq	3Ar	12Ta	2Cn	19Le	22Vi	6Sc	9Sg
27	14Li	0Sg	9Sg	29Cp	7Pi	1Ta	9Ge	28Cn	13Vi	16Li	1Sg	5Cp
29	8Sc		5Cp	27Aq	6Ar	29Ta	5Cn	22Le	7Li	10Sc	26Sg	1Aq
31	4Sg		3Aq		5Ta		1Le	16Vi		4Sg		29Aq

1963

	Jan	Fev	Mar	Abr	Mai	Jun	Jul	Ago	Set	Out	Nov	Dez
1	13Pi	6Ta	17Ta	8Cn	14Le	29Vi	2Sc	16Sg	1Aq	7Pi	29Ar	8Ge
3	11Ar	4Ge	15Ge	4Le	9Vi	23Li	25Sc	10Cp	29Aq	6Ar	0Ge	8Cn
5	9Ta	1Cn	12Cn	29Le	3Li	17Sc	20Sg	6Aq	27Pi	6Ta	29Ge	6Le
7	8Ge	28Cn	7Le	24Vi	26Li	11Sg	15Cp	4Pi	26Ar	6Ge	28Cn	3Vi
9	5Cn	23Le	2Vi	18Li	20Sc	6Cp	11Aq	2Ar	25Ta	4Cn	24Le	28Vi
11	2Le	18Vi	27Vi	11Sc	14Sg	1Aq	7Pi	0Ta	24Ge	1Le	19Vi	23Li
13	28Le	12Li	21Li	5Sg	9Cp	27Aq	5Ar	29Ta	21Cn	27Le	14Li	16Sc
15	22Vi	6Sc	14Sc	29Sg	4Aq	24Pi	4Ta	27Ge	17Le	22Vi	7Sc	10Sg
17	16Li	0Sg	8Sg	24Cp	0Pi	23Ar	2Ge	24Cn	13Vi	17Li	1Sg	4Cp
19	10Sc	25Sg	3Cp	21Aq	28Pi	22Ta	1Cn	21Le	8Li	11Sc	25Sg	28Cp
21	4Sg	21Cp	29Cp	19Pi	28Ar	22Ge	29Cn	17Vi	2Sc	4Sg	19Cp	23Aq
23	0Cp	19Aq	26Aq	19Ar	28Ta	20Cn	26Le	12Li	26Sc	28Sg	14Aq	20Pi
25	27Cp	18Pi	26Pi	20Ta	28Ge	18Le	21Vi	6Sc	19Sg	22Cp	10Pi	17Ar
27	24Aq	17Ar	26Ar	20Ge	26Cn	13Vi	16Li	29Sc	14Cp	18Aq	8Ar	16Ta
29	23Pi		26Ta	18Cn	22Le	8Li	10Sc	23Sg	9Aq	15Pi	7Ta	16Ge
31	22Ar		25Ge		17Vi		3Sg	18Cp		14Ar		15Cn

1964

	Jan	Fev	Mar	Abr	Mai	Jun	Jul	Ago	Set	Out	Nov	Dez
1	0Le	19Vi	10Li	25Sc	27Sg	11Aq	16Pi	6Ta	29Ge	8Le	29Vi	4Sc
3	28Le	15Li	5Sc	18Sg	20Cp	6Pi	12Ar	5Ge	28Cn	6Vi	25Li	29Sc
5	24Vi	9Sc	29Sc	12Cp	15Aq	3Ar	10Ta	4Cn	26Le	3Li	20Sc	23Sg
7	19Li	3Sg	22Sg	7Aq	11Pi	1Ta	10Ge	3Le	24Vi	29Li	14Sg	16Cp
9	13Sc	26Sg	16Cp	2Pi	8Ar	1Ge	10Cn	2Vi	21Li	24Sc	8Cp	10Aq
11	7Sg	21Cp	11Aq	0Ar	7Ta	1Cn	9Le	0Li	16Sc	18Sg	1Aq	4Pi
13	0Cp	16Aq	8Pi	29Ar	8Ge	1Le	8Vi	26Li	10Sg	12Cp	26Aq	29Pi
15	25Cp	13Pi	6Ar	29Ta	8Cn	29Le	5Li	20Sc	4Cp	5Aq	21Pi	26Ar
17	20Aq	10Ar	5Ta	28Ge	6Le	26Vi	0Sc	14Sg	28Cp	0Pi	18Ar	25Ta
19	17Pi	8Ta	3Ge	26Cn	3Vi	21Li	24Sc	8Cp	22Aq	27Pi	17Ta	25Ge
21	14Ar	7Ge	2Cn	23Le	29Vi	15Sc	17Sg	2Aq	18Pi	25Ar	17Ge	25Cn
23	12Ta	5Cn	29Cn	19Vi	24Li	9Sg	11Cp	27Aq	16Ar	23Ta	17Cn	25Le
25	10Ge	3Le	26Le	15Li	18Sc	2Cp	5Aq	23Pi	14Ta	23Ge	16Le	23Vi
27	9Cn	0Vi	23Vi	9Sc	12Sg	26Cp	0Pi	20Ar	12Ge	21Cn	13Vi	19Li
29	8Le	27Vi	18Li	3Sg	5Cp	21Aq	26Pi	17Ta	10Cn	19Le	9Li	14Sc
31	6Vi		13Sc		29Cp		23Ar	15Ge		16Vi		8Sg

1965

	Jan	Fev	Mar	Abr	Mai	Jun	Jul	Ago	Set	Out	Nov	Dez
1	20Sg	4Aq	12Aq	28Pi	3Ta	25Ge	4Le	27Vi	17Sc	20Sg	4Aq	6Pi
3	13Cp	28Aq	7Pi	25Ar	2Ge	25Cn	4Vi	25Li	12Sg	14Cp	28Aq	0Ar
5	7Aq	23Pi	2Ar	22Ta	0Cn	24Le	2Li	21Sc	6Cp	8Aq	22Pi	25Ar
7	1Pi	18Ar	29Ar	20Ge	29Cn	22Vi	29Li	15Sg	0Aq	2Pi	17Ar	22Ta
9	26Pi	15Ta	25Ta	18Cn	27Le	19Li	24Sc	9Cp	24Aq	26Pi	14Ta	20Ge
11	22Ar	13Ge	23Ge	16Le	25Vi	14Sc	18Sg	3Aq	18Pi	22Ar	11Ge	19Cn
13	19Ta	12Cn	21Cn	15Vi	22Li	9Sg	12Cp	27Aq	13Ar	18Ta	9Cn	18Le
15	18Ge	11Le	20Le	12Li	18Sc	3Cp	6Aq	21Pi	8Ta	15Ge	8Le	17Vi
17	18Cn	11Vi	19Vi	9Sc	13Sg	27Cp	0Pi	16Ar	4Ge	13Cn	6Vi	15Li
19	18Le	10Li	17Li	4Sg	7Cp	21Aq	24Pi	11Ta	2Cn	11Le	4Li	11Sc
21	18Vi	6Sc	14Sc	29Sg	1Aq	15Pi	19Ar	8Ge	0Le	10Vi	1Sc	7Sg
23	15Li	1Sg	9Sg	23Cp	24Aq	10Ar	15Ta	6Cn	0Vi	8Li	28Sc	2Cp
25	10Sc	25Sg	3Cp	16Aq	19Pi	6Ta	13Ge	6Le	29Vi	6Sc	23Sg	26Cp
27	5Sg	19Cp	27Cp	11Pi	14Ar	4Ge	12Cn	6Vi	28Li	3Sg	18Cp	20Aq
29	28Sg		21Aq	6Ar	12Ta	4Cn	12Le	6Li	25Sc	28Sg	12Aq	14Pi
31	22Cp		15Pi		10Ge		13Vi	4Sc		22Cp		8Ar

1966

	Jan	Fev	Mar	Abr	Mai	Jun	Jul	Ago	Set	Out	Nov	Dez
1	20Ar	8Ge	17Ge	8Le	18Vi	10Sc	17Sg	4Aq	18Pi	21Ar	7Ge	13Cn
3	16Ta	6Cn	14Cn	8Vi	17Li	8Sg	12Cp	28Aq	12Ar	15Ta	3Cn	10Le
5	13Ge	6Le	14Le	8Li	15Sc	4Cp	7Aq	21Pi	6Ta	10Ge	0Le	8Vi
7	13Cn	6Vi	14Vi	7Sc	13Sg	29Cp	1Pi	15Ar	1Ge	6Cn	28Le	7Li
9	13Le	6Li	15Li	5Sg	8Cp	23Aq	25Pi	9Ta	26Ge	3Le	27Vi	5Sc
11	13Vi	5Sc	13Sc	1Cp	3Aq	17Pi	19Ar	5Ge	24Cn	2Vi	26Li	3Sg
13	11Li	1Sg	10Sg	25Cp	27Aq	11Ar	13Ta	1Cn	24Le	2Li	25Sc	1Cp
15	8Sc	26Sg	5Cp	19Aq	21Pi	6Ta	10Ge	0Le	24Vi	2Sc	23Sg	27Cp
17	4Sg	20Cp	29Cp	13Pi	15Ar	1Ge	7Cn	0Vi	24Li	1Sg	19Cp	22Aq
19	29Sg	14Aq	22Aq	7Ar	10Ta	29Ge	7Le	1Li	23Sc	28Sg	14Aq	16Pi
21	23Cp	7Pi	16Pi	2Ta	6Ge	27Cn	6Vi	0Sc	20Sg	24Cp	9Pi	10Ar
23	17Aq	1Ar	10Ar	27Ta	4Cn	26Le	6Li	27Sc	15Cp	18Aq	2Ar	4Ta
25	10Pi	25Ar	5Ta	23Ge	1Le	25Vi	4Sc	23Sg	10Aq	12Pi	26Ar	29Ta
27	4Ar	20Ta	0Ge	21Cn	0Vi	23Li	1Sg	18Cp	4Pi	6Ar	21Ta	25Ge
29	29Ar		26Ge	19Le	28Vi	20Sc	26Sg	13Aq	27Pi	0Ta	16Ge	23Cn
31	24Ta		24Cn		26Li		21Cp	7Pi		25Ta		21Le

1967

	Jan	Fev	Mar	Abr	Mai	Jun	Jul	Ago	Set	Out	Nov	Dez
1	5Vi	28Li	8Sc	29Sg	4Aq	20Pi	21Ar	5Ge	22Cn	27Le	20Li	28Sc
3	4Li	26Sc	6Sg	25Cp	29Aq	13Ar	15Ta	0Cn	19Le	27Vi	20Sc	28Sg
5	2Sc	23Sg	3Cp	20Aq	23Pi	7Ta	9Ge	27Cn	18Vi	27Li	20Sg	27Cp
7	29Sc	19Cp	28Cp	14Pi	17Ar	1Ge	5Cn	25Le	18Li	27Sc	18Cp	23Aq
9	26Sg	14Aq	23Aq	8Ar	10Ta	26Ge	2Le	24Vi	17Sc	25Sg	15Aq	19Pi
11	23Cp	8Pi	17Pi	2Ta	5Ge	22Cn	29Le	23Li	15Sg	23Cp	10Pi	13Ar
13	18Aq	2Ar	11Ar	25Ta	29Ge	19Le	28Vi	21Sc	13Cp	18Aq	4Ar	6Ta
15	12Pi	26Ar	4Ta	20Ge	25Cn	17Vi	26Li	19Sg	9Aq	13Pi	28Ar	0Ge
17	6Ar	20Ta	28Ta	15Cn	22Le	15Li	24Sc	16Cp	4Pi	7Ar	21Ta	24Ge
19	0Ta	14Ge	23Ge	12Le	20Vi	14Sc	22Sg	12Aq	28Pi	1Ta	15Ge	19Cn
21	24Ta	11Cn	19Cn	11Vi	19Li	12Sg	19Cp	7Pi	22Ar	24Ta	10Cn	15Le
23	20Ge	9Le	17Le	10Li	19Sc	11Cp	16Aq	2Ar	16Ta	18Ge	5Le	12Vi
25	17Cn	9Vi	17Vi	11Sc	18Sg	8Aq	11Pi	25Ar	9Ge	13Cn	1Vi	9Li
27	16Le	9Li	17Li	10Sg	16Cp	3Pi	5Ar	19Ta	4Cn	8Le	29Vi	8Sc
29	15Vi		17Sc	8Cp	13Aq	28Pi	29Ar	13Ge	0Le	6Vi	28Li	7Sg
31	14Li		16Sg		8Pi		23Ta	8Cn		5Li		6Cp

1968

	Jan	Fev	Mar	Abr	Mai	Jun	Jul	Ago	Set	Out	Nov	Dez
1	20Cp	9Pi	0Ar	14Ta	17Ge	2Le	7Vi	28Li	22Sg	1Aq	21Pi	25Ar
3	18Aq	4Ar	24Ar	8Ge	11Cn	27Le	4Li	26Sc	20Cp	28Aq	16Ar	19Ta
5	14Pi	28Ar	18Ta	2Cn	5Le	24Vi	2Sc	25Sg	18Aq	24Pi	10Ta	13Ge
7	9Ar	22Ta	12Ge	27Cn	1Vi	22Li	1Sg	24Cp	15Pi	19Ar	4Ge	7Cn
9	2Ta	16Ge	6Cn	23Le	29Vi	21Sc	1Cp	23Aq	11Ar	14Ta	28Ge	0Le
11	26Ta	11Cn	1Le	20Vi	28Li	22Sg	0Aq	20Pi	6Ta	8Ge	22Cn	25Le
13	20Ge	7Le	28Le	20Li	28Sc	22Cp	28Aq	15Ar	0Ge	1Cn	16Le	20Vi
15	15Cn	4Vi	27Vi	20Sc	29Sg	20Aq	25Pi	10Ta	23Ge	25Cn	11Vi	17Li
17	12Le	2Li	26Li	20Sg	28Cp	17Pi	20Ar	4Ge	17Cn	20Le	9Li	16Sc
19	8Vi	1Sc	25Sc	18Cp	25Aq	11Ar	14Ta	27Ge	12Le	17Vi	7Sc	16Sg
21	6Li	29Sc	24Sg	15Aq	20Pi	5Ta	7Ge	22Cn	9Vi	15Li	8Sg	16Cp
23	4Sc	27Sg	22Cp	11Pi	14Ar	29Ta	1Cn	17Le	7Li	14Sc	8Cp	16Aq
25	2Sg	25Cp	18Aq	5Ar	8Ta	23Ge	26Cn	14Vi	5Sc	14Sg	7Aq	14Pi
27	1Cp	21Aq	14Pi	29Ar	2Ge	17Cn	21Le	11Li	4Sg	13Cp	5Pi	10Ar
29	29Cp	17Pi	8Ar	23Ta	26Ge	12Le	18Vi	9Sc	3Cp	11Aq	0Ar	4Ta
31	26Aq		3Ta		20Cn		14Li	7Sg		8Pi		28Ta

1969

	Jan	Fev	Mar	Abr	Mai	Jun	Jul	Ago	Set	Out	Nov	Dez
1	10Ge	24Cn	2Le	18Vi	24Li	16Sg	25Cp	18Pi	7Ta	10Ge	24Cn	25Le
3	4Cn	19Le	27Le	15Li	23Sc	16Cp	25Aq	15Ar	2Ge	4Cn	18Le	20Vi
5	28Cn	14Vi	23Vi	13Sc	22Sg	16Aq	23Pi	11Ta	26Ge	28Cn	12Vi	15Li
7	22Le	10Li	20Li	12Sg	21Cp	14Pi	20Ar	6Ge	20Cn	22Le	7Li	12Sc
9	17Vi	7Sc	17Sc	11Cp	20Aq	10Ar	15Ta	0Cn	14Le	16Vi	4Sc	11Sg
11	13Li	5Sg	15Sg	9Aq	17Pi	5Ta	9Ge	23Cn	8Vi	12Li	2Sg	11Cp
13	10Sc	3Cp	14Cp	6Pi	13Ar	0Ge	3Cn	17Le	3Li	9Sc	1Cp	10Aq
15	9Sg	3Aq	12Aq	3Ar	8Ta	24Ge	26Cn	11Vi	29Li	7Sg	0Aq	9Pi
17	9Cp	2Pi	10Pi	29Ar	3Ge	17Cn	20Le	6Li	26Sc	5Cp	28Aq	6Ar
19	9Aq	0Ar	8Ar	24Ta	27Ge	11Le	14Vi	2Sc	24Sg	3Aq	26Pi	2Ta
21	8Pi	26Ar	4Ta	18Ge	21Cn	5Vi	9Li	29Sc	23Cp	2Pi	22Ar	28Ta
23	5Ar	21Ta	28Ta	12Cn	14Le	0Li	6Sc	28Sg	21Aq	29Pi	18Ta	22Ge
25	0Ta	15Ge	22Ge	6Le	9Vi	26Li	4Sg	27Cp	20Pi	26Ar	14Ge	16Cn
27	25Ta	8Cn	16Cn	1Vi	4Li	25Sc	3Cp	27Aq	18Ar	23Ta	8Cn	10Le
29	18Ge		10Le	26Vi	2Sc	25Sg	4Aq	26Pi	15Ta	18Ge	2Le	4Vi
31	12Cn		5Vi		1Sg		3Pi	24Ar	27Ta	12Cn		28Vi

1970

	Jan	Fev	Mar	Abr	Mai	Jun	Jul	Ago	Set	Out	Nov	Dez
1	10Li	28Sc	8Sg	1Aq	10Pi	2Ta	8Ge	24Cn	9Vi	11Li	28Sc	5Cp
3	6Sc	27Sg	6Cp	29Aq	8Ar	28Ta	3Cn	18Le	2Li	6Sc	25Sg	3Aq
5	4Sg	27Cp	5Aq	29Pi	6Ta	24Ge	27Cn	11Vi	26Li	1Sg	22Cp	1Pi
7	4Cp	27Aq	5Pi	27Ar	3Ge	19Cn	21Le	5Li	21Sc	28Sg	20Aq	29Pi
9	4Aq	27Pi	5Ar	25Ta	28Ge	13Le	15Vi	0Sc	18Sg	25Cp	18Pi	27Ar
11	4Pi	25Ar	3Ta	20Ge	23Cn	6Vi	9Li	25Sc	15Cp	24Aq	17Ar	25Ta
13	3Ar	21Ta	0Ge	15Cn	17Le	0Li	3Sc	22Sg	15Aq	23Pi	16Ta	22Ge
15	29Ar	16Ge	25Ge	9Le	10Vi	25Li	0Sg	21Cp	15Pi	23Ar	13Ge	17Cn
17	25Ta	10Cn	19Cn	2Vi	5Li	22Sc	28Sg	21Aq	15Ar	22Ta	9Cn	12Le
19	19Ge	4Le	12Le	27Vi	0Sc	20Sg	28Cp	22Pi	13Ta	19Ge	4Le	6Vi
21	13Cn	28Le	6Vi	22Li	27Sc	19Cp	28Aq	21Ar	11Ge	14Cn	28Le	29Vi
23	7Le	22Vi	1Li	18Sc	25Sg	18Aq	27Pi	18Ta	6Cn	8Le	22Vi	24Li
25	1Vi	16Li	26Li	15Sg	24Cp	17Pi	25Ar	14Ge	0Le	2Vi	16Li	19Sc
27	25Vi	12Sc	22Sc	13Cp	22Aq	15Ar	22Ta	9Cn	24Le	26Vi	11Sc	16Sg
29	19Li		19Sg	11Aq	21Pi	12Ta	18Ge	3Le	17Vi	20Li	7Sg	14Cp
31	15Sc		16Cp		18Ar		12Cn	27Le		15Sc		13Aq

1971

	Jan	Fev	Mar	Abr	Mai	Jun	Jul	Ago	Set	Out	Nov	Dez
1	27Aq	20Ar	0Ta	20Ge	25Cn	9Vi	11Li	25Sc	12Cp	18Aq	11Ar	19Ta
3	26Pi	18Ta	28Ta	16Cn	19Le	3Li	5Sc	20Sg	10Aq	17Pi	11Ta	19Ge
5	24Ar	15Ge	24Ge	11Le	13Vi	27Li	0Sg	17Cp	9Pi	18Ar	11Ge	17Cn
7	21Ta	10Cn	10Cn	4Vi	6Li	21Sc	26Sg	16Aq	9Ar	18Ta	9Cn	13Le
9	18Ge	5Le	14Le	28Vi	0Sc	17Sg	23Cp	15Pi	9Ta	17Ge	5Le	8Vi
11	13Cn	29Le	7Vi	22Li	25Sc	14Cp	21Aq	14Ar	7Ge	14Cn	0Vi	2Li
13	8Le	22Vi	1Li	16Sc	21Sg	11Aq	20Pi	13Ta	4Cn	9Le	24Vi	26Li
15	2Vi	16Li	25Li	11Sg	17Cp	9Pi	18Ar	11Ge	0Le	3Vi	18Li	20Sc
17	26Vi	10Sc	19Sc	7Cp	14Aq	7Ar	16Ta	7Cn	24Le	27Vi	12Sc	15Sg
19	19Li	5Sg	14Sg	4Aq	12Pi	6Ta	14Ge	3Le	18Vi	21Li	6Sg	10Cp
21	14Sc	1Cp	10Cp	2Pi	11Ar	4Ge	11Cn	27Le	12Li	15Sc	1Cp	6Aq
23	10Sg	0Aq	8Aq	1Ar	10Ta	1Cn	6Le	21Vi	6Sc	9Sg	26Cp	3Pi
25	7Cp	29Aq	8Pi	1Ta	9Ge	28Cn	1Vi	15Li	0Sg	4Cp	23Aq	1Ar
27	7Aq	0Ar	8Ar	1Ge	7Cn	23Le	25Vi	9Sc	24Sg	29Cp	21Pi	0Ta
29	6Pi		8Ta	29Ge	3Le	17Vi	19Li	3Sg	20Cp	27Aq	20Ar	29Ta
31	6Ar		7Ge		27Le		13Sc	28Sg		26Pi		27Ge

1972

	Jan	Fev	Mar	Abr	Mai	Jun	Jul	Ago	Set	Out	Nov	Dez
1	11Cn	29Le	20Vi	5Sc	7Sg	23Cp	29Aq	21Ar	14Ge	23Cn	12Vi	16Li
3	8Le	24Vi	14Li	28Sc	1Cp	19Aq	26Pi	19Ta	12Cn	19Le	6Li	10Sc
5	4Vi	18Li	8Sc	22Sg	26Cp	15Pi	24Ar	18Ge	9Le	15Vi	1Sc	3Sg
7	28Vi	12Sc	2Sg	17Cp	22Aq	14Ar	23Ta	16Cn	5Vi	10Li	24Sc	27Sg
9	22Li	6Sg	26Sg	13Aq	20Pi	13Ta	22Ge	13Le	1Li	4Sc	18Sg	21Cp
11	16Sc	1Cp	21Cp	11Pi	19Ar	13Ge	21Cn	10Vi	25Li	28Sc	12Cp	16Aq
13	10Sg	27Cp	18Aq	10Ar	19Ta	12Cn	18Le	] 5Li	19Sc	21Sg	6Aq	11Pi
15	6Cp	25Aq	17Pi	11Ta	20Ge	10Le	14Vi	29Li	13Sg	15Cp	2Pi	8Ar
17	2Aq	24Pi	17Ar	11Ge	18Cn	6Vi	9Li	23Sc	7Cp	10Aq	29Pi	7Ta
19	0pi	23Ar	17Ta	9Cn	15Le	1Li	3Sc	17Sg	2Aq	7Pi	28Ar	7Ge
21	28Pi	22Ta	16Ge	6Le	10Vi	25Li	27Sc	12Cp	29Aq	5Ar	29Ta	7Cn
23	26Ar	19Ge	13Cn	1Vi	5Li	29Sc	21Sg	7Aq	27Pi	5Ta	29Ge	6Le
25	25Ta	16Cn	9Le	26Vi	29Li	13Sg	16Cp	4Pi	27Ar	6Ge	28Cn	4Vi
27	23Ge	12Le	4Vi	20Li	22Sc	7Cp	12Aq	3Ar	26Ta	5Cn	25Le	0Li
29	20Cn	7Vi	]29Vi	13Sc	16Sg	3Aq	9Pi	1Ta	25Ge	3Le	21Vi	24Li
31	16Le		23Li		11Cp		7Ar	0Ge		29Le		18Sc

1973

	Jan	Fev	Mar	Abr	Mai	Jun	Jul	Ago	Set	Out	Nov	Dez
1	0Sg	14Cp	22Cp	8Pi	14Ar	7Ge	16Cn	8Vi	27Li	0Sg	13Cp	15Aq
3	24Sg	9Aq	17Aq	6Ar	14Ta	7Cn	15Le	6Li	22Sc	24Sg	7Aq	9Pi
5	18Cp	5Pi	14Pi	5Ta	14Ge	7Le	14Vi	1Sc	16Sg	17Cp	1Pi	5Ar
7	13Aq	1Ar	11Ar	4Ge	13Cn	5Vi	10Li	26Sc	9Cp	11Aq	27Pi	2Ta
9	8Pi	29Ar	10Ta	3Cn	11Le	1Li	5Sc	19Sg	3Aq	6Pi	25Ar	1Ge
11	5Ar	27Ta	8Ge	1Le	8Vi	26Li	29Sc	13Cp	28Aq	3Ar	23Ta	1Cn
13	2Ta	25Ge	6Cn	28Le	4Li	20Sc	23Sg	7Aq	24Pi	0Ta	23Ge	2Le
15	1Ge	24Cn	4Le	24Vi	29Li	14Sg	16Cp	2Pi	21Ar	29Ta	22Cn	0Vi
17	0Cn	22Le	1Vi	20Li	23Sc	8Cp	10Aq	28Pi	19Ta	27Ge	20Le	28Vi
19	0Le	20Vi	28Vi	14Sc	17Sg	1Aq	5Pi	24Ar	17Ge	26Cn	18Vi	24Li
21	28Le	16Li	24Li	8Sg	11Cp	26Aq	1Ar	22Ta	15Cn	24Le	14Li	19Sc
23	25Vi	10Sc	18Sc	2Cp	4Aq	21Pi	27Ar	20Ge	13Le	21Vi	9Sc	13Sg
25	20Li	4Sg	12Sg	26Cp	29Aq	18Ar	25Ta	19Cn	11Vi	17Li	4Sg	7Cp
27	15Sc	28Sg	6Cp	20Aq	25Pi	16Ta	24Ge	18Le	9Li	13Sc	28Sg	0Aq
29	8Sg		0Aq	16Pi	23Ar	16Ge	24Cn	16Vi	5Sc	8Sg	22Cp	24Aq
31	2Cp		25Aq		22Ta		24Le	14Li		2Cp		18Pi

1974

	Jan	Fev	Mar	Abr	Mai	Jun	Jul	Ago	Set	Out	Nov	Dez
1	1Ar	20Ta	0Ge	23Cn	2Vi	23Li	29Sc	14Cp	29Aq	2Ar	19Ta	26Ge
3	27Ar	18Ge	28Ge	21Le	0Li	19Sc	23Sg	8Aq	23Pi	27Ar	16Ge	24Cn
5	25Ta	17Cn	27Cn	20Vi	27Li	14Sg	17Cp	2Pi	18Ar	23Ta	14Cn	23Le
7	24Ge	18Le	26Le	18Li	23Sc	9Cp	11Aq	26Pi	13Ta	20Ge	12Le	22Vi
9	25Cn	17Vi	25Vi	15Sc	18Sg	2Aq	5Pi	20Ar	9Ge	17Cn	11Vi	19Li
11	25Le	16Li	23Li	10Sg	12Cp	26Aq	29Pi	16Ta	7Cn	16Le	9Li	16Sc
13	24Vi	12Sc	20Sc	5Cp	6Aq	20Pi	24Ar	13Ge	6Le	15Vi	7Sc	12Sg
15	20Li	7Sg	15Sg	28Cp	0Pi	15Ar	20Ta	12Cn	6Vi	14Li	4Sg	7Cp
17	16Sc	0Cp	9Cp	22Aq	25Pi	12Ta	19Ge	12Le	5Li	12Sc	29Sg	2Aq
19	10Sg	24Cp	2Aq	17Pi	20Ar	10Ge	18Cn	12Vi	4Sc	9Sg	24Cp	25Aq
21	4Cp	18Aq	26Aq	12Ar	18Ta	10Cn	19Le	12Li	1Sg	4Cp	18Aq	19Pi
23	27Cp	12Pi	21Pi	9Ta	16Ge	10Le	19Vi	9Sc	26Sg	28Cp	11Pi	13Ar
25	21Aq	7Ar	17Ar	7Ge	15Cn	9Vi	17Li	5Sg	20Cp	22Aq	6Ar	9Ta
27	15Pi	3Ta	13Ta	5Cn	14Le	7Li	13Sc	29Sg	13Aq	16Pi	1Ta	6Ge
29	10Ar		11Ge	4Le	13Vi	3Sc	8Sg	23Cp	7Pi	10Ar	28Ta	4Cn
31	6Ta		8Cn		10Li		2Cp	17Aq		6Ta		4Le

1975

	Jan	Fev	Mar	Abr	Mai	Jun	Jul	Ago	Set	Out	Nov	Dez
1	19Le	12Li	21Li	11Sg	14Cp	29Aq	0Ar	15Ta	2Cn	9Le	2Li	11Sc
3	18Vi	10Sc	19Sc	6Cp	9Aq	23Pi	24Ar	10Ge	0Le	8Vi	2Sc	9Sg
5	16Li	6Sg	15Sg	1Aq	3Pi	17Ar	19Ta	7Cn	0Vi	9Li	1Sg	7Cp
7	13Sc	1Cp	10Cp	24Aq	26Pi	11Ta	16Ge	6Le	0Li	9Sc	29Sg	3Aq
9	9Sg	25Cp	4Aq	18Pi	21Ar	7Ge	13Cn	6Vi	0Sc	7Sg	25Cp	28Aq
11	4Cp	19Aq	28Aq	12Ar	16Ta	4Cn	12Le	6Li	29Sc	4Cp	20Aq	22Pi
13	28Cp	12Pi	21Pi	7Ta	12Ge	3Le	12Vi	5Sc	25Sg	29Cp	14Pi	16Ar
15	22Aq	6Ar	15Ar	2Ge	8Cn	1Vi	11Li	2Sg	20Cp	24Aq	8Ar	10Ta
17	16Pi	0Ta	10Ta	28Ge	6Le	0Li	8Sc	28Sg	15Aq	17Pi	2Ta	5Ge
19	9Ar	25Ta	5Ge	25Cn	4Vi	28Li	5Sg	23Cp	9Pi	11Ar	26Ta	1Cn
21	4Ta	22Ge	1Cn	24Le	3Li	25Sc	1Cp	18Aq	2Ar	5Ta	22Ge	28Cn
23	0Ge	20Cn	29Cn	23Vi	2Sc	22Sg	26Cp	12Pi	26Ar	0Ge	18Cn	26Le
25	28Ge	20Le	29Le	22Li	0Sg	18Cp	21Aq	5Ar	20Ta	25Ge	15Le	24Vi
27	27Cn	21Vi	29Vi	21Sc	26Sg	13Aq	15Pi	29Ar	15Ge	21Cn	13Vi	22Li
29	27Le		29Li	19Sg	22Cp	7Pi	9Ar	23Ta	11Cn	18Le	12Li	20Sc
31	28Vi		27Sc		17Aq		3Ta	19Ge		17Vi		18Sg

1976

	Jan	Fev	Mar	Abr	Mai	Jun	Jul	Ago	Set	Out	Nov	Dez
1	2Cp	19Aq	19Pi	25Ar	27Ta	14Cn	21Le	13Li	6Sg	14Cp	3Pi	6Ar
3	28Cp	14Pi	4Ar	18Ta	22Ge	10Le	18Vi	11Sc	4Cp	10Aq	27Pi	0Ta
5	24Aq	8Ar	28Ar	12Ge	17Cn	7Vi	16Li	9Sg	0Aq	6Pi	21Ar	23Ta
7	18Pi	1Ta	22Ta	7Cn	13Le	5Li	15Sc	7Cp	26Aq	0Ar	15Ta	17Ge
9	12Ar	25Ta	16Ge	4Le	11Vi	4Sc	13Sg	4Aq	21Pi	24Ar	8Ge	12Cn
11	5Ta	20Ge	11Cn	2Vi	10Li	4Sg	11Cp	0Pi	15Ar	18Ta	2Cn	7Le
13	0Ge	17Cn	9Le	1Li	10Sc	3Cp	9Aq	25Pi	9Ta	11Ge	27Cn	3Vi
15	26Ge	15Le	8Vi	2Sc	10Sg	0Aq	4Pi	19Ar	3Ge	5Cn	23Le	0Li
17	23Cn	15Vi	9Li	2Sg	9Cp	26Aq	29Pi	13Ta	27Ge	1Le	20Vi	28Li
19	21Le	15Li	9Sc	0Cp	6Aq	21Pi	23Ar	7Ge	22Cn	28Le	19Li	28Sc
21	20Vi	14Sc	7Sg	27Cp	1Pi	15Ar	17Ta	1Cn	19Le	26Vi	19Sc	28Sg
23	19Li	11Sg	5Cp	22Aq	25Pi	9Ta	11Ge	28Cn	18Vi	26Li	20Sg	27Cp
25	17Sc	8Cp	0Aq	16Pi	19Ar	3Ge	6Cn	25Le	18Li	26Sc	19Cp	24Aq
27	14Sg	3Aq	25Aq	10Ar	12Ta	28Ge	3Le	24Vi	18Sc	26Sg	16Aq	20Pi
29	11Cp	28Aq	19Pi	4Ta	6Ge	24Cn	0Vi	23Li	17Sg	24Cp	12Pi	14Ar
31	7Aq		13Ar		1Cn		29Vi	22Sc		20Aq		8Ta

1977

	Jan	Fev	Mar	Abr	Mai	Jun	Jul	Ago	Set	Out	Nov	Dez
1	20Ta	4Cn	12Cn	29Le	5Li	28Sc	7Cp	29Aq	17Ar	19Ta	3Cn	6Le
3	14Ge	29Cn	7Le	27Vi	4Sc	28Sg	6Aq	26Pi	11Ta	13Ge	27Cn	0Vi
5	8Cn	26Le	5Vi	26Li	5Sg	28Cp	4Pi	21Ar	5Ge	7Cn	21Le	25Vi
7	4Le	23Vi	3Li	26Sc	4Cp	26Aq	1Ar	15Ta	29Ge	1Le	17Vi	23Li
9	0Vi	21Li	2Sc	25Sg	3Aq	22Pi	25Ar	9Ge	23Cn	26Le	15Li	22Sc
11	27Vi	19Sc	0Sg	23Cp	0Pi	17Ar	19Ta	3Cn	18Le	23Vi	14Sc	22Sg
13	24Li	18Sg	29Sg	20Aq	25Pi	10Ta	13Ge	27Cn	15Vi	21Li	14Sg	23Cp
15	23Sc	16Cp	26Cp	16Pi	20Ar	4Ge	7Cn	23Le	12Li	20Sc	14Cp	22Aq
17	22Sg	13Aq	23Aq	10Ar	13Ta	28Ge	1Le	19Vi	10Sc	19Sg	12Aq	19Pi
19	21Cp	10Pi	19Pi	4Ta	7Ge	22Cn	26Le	16Li	9Sg	18Cp	9Pi	15Ar
21	19Aq	6Ar	14Ar	28Ta	1Cn	17Le	22Vi	14Sc	7Cp	16Aq	5Ar	9Ta
23	15Pi	0Ta	8Ta	22Ge	25Cn	12Vi	19Li	12Sg	5Aq	12Pi	0Ta	3Ge
25	10Ar	24Ta	2Ge	16Cn	20Le	9Li	17Sc	11Cp	3Pi	8Ar	24Ta	27Ge
27	4Ta	17Ge	25Ge	11Le	16Vi	7Sc	16Sg	9Aq	29Pi	3Ta	18Ge	21Cn
29	28Ta		20Cn	7Vi	13Li	6Sg	15Cp	7Pi	25Ar	27Ta	12Cn	15Le
31	22Ge		15Le		13Sc		15Aq	4Ar		21Ge		9Vi

1978

	Jan	Fev	Mar	Abr	Mai	Jun	Jul	Ago	Set	Out	Nov	Dez
1	22Vi	11Sc	22Sc	15Cp	24Aq	15Ar	20Ta	5Cn	19Le	22Vi	10Sc	17Sg
3	18Li	10Sg	20Sg	14Aq	22Pi	10Ta	14Ge	28Cn	13Vi	18Li	8Sg	16Cp
5	16Sc	9Cp	19Cp	11Pi	18Ar	5Ge	8Cn	22Le	8Li	14Sc	6Cp	15Aq
7	15Sg	9Aq	18Aq	9Ar	13Ta	29Ge	1Le	16Vi	4Sc	12Sg	5Aq	14Pi
9	15Cp	8Pi	16Pi	5Ta	8Ge	23Cn	25Le	11Li	1Sg	10Cp	3Pi	11Ar
11	16Aq	6Ar	14Ar	0Ge	2Cn	16Le	19Vi	7Sc	29Sg	8Aq	1Ar	7Ta
13	14Pi	2Ta	9Ta	24Ge	26Cn	10Vi	14Li	4Sg	28Cp	6Pi	28Ar	3Ge
15	11Ar	26Ta	4Ge	18Cn	20Le	5Li	11Sc	3Cp	27Aq	5Ar	24Ta	28Ge
17	6Ta	20Ge	28Ge	12Le	14Vi	2Sc	9Sg	3Aq	26Pi	2Ta	19Ge	22Cn
19	0Ge	14Cn	22Cn	6Vi	10Li	1Sg	9Cp	3Pi	24Ar	28Ta	14Cn	15Le
21	24Ge	8Le	16Le	2Li	8Sc	1Cp	10Aq	2Ar	21Ta	23Ge	7Le	9Vi
23	17Cn	3Vi	11Vi	0Sc	7Sg	1Aq	10Pi	29Ar	16Ge	18Cn	1Vi	3Li
25	12Le	28Vi	7Li	28Sc	7Cp	1Pi	8Ar	25Ta	10Cn	11Le	25Vi	29Li
27	6Vi	25Li	5Sc	27Sg	7Aq	28Pi	4Ta	20Ge	3Le	5Vi	21Li	26Sc
29	2Li		3Sg	26Cp	5Pi	25Ar	29Ta	13Cn	27Le	0Li	18Sc	25Sg
31	28Li		1Cp		2Ar		23Ge	7Le		26Li		25Cp

1979

	Jan	Fev	Mar	Abr	Mai	Jun	Jul	Ago	Set	Out	Nov	Dez
1	10Aq	3Ar	11Ar	1Ge	4Cn	18Le	20Vi	5Sc	23Sg	0Aq	23Pi	2Ta
3	10Pi	1Ta	9Ta	26Ge	29Cn	12Vi	14Li	1Sg	21Cp	29Aq	23Ar	0Ge
5	8Ar	27Ta	5Ge	21Cn	22Le	6Li	9Sc	28Sg	21Aq	29Pi	22Ta	27Ge
7	4Ta	21Ge	0Cn	14Le	16Vi	1Sc	6Sg	27Cp	21Pi	29Ar	19Ge	23Cn
9	0Ge	15Cn	24Cn	8Vi	10Li	28Sc	4Cp	28Aq	21Ar	28Ta	15Cn	18Le
11	24Ge	9Le	18Le	2Li	6Sc	26Sg	4Aq	28Pi	19Ta	25Ge	10Le	12Vi
13	18Cn	3Vi	12Vi	27Li	3Sg	25Cp	4Pi	26Ar	16Ge	20Cn	4Vi	5Li
15	12Le	27Vi	6Li	23Sc	0Cp	24Aq	2Ar	24Ta	11Cn	14Le	27Vi	29Li
17	6Vi	21Li	1Sc	20Sg	29Cp	22Pi	0Ta	19Ge	5Le	7Vi	22Li	25Sc
19	0Li	16Sc	26Sc	18Cp	27Aq	20Ar	27Ta	14Cn	29Le	1Li	17Sc	22Sg
21	24Li	13Sg	23Sg	16Aq	25Pi	17Ta	22Ge	8Le	22Vi	25Li	13Sg	19Cp
23	20Sc	12Cp	21Cp	15Pi	23Ar	13Ge	17Cn	2Vi	16Li	20Sc	10Cp	18Aq
25	18Sg	11Aq	20Aq	13Ar	20Ta	8Cn	11Le	25Vi	11Sc	16Sg	7Aq	16Pi
27	18Cp	12Pi	20Pi	11Ta	17Ge	3Le	5Vi	19Li	6Sg	13Cp	5Pi	14Ar
29	18Aq		19Ar	8Ge	12Cn	26Le	28Vi	14Sc	2Cp	10Aq	3Ar	12Ta
31	18Pi		17Ta		6Le		22Li	9Sg		9Pi		9Ge

1980

	Jan	Fev	Mar	Abr	Mai	Jun	Jul	Ago	Set	Out	Nov	Dez
1	23Ge	10Le	1Vi	15Li	18Sc	5Cp	12Aq	5Ar	28Ta	6Cn	23Le	26Vi
3	19Cn	4Vi	24Vi	9Sc	13Sg	2Aq	10Pi	4Ta	26Ge	2Le	17Vi	20Li
5	14Le	28Vi	18Li	3Sg	9Cp	29Aq	9Ar	2Ge	22Cn	26Le	11Li	13Sc
7	8Vi	21Li	12Sc	29Sg	5Aq	27Pi	7Ta	29Ge	17Le	20Vi	5Sc	8Sg
9	1Li	15Sc	6Sg	25Cp	3Pi	26Ar	5Ge	25Cn	11Vi	14Li	29Sc	3Cp
11	25Li	11Sg	2Cp	23Aq	1Ar	25Ta	2Cn	20Le	5Li	8Sc	23Sg	28Cp
13	20Sc	7Cp	0Aq	22Pi	1Ta	23Ge	29Cn	15Vi	29Li	2Sg	18Cp	24Aq
15	16Sg	6Aq	29Aq	22Ar	1Ge	21Cn	24Le	9Li	23Sc	26Sg	14Aq	22Pi
17	14Cp	6Pi	29Pi	22Ta	29Ge	16Le	19Vi	2Sc	17Sg	21Cp	11Pi	20Ar
19	13Aq	6Ar	29Ar	21Ge	26Cn	11Vi	12Li	26Sc	13Cp	18Aq	10Ar	19Ta
21	12Pi	5Ta	28Ta	17Cn	21Le	4Li	6Sc	21Sg	10Aq	17Pi	10Ta	19Ge
23	11Ar	3Ge	26Ge	12Le	15Vi	28Li	1Sg	18Cp	8Pi	17Ar	10Ge	17Cn
25	9Ta	29Ge	21Cn	6Vi	8Li	23Sc	26Sg	16Aq	9Ar	17Ta	9Cn	14Le
27	6Ge	24Cn	16Le	0Li	2Sc	18Sg	23Cp	15Pi	9Ta	17Ge	6Le	10Vi
29	2Cn	19Le	9Vi	24Li	27Sc	15Cp	22Aq	15Ar	8Ge	15Cn	2Vi	4Li
31	27Cn		3Li		22Sg		21Pi	14Ta		11Le		28Li

1981

	Jan	Fev	Mar	Abr	Mai	Jun	Jul	Ago	Set	Out	Nov	Dez
1	10Sc	24Sg	2Cp	19Ag	25Pi	19Ta	28Ge	19Le	6Li	9Sc	23Sg	26Cp
3	4Sg	20Cp	27Cp	17Pi	25Ar	19Ge	27Cn	15Vi	1Sc	3Sg	17Cp	20Aq
5	29Sg	17Aq	25Aq	17Ar	26Ta	19Cn	24Le	11Li	25Sc	27Sg	11Aq	16Pi
7	24Cp	15Pi	23Pi	17Ta	26Ge	16Le	20Vi	5Sc	19Sg	21Cp	7P1	14Ar
9	21Aq	13Ar	23Ar	17Ge	24Cn	12Vi	15Li	29Sc	13Cp	16Aq	5Ar	13Ta
11	19Pi	12Ta	22Ta	15Cn	21Le	7Li	9Sc	23Sg	8Aq	13Pi	5Ta	13Ge
13	17Ar	10Ge	21Ge	11Le	16Vi	1Sc	3Sg	17Cp	5Pi	12Ar	5Ge	13Cn
15	15Ta	8Cn	18Cn	6Vi	10Li	24Sc	27Sg	13Aq	3Ar	12Ta	5Cn	13Le
17	14Ge	4Le	14Le	1Li	4Sc	18Sg	22Cp	10Pi	2Ta	11Ge	4Le	10Vi
19	12Cn	0Vi	9Vi	25Li	27Sc	13Cp	17Aq	8Ar	1Ge	10Cn	1Vi	5Li
21	9Le	25Vi	4Li	19Sc	21Sg	8Aq	14Pi	6Ta	0Cn	8Le	26Vi	0Sc
23	5Vi	20Li	28Li	12Sg	16Cp	3Pi	11Ar	5Ge	27Cn	4Vi	21Li	24Sc
25	0Li	13Sc	22Sc	6Cp	11Aq	0Ar	9Ta	3Cn	24Le	29Vi	15Sc	17Sg
27	24Li	7Sg	15Sg	1Aq	7Pi	29Ar	8Ge	1Le	20Vi	24Li	8Sg	11Cp
29	17Sc		10Cp	27Aq	4Ar	28Ta	7Cn	28Le	15Li	18Sc	2Cp	5Aq
31	12Sg		5Aq		4Ta		5Le	24Vi		11Sg		0Pi

1982

	Jan	Fev	Mar	Abr	Mai	Jun	Jul	Ago	Set	Out	Nov	Dez
1	13Pi	4Ta	14Ta	8Cn	16Le	6Li	10Sc	25Sg	9Aq	12Pi	1Ta	8Ge
3	9Ar	2Ge	13Ge	5Le	13Vi	1Sc	4Sg	18Cp	4Pi	8Ar	29Ta	8Cn
5	7Ta	1Cn	11Cn	3Vi	9Li	25Sc	28Sg	12Aq	29Pi	6Ta	28Ge	7Le
7	6Ge	0Le	9Le	29Vi	4Sc	19Sg	22Cp	7Pi	26Ar	4Ge	27Cn	6Vi
9	6Cn	28Le	7Vi	25Li	28Sc	13Cp	15Aq	3Ar	23Ta	2Cn	25Le	3Li
11	6Le	26Vi	4Li	20Sc	22Sg	6Aq	10Pi	29Ar	21Ge	0Le	22Vi	29Li
13	4Vi	22Li	29Li	14Sg	16Cp	1Pi	6Ar	26Ta	19Cn	28Le	19Li	24Sc
15	1Li	16Sc	24Sc	8Cp	10Aq	26Pi	2Ta	25Ge	18Le	26Vi	15Sc	18Sg
17	26Li	10Sg	18Sg	1Aq	4Pi	23Ar	1Ge	24Cn	17Vi	23Li	9Sg	12Cp
19	20Sc	4Cp	11Cp	26Aq	1Ar	22Ta	0Cn	24Le	14Li	19Sc	3Cp	5Aq
21	14Sg	28Cp	6Aq	22Pi	29Ar	22Ge	0Le	22Vi	11Sc	13Sg	27Cp	29Aq
23	8Cp	23Aq	1Pi	20Ar	28Ta	22Cn	0Vi	20Li	5Sg	7Cp	21Aq	23Pi
25	2Aq	19Pi	28Pi	20Ta	28Ge	21Le	28Vi	15Sc	29Sg	1Aq	15Pi	19Ar
27	27Aq	16Ar	26Ar	19Ge	28Cn	19Vi	24Li	9Sg	23Cp	25Aq	11Ar	16Ta
29	23Pi		25Ta	18Cn	26Le	15Li	19Sc	3Cp	17Aq	20Pi	9Ta	16Ge
31	20Ar		24Ge		23Vi		13Sg	27Cp		17Ar		16Cn

1983

	Jan	Fev	Mar	Abr	Mai	Jun	Jul	Ago	Set	Out	Nov	Dez
1	1Le	24Vi	2Li	21Sc	24Sg	8Aq	10Pi	26Ar	14Ge	22Cn	15Vi	24Li
3	1Vi	21Li	0Sc	16Sg	18Cp	2Pi	4Ar	21Ta	12Cn	21Le	14Li	21Sc
5	29Vi	17Sc	26Sc	10Cp	12Aq	26Pi	29Ar	19Ge	11Le	20Vi	12Sc	18Sg
7	26Li	12Sg	20Sg	4Aq	6Pi	21Ar	26Ta	18Cn	12Vi	20Li	9Sg	13Cp
9	21Sc	6Cp	14Cp	28Aq	0Ar	18Ta	25Ge	18Le	12Li	18Sc	5Cp	7Aq
11	15Sg	29Cp	8Aq	22Pi	26Ar	16Ge	25Cn	19Vi	10Sc	15Sg	29Cp	1Pi
13	9Cp	23Aq	2Pi	18Ar	24Ta	16Cn	25Le	18Li	6Sg	9Cp	23Aq	25Pi
15	2Aq	17Pi	26Pi	15Ta	22Ge	15Le	24Vi	15Sc	1Cp	3Aq	17Pi	19Ar
17	26Aq	12Ar	22Ar	12Ge	21Cn	14Vi	22Li	10Sg	25Cp	27Aq	12Ar	15Ta
19	20Pi	8Ta	18Ta	10Cn	19Le	12Li	18Sc	5Cp	19Aq	21Pi	7Ta	12Ge
21	15Ar	5Ge	15Ge	8Le	17Vi	8Sc	13Sg	28Cp	13Pi	16Ar	4Ge	10Cn
23	11Ta	3Cn	13Cn	6Vi	15Li	4Sg	7Cp	22Aq	7Ar	11Ta	1Cn	9Le
25	9Ge	2Le	12Le	5Li	11Sc	28Sg	1Aq	16Pi	2Ta	8Ge	29Cn	9Vi
27	9Cn	2Vi	11Vi	2Sc	7Sg	23Cp	25Aq	10Ar	28Ta	5Cn	28Le	7Li
29	9Le		10Li	29Sc	2Cp	16Aq	19Pi	5Ta	24Ge	3Le	26Vi	4Sc
31	9Vi		7Sc		26Cp		13Ar	1Ge		1Vi		1Sg

1984

	Jan	Fev	Mar	Abr	Mai	Jun	Jul	Ago	Set	Out	Nov	Dez
1	14Sg	0Aq	21Aq	5Ar	9Ta	26Ge	3Le	27Vi	20Sc	27Sg	13Aq	16Pi
3	9Cp	24Aq	15Pi	0Ta	4Ge	24Cn	2Vi	26Li	17Sg	22Cp	8Pi	10Ar
5	3Aq	18Pi	8Ar	24Ta	0Cn	22Le	1Li	24Sc	13Cp	17Aq	1Ar	3Ta
7	27Aq	11Ar	2Ta	20Ge	27Cn	20Vi	29Li	20Sg	8Aq	11Pi	25Ar	28Ta
9	21Pi	6Ta	27Ta	16Cn	25Le	18Li	27Sc	16Cp	2Pi	5Ar	19Ta	23Ge
11	15Ar	1Ge	23Ge	14Le	24Vi	17Sc	23Sg	11Aq	26Pi	28Ar	14Ge	19Cn
13	10Ta	28Ge	20Cn	14Vi	23Li	14Sg	19Cp	5Pi	19Ar	22Ta	9Cn	16Le
15	6Ge	26Cn	20Le	14Li	21Sc	11Cp	14Aq	29Pi	13Ta	17Ge	6Le	14Vi
17	4Cn	27Le	20Vi	13Sc	19Sg	6Aq	8Pi	22Ar	8Ge	12Cn	4Vi	13Li
19	3Le	27Vi	20Li	11Sg	15Cp	0Pi	2Ar	16Ta	3Cn	9Le	2Li	11Sc
21	4Vi	27Li	19Sc	7Cp	10Aq	24Pi	26Ar	11Ge	0Le	8Vi	2Sc	10Sg
23	3Li	24Sc	16Sg	2Aq	4Pi	18Ar	20Ta	8Cn	29Le	8Li	1Sg	7Cp
25	1Sc	20Sg	12Cp	26Aq	28Pi	13Ta	16Ge	6Le	0Li	8Sc	29Sg	4Aq
27	28Sc	15Cp	6Aq	20Pi	22Ar	8Ge	14Cn	6Vi	0Sc	7Sg	26Cp	29Aq
29	23Sg	9Aq	0Pi	14Ar	17Ta	5Cn	13Le	6Li	29Sc	5Cp	22Aq	24Pi
31	18Cp		23Pi		13Ge		12Vi	6Sc		1Aq		17Ar

1985

	Jan	Fev	Mar	Abr	Mai	Jun	Jul	Ago	Set	Out	Nov	Dez
1	29Ar	13Ge	21Ge	9Le	16Vi	10Sc	19Sg	9Aq	27Pi	29Ar	13Ge	17Cn
3	23Ta	9Cn	17Cn	8Vi	16Li	10Sg	17Cp	6Pi	21Ar	23Ta	7Cn	12Le
5	18Ge	7Le	15Le	8Li	16Sc	9Cp	14Aq	1Ar	15Ta	16Ge	2Le	8Vi
7	15Cn	6Vi	15Vi	8Sc	16Sg	6Aq	10Pi	25Ar	8Ge	11Cn	28Le	5Li
9	13Le	6Li	15Li	8Sg	15Cp	2Pi	5Ar	18Ta	3Cn	6Le	26Vi	4Sc
11	11Vi	4Sc	14Sc	6Cp	11Aq	27Pi	29Ar	12Ge	28Cn	3Vi	25Li	4Sg
13	9Li	2Sg	13Sg	2Aq	6Pi	21Ar	22Ta	7Cn	25Le	2Li	26Sc	4Cp
15	8Sc	29Sg	9Cp	27Aq	0Ar	14Ta	17Ge	3Le	24Vi	3Sc	26Sg	3Aq
17	5Sg	25Cp	5Aq	21Pi	24Ar	8Ge	12Cn	1Vi	24Li	3Sg	25Cp	0Pi
19	3Cp	21Aq	0Pi	15Ar	18Ta	3Cn	8Le	0Li	23Sc	2Cp	22Aq	26Pi
21	29Cp	16Pi	24Pi	9Ta	12Ge	29Cn	6Vi	28Li	22Sg	29Cp	17Pi	20Ar
23	25Aq	10Ar	18Ar	2Ge	6Cn	25Le	4Li	27Sc	19Cp	25Aq	11Ar	13Ta
25	19Pi	3Ta	12Ta	27Ge	2Le	23Vi	2Sc	25Sg	15Aq	20Pi	5Ta	7Ge
27	13Ar	27Ta	5Ge	22Cn	28Le	21Li	0Sg	22Cp	11Pi	14Ar	28Ta	1Cn
29	7Ta		0Cn	18Le	26Vi	20Sc	28Sg	18Aq	5Ar	8Ta	22Ge	26Cn
31	1Ge		26Cn		25Li		26Cp	14Pi		1Ge		22Le

1986

	Jan	Fev	Mar	Abr	Mai	Jun	Jul	Ago	Set	Out	Nov	Dez
1	5Vi	26Li	7Sc	0Cp	8Aq	27Pi	1Ta	15Ge	29Cn	2Vi	21Li	28Sc
3	1Li	24Sc	5Sg	28Cp	5Pi	22Ar	24Ta	8Cn	24Le	29Vi	20Sc	29Sg
5	29Li	22Sg	3Cp	25Aq	0Ar	15Ta	18Ge	3Le	20Vi	27Li	20Sg	29Cp
7	28Sc	21Cp	1Aq	20Pi	24Ar	9Ge	12Cn	28Le	17Li	25Sc	19Cp	27Aq
9	27Sg	19Aq	28Aq	15Ar	18Ta	3Cn	6Le	24Vi	15Sc	24Sg	17Aq	24Pi
11	26Cp	16Pi	24Pi	10Ta	12Ge	27Cn	1Vi	21Li	13Sg	23Cp	14Pi	20Ar
13	25Aq	11Ar	19Ar	4Ge	6Cn	21Le	27Vi	18Sc	12Cp	20Aq	10Ar	14Ta
15	21Pi	6Ta	14Ta	27Ge	0Le	17Vi	24Li	17Sg	10Aq	17Pi	5Ta	8Ge
17	16Ar	29Ta	7Ge	21Cn	25Le	14Li	22Sc	16Cp	8Pi	13Ar	29Ta	2Cn
19	10Ta	23Ge	1Cn	16Le	21Vi	12Sc	21Sg	15Aq	5Ar	9Ta	23Ge	26Cn
21	3Ge	18Cn	25Cn	13Vi	19Li	12Sg	21Cp	13Pi	0Ta	3Ge	17Cn	20Le
23	27Ge	13Le	21Le	11Li	19Sc	13Cp	21Aq	10Ar	25Ta	27Ge	11Le	14Vi
25	22Cn	10Vi	19Vi	11Sc	19Sg	12Aq	18Pi	5Ta	19Ge	20Cn	5Vi	10Li
27	18Le	8Li	17Li	11Sg	19Cp	10Pi	14Ar	29Ta	13Cn	15Le	1Li	7Sc
29	15Vi		17Sc	10Cp	18Aq	6Ar	9Ta	23Ge	7Le	10Vi	29Li	6Sg
31	12Li		16Sg		14Pi		3Ge	17Cn		7Li		7Cp

1987

	Jan	Fev	Mar	Abr	Mai	Jun	Jul	Ago	Set	Out	Nov	Dez
1	22Cp	14Pi	22Pi	10Ta	14Ge	28Cn	0Vi	16Li	6Sg	14Cp	8Pi	16Ar
3	22Aq	12Ar	20Ar	6Ge	8Cn	22Le	24Vi	12Sc	4Cp	13Aq	5Ar	12Ta
5	20Pi	7Ta	15Ta	0Cn	1Le	16Vi	20Li	10Sg	3Aq	12Pi	3Ta	8Ge
7	16Ar	2Ge	10Ge	24Cn	25Le	11Li	16Sc	9Cp	3Pi	10Ar	29Ta	3Cn
9	11Ta	26Ge	4Cn	18Le	20Vi	8Sc	15Sg	9Aq	2Ar	8Ta	25Ge	27Cn
11	5Ge	19Cn	28Cn	12Vi	16Li	7Sg	16Cp	9Pi	0Ta	4Ge	19Cn	21Le
13	29Ge	13Le	22Le	8Li	14Sc	7Cp	16Aq	8Ar	26Ta	29Ge	13Le	15Vi
15	23Cn	8Vi	17Vi	5Sc	13Sg	7Aq	15Pi	5Ta	21Ge	23Cn	7Vi	9Li
17	17Le	3Li	13Li	4Sg	13Cp	6Pi	13Ar	1Ge	15Cn	17Le	1Li	5Sc
19	11Vi	29Li	10Sc	2Cp	12Aq	3Ar	9Ta	25Ge	9Le	11Vi	27Li	2Sg
21	6Li	27Sc	7Sg	1Aq	10Pi	20Ar	4Ge	19Cn	3Vi	6Li	24Sc	1Cp
23	3Sc	25Sg	6Cp	29Aq	6Ar	24Ta	28Ge	12Le	27Vi	2Sc	23Sg	1Aq
25	0Sg	24Cp	4Aq	26Pi	2Ta	19Ge	22Cn	6Vi	23Li	29Sc	22Cp	1Pi
27	0Cp	23Aq	3Pi	23Ar	27Ta	13Cn	15Le	1Li	19Sc	27Sg	20Aq	29Pi
29	0Aq		1Ar	19Ta	22Ge	6Le	9Vi	26Li	16Sg	25Cp	18Pi	26Ar
31	0Pi		27Ar		16Cn		4Li	22Sc		23Aq		22Ta

1988

	Jan	Fev	Mar	Abr	Mai	Jun	Jul	Ago	Set	Out	Nov	Dez
1	5Ge	21Cn	11Le	25Vi	29Li	17Sg	25Cp	19Pi	11Ta	17Ge	4Le	5Vi
3	29Ge	14Le	5Vi	20Li	25Sc	15Cp	24Aq	18Ar	8Ge	13Cn	28Le	29Vi
5	24Cn	8Vi	29Vi	15Sc	22Sg	14Aq	23Pi	15Ta	4Cn	7Le	21Vi	23Li
7	17Le	2Li	23Li	11Sg	19Cp	12Pi	21Ar	12Ge	28Cn	1Vi	15Li	18Sc
9	11Vi	26Li	18Sc	8Cp	17Aq	11Ar	18Ta	7Cn	22Le	25Vi	9Sc	14Sg
11	5Li	21Sc	14Sg	6Aq	16Pi	8Ta	15Ge	1Le	16Vi	18Li	5Sg	11Cp
13	0Sc	19Sg	12Cp	5Pi	14Ar	5Ge	10Cn	25Le	9Li	13Sc	1Cp	9Aq
15	26Sc	17Cp	11Aq	5Ar	12Ta	1Cn	4Le	19Vi	3Sc	8Sg	28Cp	7Pi
17	24Sg	18Aq	11Pi	3Ta	9Ge	26Cn	28Le	12Li	28Sc	4Cp	26Aq	5Ar
19	24Cp	18Pi	11Ar	1Ge	5Cn	20Le	22Vi	7Sc	24Sg	1Aq	24Pi	3Ta
21	25Aq	17Ar	9Ta	27Ge	0Le	14Vi	16Li	2Sg	21Cp	0Pi	23Ar	1Ge
23	24Pi	15Ta	6Ge	22Cn	24Le	8Li	10Sc	28Sg	20Aq	29Pi	22Ta	28Ge
25	22Ar	11Ge	2Cn	16Le	18Vi	2Sc	6Sg	27Cp	20Pi	29Ar	20Ge	24Cn
27	19Ta	5Cn	26Cn	10Vi	12Li	28Sc	4Cp	27Aq	21Ar	28Ta	16Cn	19Le
29	14Ge	29Cn	20Le	4Li	7Sc	26Sg	4Aq	27Pi	20Ta	25Ge	11Le	13Vi
31	8Cn		13Vi		3Sg		4Pi	27Ar		21Cn		7Li

1989

	Jan	Fev	Mar	Abr	Mai	Jun	Jul	Ago	Set	Out	Nov	Dez
1	19Li	3Sg	12Sg	0Aq	8Pi	1Ta	10Ge	0Le	17Vi	19Li	4Sg	8Cp
3	13Sc	0Cp	8Cp	29Aq	7Ar	1Ge	8Cn	26Le	11Li	13Sc	28Sg	3Aq
5	9Sg	28Cp	6Aq	28Pi	7Ta	29Ge	5Le	20Vi	4Sc	7Sg	23Cp	29Aq
7	6Cp	27Aq	5Pi	29Ar	7Ge	27Cn	0Vi	14Li	28Sc	1Cp	19Aq	26Pi
9	4Aq	27Pi	5Ar	29Ta	5Cn	22Le	24Vi	8Sc	23Sg	27Cp	17Pi	25Ar
11	3Pi	26Ar	5Ta	27Ge	1Le	16Vi	18Li	2Sg	18Cp	24Aq	16Ar	25Ta
13	2Ar	24Ta	4Ge	23Cn	26Le	10Li	12Sc	27Sg	16Aq	23Pi	17Ta	25Ge
15	0Ta	21Ge	1Cn	18Le	20Vi	4Sc	7Sg	24Cp	15Pi	23Ar	17Ge	23Cn
17	27Ta	17Cn	26Cn	12Vi	14Li	28Sc	2Cp	22Aq	15Ar	24Ta	15Cn	20Le
19	24Ge	12Le	21Le	5Li	8Sc	24Sg	29Cp	21Pi	15Ta	23Ge	12Le	15Vi
21	20Cn	6Vi	15Vi	29Li	2Sg	20Cp	27Aq	20Ar	14Ge	20Cn	7Vi	10Li
23	15Le	29Vi	8Li	23Sc	27Sg	17Aq	26Pi	19Ta	11Cn	16Le	1Li	3Sc
25	9Vi	23Li	2Sc	18Sg	23Cp	15Pi	24Ar	17Ge	7Le	10Vi	25Li	27Sc
27	3Li	17Sc	26Sc	13Cp	20Aq	13Ar	22Ta	14Cn	1Vi	4Li	19Sc	22Sg
29	27Li		21Sg	10Aq	18Pi	12Ta	20Ge	9Le	25Vi	28Li	13Sg	17Cp
31	21Sc		17Cp		17Ar		17Cn	4Vi		22Sc		13Aq

1990

	Jan	Fev	Mar	Abr	Mai	Jun	Jul	Ago	Set	Out	Nov	Dez
1	26Aq	18Ar	28Ar	22Ge	29Cn	17Vi	21Li	4Sg	19Cp	22Aq	11Ar	19Ta
3	23Pi	16Ta	27Ta	20Cn	26Le	12Li	14Sc	28Sg	14Aq	19Pi	11Ta	20Ge
5	21Ar	15Ge	25Ge	16Le	21Vi	6Sc	8Sg	23Cp	11Pi	18Ar	11Ge	20Cn
7	20Ta	13Cn	23Cn	11Vi	15Li	0Sg	2Cp	19Aq	9Ar	17Ta	11Cn	18Le
9	19Ge	10Le	19Le	6Li	9Sc	23Sg	27Cp	15Pi	7Ta	17Ge	9Le	15Vi
11	17Cn	6Vi	14Vi	0Sc	3Sg	18Cp	22Aq	13Ar	6Ge	15Cn	6Vi	10Li
13	15Le	1Li	9Li	24Sc	26Sg	12Aq	18Pi	11Ta	4Cn	12Le	1Li	5Sc
15	11Vi	25Li	3Sc	17Sg	21Cp	8Pi	16Ar	9Ge	2Le	9Vi	26Li	29Sc
17	5Li	19Sc	27Sc	11Cp	15Aq	5Ar	14Ta	8Cn	29Le	4Li	20Sc	22Sg
19	29Li	13Sg	21Sg	6Aq	12Pi	4Ta	13Ge	6Le	25Vi	29Li	14Sg	16Cp
21	23Sc	8Cp	15Cp	3Pi	10Ar	4Ge	12Cn	3Vi	20Li	23Sc	7Cp	10Aq
23	17Sg	3Aq	11Aq	1Ar	10Ta	4Cn	11Le	29Vi	15Sc	17Sg	1Aq	5Pi
25	12Cp	1Pi	9Pi	1Ta	10Ge	3Le	8Vi	24Li	8Sg	10Cp	26Aq	1Ar
27	9Aq	29Pi	8Ar	2Ge	10Cn	0Vi	4Li	19Sc	2Cp	4Aq	22Pi	28Ar
29	6Pi		8Ta	2Cn	8Le	26Vi	29Li	12Sg	26Cp	0Pi	19Ar	27Ta
31	4Ar		8Ge		5Vi		23Sc	6Cp		27Pi		28Ge

1991

	Jan	Fev	Mar	Abr	Mai	Jun	Jul	Ago	Set	Out	Nov	Dez
1	13Cn	4Vi	12Vi	1Sc	4Sg	18Cp	20Aq	7Ar	28Ta	7Cn	0Vi	7Li
3	12Le	2Li	9Li	25Sc	28Sg	12Aq	15Pi	4Ta	26Ge	5Le	27Vi	3Sc
5	10Vi	27Li	5Sc	19Sg	21Cp	6Pi	11Ar	1Ge	25Cn	3Vi	24Li	29Sc
7	7Li	22Sc	0Sg	13Cp	15Aq	1Ar	8Ta	0Cn	24Le	1Li	20Sc	23Sg
9	2Sc	16Sg	23Sg	7Aq	10Pi	29Ar	6Ge	0Le	23Vi	28Li	15Sg	17Cp
11	26Sc	9Cp	17Cp	2Pi	7Ar	28Ta	6Cn	0Vi	20Li	24Sc	9Cp	11Aq
13	19Sg	3Aq	12Aq	28Pi	5Ta	28Ge	7Le	28Vi	16Sc	19Sg	2Aq	4Pi
15	13Cp	28Aq	7Pi	26Ar	4Ge	28Cn	6Vi	25Li	11Sg	13Cp	26Aq	29Pi
17	7Aq	24Pi	4Ar	25Ta	4Cn	27Le	4Li	21Sc	5Cp	6Aq	21Pi	25Ar
19	2Pi	21Ar	1Ta	25Ge	3Le	25Vi	0Sc	15Sg	29Cp	1Pi	17Ar	23Ta
21	28Pi	19Ta	0Ge	23Cn	1Vi	20Li	24Sc	9Cp	23Aq	26Pi	15Ta	22Ge
23	24Ar	17Ge	28Ge	21Le	28Vi	15Sc	18Sg	2Aq	18Pi	23Ar	14Ge	22Cn
25	22Ta	16Cn	26Cn	18Vi	23Li	9Sg	12Cp	26Aq	14Ar	21Ta	13Cn	22Le
27	21Ge	14Le	24Le	14Li	18Sc	3Cp	6Aq	22Pi	11Ta	19Ge	12Le	21Vi
29	21Cn		21Vi	9Sc	12Sg	27Cp	0Pi	17Ar	9Ge	18Cn	10Vi	18Li
31	20Le		18Li		6Cp		25Pi	14Ta		16Le		13Sc

1992

	Jan	Fev	Mar	Abr	Mai	Jun	Jul	Ago	Set	Out	Nov	Dez
1	26Sc	11Cp	1Aq	16Pi	19Ar	8Ge	16Cn	10Vi	2Sc	7Sg	23Cp	25Aq
3	20Sg	4Aq	25Aq	11Ar	16Ta	7Cn	16Le	9Li	29Sc	3Cp	17Aq	19Pi
5	14Cp	28Aq	19Pi	6Ta	13Ge	6Le	15Vi	7Sc	24Sg	27Cp	11Pi	13Ar
7	7Aq	22Pi	14Ar	3Ge	11Cn	5Vi	13Li	3Sg	19Cp	21Aq	5Ar	8Ta
9	1Pi	17Ar	10Ta	0Cn	9Le	3Li	10Sc	27Sg	12Aq	15Pi	0Ta	4Ge
11	25Pi	13Ta	6Ge	28Cn	8Vi	0Sc	6Sg	22Cp	6Pi	9Ar	26Ta	2Cn
13	20Ar	10Ge	4Cn	27Le	6Li	26Sc	0Cp	15Aq	0Ar	4Ta	23Ge	0Le
15	17Ta	8Cn	2Le	26Vi	3Sc	21Sg	25Cp	9Pi	24Ar	29Ta	20Cn	29Le
17	15Ge	8Le	2Vi	24Li	0Sg	16Cp	18Aq	3Ar	20Ta	26Ge	18Le	27Vi
19	15Cn	8Vi	1Li	21Sc	25Sg	10Aq	12Pi	27Ar	16Ge	23Cn	16Vi	25Li
21	15Le	8Li	0Sc	17Sg	20Cp	3Pi	6Ar	23Ta	13Cn	21Le	15Li	22Sc
23	15Vi	6Sc	27Sc	12Cp	13Aq	27Pi	1Ta	19Ge	11Le	21Vi	13Sc	19Sg
25	14Li	1Sg	22Sg	6Aq	7Pi	22Ar	27Ta	18Cn	11Vi	20Li	10Sg	14Cp
27	10Sc	26Sg	16Cp	29Aq	2Ar	19Ta	25Ge	18Le	11Li	18Sc	6Cp	9Aq
29	5Sg	19Cp	9Aq	24Pi	27Ar	16Ge	24Cn	18Vi	10Sc	15Sg	1Aq	3Pi
31	29Sg		3Pi		24Ta		24Le	18Li		11Cp		26Pi

1993

	Jan	Fev	Mar	Abr	Mai	Jun	Jul	Ago	Set	Out	Nov	Dez
1	8Ar	23Ta	2Ge	21Cn	29Le	23Li	2Sg	21Cp	7Pi	10Ar	24Ta	28Ge
3	3Ta	20Ge	28Ge	20Le	29Vi	22Sc	29Sg	16Aq	1Ar	3Ta	19Ge	24Cn
5	29Ta	18Cn	26Cn	19Vi	28Li	20Sg	25Cp	10Pi	24Ar	27Ta	14Cn	21Le
7	26Ge	18Le	26Le	20Li	27Sc	16Cp	20Aq	4Ar	18Ta	22Ge	11Le	19Vi
9	25Cn	18Vi	26Vi	19Sc	25Sg	12Aq	14Pi	28Ar	13Ge	17Cn	8Vi	17Li
11	24Le	18Li	27Li	17Sg	21Cp	6Pi	8Ar	22Ta	8Cn	15Le	8Li	16Sc
13	24Vi	16Sc	25Sc	13Cp	16Aq	0Ar	2Ta	17Ge	6Le	14Vi	8Sc	15Sg
15	22Li	12Sg	22Sg	8Aq	10Pi	24Ar	26Ta	14Cn	6Vi	14Li	7Sg	13Cp
17	19Sc	8Cp	17Cp	2Pi	4Ar	18Ta	22Ge	12Le	6Li	15Sc	6Cp	10Aq
19	15Sg	2Aq	11Aq	25Pi	28Ar	14Ge	20Cn	12Vi	6Sc	14Sg	2Aq	5Pi
21	11Cp	26Aq	5Pi	19Ar	23Ta	11Cn	18Le	12Li	5Sg	11Cp	27Aq	29Pi
23	5Aq	20Pi	29Pi	14Ta	18Ge	9Le	18Vi	11Sc	2Cp	6Aq	21Pi	23Ar
25	29Aq	13Ar	22Ar	9Ge	15Cn	7Vi	17Li	9Sg	27Cp	1Pi	15Ar	17Ta
27	23Pi	7Ta	17Ta	5Cn	12Le	6Li	15Sc	5Cp	22Aq	25Pi	9Ta	12Ge
29	17Ar		12Ge	1Le	10Vi	4Sc	12Sg	0Aq	16Pi	18Ar	3Ge	7Cn
31	11Ta		8Cn		9Li		8Cp	25Aq		12Ta		4Le

1994

	Jan	Fev	Mar	Abr	Mai	Jun	Jul	Ago	Set	Out	Nov	Dez
1	18Le	11Li	20Li	13Sg	20Cp	8Pi	11Ar	24Ta	8Cn	12Le	2Li	10Sc
3	16Vi	9Sc	20Sc	11Cp	17Aq	2Ar	4Ta	18Ge	4Le	10Vi	2Sc	10Sg
5	14Li	7Sg	17Sg	7Aq	11Pi	26Ar	28Ta	13Cn	2Vi	9Li	2Sg	10Cp
7	12Sc	4Cp	14Cp	2Pi	5Ar	20Ta	22Ge	9Le	0Li	9Sc	2Cp	9Aq
9	10Sg	0Aq	10Aq	26Pi	29Ar	14Ge	17Cn	7Vi	29Li	8Sg	0Aq	6Pi
11	8Cp	26Aq	5Pi	20Ar	23Ta	8Cn	13Le	5Li	28Sc	7Cp	27Aq	1Ar
13	5Aq	21Pi	0Ar	14Ta	17Ge	4Le	10Vi	3Sc	26Sg	4Aq	22Pi	25Ar
15	1Pi	15Ar	23Ar	8Ge	11Cn	0Vi	8Li	1Sg	24Cp	0Pi	16Ar	19Ta
17	25Pi	9Ta	17Ta	2Cn	7Le	27Vi	6Sc	29Sg	20Aq	25Pi	10Ta	12Ge
19	19Ar	2Ge	11Ge	27Cn	3Vi	26Li	5Sg	27Cp	16Pi	19Ar	4Ge	6Cn
21	13Ta	27Ge	5Cn	24Le	1Li	25Sc	3Cp	24Aq	11Ar	13Ta	27Ge	1Le
23	7Ge	23Cn	1Le	22Vi	1Sc	24Sg	1Aq	20Pi	5Ta	7Ge	22Cn	26Le
25	2Cn	21Le	29Le	22Li	1Sg	23Cp	28Aq	14Ar	28Ta	0Cn	16Le	23Vi
27	29Cn	21Vi	29Vi	23Sc	1Cp	20Aq	24Pi	8Ta	22Ge	25Cn	13Vi	20Li
29	27Le		29Li	22Sg	29Cp	16Pi	18Ar	2Ge	16Cn	20Le	10Li	19Sc
31	26Vi		29Sc		25Aq		12Ta	26Ge		18Vi		18Sg

1995

	Jan	Fev	Mar	Abr	Mai	Jun	Jul	Ago	Set	Out	Nov	Dez
1	3Cp	25Aq	3Pi	21Ar	24Ta	8Cn	11Le	29Vi	20Sc	29Sg	22Aq	29Pi
3	3Aq	22Pi	0Ar	15Ta	17Ge	2Le	6Vi	25Li	18Sg	27Cp	19Pi	24Ar
5	1Pi	17Ar	25Ar	9Ge	11Cn	26Le	2Li	23Sc	16Cp	25Aq	15Ar	19Ta
7	27Pi	11Ta	19Ta	3Cn	5Le	22Vi	29Li	22Sg	15Aq	22Pi	10Ta	13Ge
9	22Ar	5Ge	13Ge	27Cn	0Vi	19Li	27Sc	21Cp	13Pi	19Ar	5Ge	7Cn
11	15Ta	29Ge	7Cn	22Le	27Vi	18Sc	27Sg	21Aq	10Ar	14Ta	29Ge	1Le
13	9Ge	23Cn	1Le	19Vi	25Li	19Sg	27Cp	19Pi	6Ta	8Ge	22Cn	25Le
15	3Cn	19Le	27Le	17Li	25Sc	19Cp	27Aq	16Ar	1Ge	2Cn	16Le	19Vi
17	28Cn	16Vi	25Vi	17Sc	25Sg	18Aq	24Pi	11Ta	24Ge	26Cn	11Vi	15Li
19	23Le	13Li	23Li	16Sg	25Cp	16Pi	20Ar	5Ge	18Cn	21Le	7Li	13Sc
21	20Vi	11Sc	22Sc	15Cp	23Aq	11Ar	14Ta	28Ge	13Le	16Vi	5Sc	12Sg
23	17Li	9Sg	20Sg	13Aq	19Pi	6Ta	8Ge	22Cn	8Vi	13Li	5Sg	13Cp
25	14Sc	8Cp	18Cp	9Pi	14Ar	29Ta	2Cn	17Le	5Li	11Sc	5Cp	13Aq
27	13Sg	6Aq	16Aq	5Ar	9Ta	23Ge	26Cn	12Vi	2Sc	11Sg	4Aq	12Pi
29	12Cp		13Pi	0Ta	2Ge	17Cn	21Le	9Li	0Sg	10Cp	2Pi	9Ar
31	11Aq		8Ar		26Ge		16Vi	6Sc		8Aq		4Ta

1996

	Jan	Fev	Mar	Abr	Mai	Jun	Jul	Ago	Set	Out	Nov	Dez
1	16Ta	1Cn	21Cn	6Vi	9Li	28Sc	7Cp	1Pi	22Ar	27Ta	13Cn	15Le
3	10Ge	25Cn	15Le	1Li	6Sc	28Sg	7Aq	0Ar	19Ta	23Ge	7Le	8Vi
5	4Cn	19Le	10Vi	27Li	4Sg	28Cp	7Pi	28Ar	15Ge	17Cn	1Vi	2Li
7	28Cn	13Vi	5Li	25Sc	3Cp	27Aq	5Ar	23Ta	9Cn	11Le	25Vi	28Li
9	22Le	8Li	1Sc	23Sg	2Aq	25Pi	1Ta	18Ge	3Le	5Vi	20Li	24Sc
11	16Vi	4Sc	28Sc	21Cp	0Pi	21Ar	26Ta	12Cn	26Le	29Vi	16Sc	23Sg
13	11Li	1Sg	26Sg	20Aq	28Pi	17Ta	21Ge	6Le	20Vi	24Li	14Sg	22Cp
15	8Sc	0Cp	25Cp	18Pi	24Ar	12Ge	15Cn	29Le	15Li	20Sc	12Cp	21Aq
17	6Sg	0Aq	24Aq	15Ar	20Ta	6Cn	9Le	23Vi	11Sc	18Sg	11Aq	20Pi
19	6Cp	29Aq	22Pi	11Ta	15Ge	0Le	2Vi	18Li	7Sg	15Cp	9Pi	17Ar
21	6Aq	28Pi	20Ar	7Ge	9Cn	24Le	26Vi	14Sc	5Cp	14Aq	7Ar	14Ta
23	6Pi	26Ar	16Ta	1Cn	3Le	17Vi	21Li	10Sg	3Aq	12Pi	4Ta	9Ge
25	4Ar	21Ta	11Ge	25Cn	27Le	12Li	17Sc	9Cp	3Pi	11Ar	0Ge	5Cn
27	0Ta	16Ge	5Cn	19Le	21Vi	9Sc	15Sg	9Aq	2Ar	9Ta	26Ge	29Cn
29	25Ta	9Cn	29Cn	13Vi	17Li	7Sg	15Cp	9Pi	0Ta	5Ge	21Cn	23Le
31	19Ge		23Le		14Sc		16Aq	8Ar		1Cn		16Vi

1997

	Jan	Fev	Mar	Abr	Mai	Jun	Jul	Ago	Set	Out	Nov	Dez
1	28Vi	14Sc	23Sc	13Cp	22Aq	15Ar	23Ta	12Cn	27Le	0Li	15Sc	19Sg
3	23Li	10Sg	19Sg	11Aq	21Pi	13Ta	20Ge	6Le	21Vi	24Li	10Sg	16Cp
5	18Sc	9Cp	17Cp	11Pi	19Ar	10Ge	15Cn	0Vi	15Li	18Sc	6Cp	13Aq
7	16Sg	9Aq	17Aq	10Ar	18Ta	6Cn	10Le	24Vi	8Sc	13Sg	3Aq	11Pi
9	16Cp	9Pi	17Pi	9Ta	15Ge	2Le	4Vi	18Li	3Sg	9Cp	0Pi	9Ar
11	16Aq	9Ar	17Ar	7Ge	11Cn	26Le	27Vi	12Sc	29Sg	6Aq	29Pi	8Ta
13	16Pi	7Ta	16Ta	3Cn	6Le	19Vi	21Li	7Sg	27Cp	5Pi	28Ar	6Ge
15	14Ar	3Ge	12Ge	28Cn	0Vi	13Li	16Sc	4Cp	26Aq	5Ar	28Ta	4Cn
17	11Ta	28Ge	7Cn	22Le	23Vi	8Sc	12Sg	3Aq	27Pi	5Ta	26Ge	0Le
19	6Ge	23Cn	1Le	15Vi	17Li	4Sg	10Cp	3Pi	27Ar	4Ge	22Cn	25Le
21	1Cn	16Le	25Le	9Li	13Sc	2Cp	10Aq	3Ar	26Ta	1Cn	17Le	19Vi
23	26Cn	10Vi	19Vi	4Sc	9Sg	1Aq	9Pi	2Ta	23Ge	27Cn	11Vi	13Li
25	19Le	4Li	13Li	0Sg	7Cp	29Aq	8Ar	0Ge	18Cn	21Le	5Li	7Sc
27	13Vi	28Li	7Sc	26Sg	5Aq	28Pi	6Ta	26Ge	12Le	15Vi	29Li	2Sg
29	7Li		3Sg	24Cp	3Pi	26Ar	3Ge	21Cn	6Vi	8Li	23Sc	28Sg
31	1Sc		29Sg		1Ar		29Ge	15Le		2Sc		25Cp

1998

	Jan	Fev	Mar	Abr	Mai	Jun	Jul	Ago	Set	Out	Nov	Dez
1	9Aq	2Ar	12Ar	5Ge	11Cn	28Le	0Li	14Sc	28Sg	2Aq	23Pi	1Ta
3	8Pi	1Ta	11Ta	2Cn	7Le	22Vi	24Li	8Sg	24Cp	0Pi	22Ar	1Ge
5	6Ar	29Ta	9Ge	28Cn	2Vi	16Li	18Sc	3Cp	22Aq	29Pi	23Ta	1Cn
7	4Ta	26Ge	6Cn	23Le	25Vi	9Sc	12Sg	0Aq	21Pi	0Ta	23Ge	0Le
9	2Ge	22Cn	1Le	17Vi	19Li	4Sg	8Cp	28Aq	21Ar	0Ge	21Cn	26Le
11	29Ge	17Le	26Le	10Li	13Sc	29Sg	5Aq	26Pi	20Ta	28Ge	18Le	21Vi
13	25Cn	11Vi	20Vi	4Sc	7Sg	25Cp	2Pi	25Ar	18Ge	25Cn	12Vi	15Li
15	21Le	5Li	13Li	28Sc	2Cp	22Aq	0Ar	24Ta	15Cn	21Le	6Li	9Sc
17	15Vi	28Li	7Sc	23Sg	28Cp	19Pi	29Ar	22Ge	11Le	15Vi	0Sc	3Sg
19	8Li	22Sc	1Sg	18Cp	25Aq	18Ar	27Ta	19Cn	6Vi	9Li	24Sc	27Sg
21	2Sc	17Sg	26Sg	15Aq	23Pi	17Ta	25Ge	15Le	1Li	3Sc	18Sg	22Cp
23	27Sc	14Cp	22Cp	13Pi	22Ar	15Ge	22Cn	10Vi	24Li	27Sc	12Cp	18Aq
25	22Sg	12Aq	20Aq	13Ar	22Ta	14Cn	19Le	4Li	18Sc	21Sg	8Aq	14Pi
27	20Cp	12Pi	20Pi	13Ta	21Ge	10Le	14Vi	28Li	12Sg	15Cp	4Pi	12Ar
29	18Aq		20Ar	13Ge	19Cn	6Vi	8Li	22Sc	7Cp	11Aq	2Ar	10Ta
31	18Pi		20Ta		15Le		2Sc	16Sg		8Pi		10Ge

1999

	Jan	Fev	Mar	Abr	Mai	Jun	Jul	Ago	Set	Out	Nov	Dez
1	24Ge	15Le	24Le	11Li	14Sc	28Sg	2Aq	20Pi	12Ta	21Ge	14Le	20Vi
3	23Cn	12Vi	20Vi	5Sc	8Sg	23Cp	27Aq	17Ar	11Ge	20Cn	10Vi	15Li
5	21Le	7Li	15Li	29Sc	1Cp	17Aq	23Pi	15Ta	9Cn	17Le	6Li	10Sc
7	17Vi	1Sc	9Sc	23Sg	26Cp	13Pi	20Ar	14Ge	7Le	13Vi	1Sc	4Sg
9	11Li	25Sc	3Sg	17Cp	21Aq	10Ar	19Ta	13Cn	4Vi	9Li	25Sc	27Sg
11	5Sc	19Sg	27Sg	12Aq	17Pi	10Ta	19Ge	11Le	0Li	4Sc	19Sg	21Cp
13	29Sc	13Cp	21Cp	9Pi	16Ar	10Ge	18Cn	9Vi	26Li	28Sc	12Cp	15Aq
15	23Sg	9Aq	17Aq	8Ar	16Ta	10Cn	17Le	5Li	20Sc	22Sg	6Aq	10Pi
17	18Cp	7Pi	15Pi	8Ta	17Ge	9Le	14Vi	0Sc	14Sg	16Cp	1Pi	6Ar
19	14Aq	5Ar	14Ar	8Ge	16Cn	6Vi	10Li	24Sc	8Cp	10Aq	27Pi	4Ta
21	11Pi	3Ta	14Ta	7Cn	14Le	1Li	4Sc	18Sg	2Aq	6Pi	26Ar	4Ge
23	9Ar	2Ge	13Ge	4Le	10Vi	26Li	28Sc	12Cp	28Aq	3Ar	26Ta	4Cn
25	7Ta	0Cn	11Cn	1Vi	5Li	20Sc	22Sg	7Aq	25Pi	2Ta	26Ge	4Le
27	5Ge	27Cn	8Le	26Vi	29Li	13Sg	16Cp	3Pi	24Ar	2Ge	26Cn	3Vi
29	4Cn		3Vi	20Li	23Sc	7Cp	11Aq	0Ar	23Ta	2Cn	24Le	29Vi
31	2Le		29Vi		17Sg		7Pi	28Ar		0Le		25Li

2000

	Jan	Fev	Mar	Abr	Mai	Jun	Jul	Ago	Set	Out	Nov	Dez
1	7Sc	21Sg	11Cp	25Aq	29Pi	19Ta	28Ge	21Le	13Li	17Sc	2Cp	4Aq
3	1Sg	15Cp	5Aq	21Pi	27Ar	19Ge	28Cn	20Vi	9Sc	13Sg	26Cp	28Aq
5	24Sg	9Aq	0Pi	18Ar	26Ta	19Cn	28Le	18Li	5Sg	7Cp	20Aq	22Pi
7	18Cp	4Pi	26Pi	16Ta	25Ge	18Le	26Vi	14Sc	29Sg	0Aq	14Pi	18Ar
9	12Aq	29Pi	23Ar	15Ge	24Cn	16Vi	22Li	8Sg	22Cp	24Aq	10Ar	15Ta
11	7Pi	26Ar	20Ta	14Cn	22Le	13Li	17Sc	2Cp	16Aq	19Pi	7Ta	14Ge
13	2Ar	23Ta	18Ge	12Le	19Vi	8Sc	11Sg	26Cp	11Pi	15Ar	5Ge	13Cn
15	29Ar	22Ge	17Cn	9Vi	16Li	2Sg	5Cp	20Aq	6Ar	12Ta	4Cn	13Le
17	27Ta	21Cn	15Le	6Li	11Sc	26Sg	29Cp	14Pi	2Ta	10Ge	3Le	12Vi
19	27Ge	20Le	13Vi	2Sc	6Sg	20Cp	23Aq	9Ar	29Ta	8Cn	1Vi	9Li
21	27Cn	18Vi	10Li	27Sc	29Sg	14Aq	17Pi	5Ta	27Ge	6Le	29Vi	5Sc
23	26Le	15Li	6Sc	21Sg	23Cp	8Pi	12Ar	2Ge	25Cn	4Vi	25Li	1Sg
25	24Vi	11Sc	1Sg	15Cp	17Aq	3Ar	9Ta	1Cn	24Le	2Li	21Sc	25Sg
27	21Li	5Sg	25Sg	9Aq	11Pi	29Ar	7Ge	0Le	23Vi	29Li	16Sg	19Cp
29	15Sc	29Sg	19Cp	3Pi	7Ar	28Ta	6Cn	0Vi	21Li	25Sc	11Cp	13Aq
31	9Sg		13Aq		5Ta		6Le	29Vi		20Sg		6Pi

Apêndice 2

O questionário

As idéias que coloquei neste livro saíram diretamente da minha observação de pessoas reais e do desenrolar de suas vidas — não se trata de uma reapresentação erudita de velhas idéias astrológicas. Para me ajudar e para dar um sabor de novidade e praticidade a este livro, elaborei um questionário composto de perguntas nitidamente *lunares,* que impingi a todas as vítimas que pude encontrar. Dei várias cópias a meus amigos, que por sua vez passaram-nas adiante a *seus* amigos. Não pedi nomes nem endereços; apenas perguntei o sexo e o estado civil de cada pessoa, além dos dados astrológicos de praxe — data, local e hora de nascimento.

A informação assim compilada foi absolutamente fascinante; por exemplo, as cinco pessoas com a Lua em Touro fizeram questão de dizer que não conseguem suportar a visão do sangue, sobretudo delas mesmas. Foi quase impossível coletar informações das pessoas com a Lua em Sagitário, Virgem ou Capricórnio. Os sagitarianos estavam sempre ocupados demais; os capricornianos e virginianos davam a impressão de querer que primeiro seu advogado examinasse o questionário. Quem ficou olhando fixamente para as perguntas sem conseguir respondê-las fui *eu!* Lua na décima em Peixes — evidentemente não consigo encarar a realidade, nem para mim mesma.

Levantamento astrológico

Este é o questionário que distribuí. Eu o reproduzi aqui no interesse dos futuros astrólogos, como uma possível forma de pesquisa.

Para dar-lhes alguma idéia do tipo de informação que estou pesquisando segue-se uma lista de coisas com as quais a Lua está associada.

1. Nascer ou dar à luz.
2. Atitude dos pais em relação a você, e sua atitude em relação a seus filhos.
3. Figuras parentais (sobretudo a figura da mãe).
4. Resposta emocional e comportamento reativo.
5. Necessidades e medos íntimos.
6. Atitude em relação à vida doméstica, experiência nesse campo.
7. Hábitos pessoais.
8. Reações instintivas.
9. Ancestrais.
10. Memória.
11. Questões de saúde e atitude em relação a ela.
12. Sistema digestivo, estômago, seios, fluidos, nervos.

O questionário

Se você conhece astrologia e sabe as posições do seu Sol, da sua Lua e do seu Ascendente, favor colocá-las aqui: ....

....

Caso contrário, coloque aqui:
Data de nascimento: ....
Local de nascimento: ....
Hora de nascimento (se souber): ....

Sexo: ....
Estado civil: ....

Você nasceu de um parto fácil ou difícil? ....

....

Você gosta de ser pai mãe (caso seja)? Qualquer comentário que deseje fazer sobre como vê o seu papel de pai/mãe será útil. O parto dos seus filhos foi fácil ou difícil?

....

Quaisquer comentários que queira fazer sobre a sua vida doméstica serão úteis. Por exemplo, comentários práticos como "detesto o trabalho doméstico/adoro ficar em casa", ou comentários emocionais como "para mim minha casa é um abrigo contra o mundo/o lugar onde jogo minhas coisas e saio logo que posso". ....

....

....

....

Que sentimentos e atitudes você tinha em relação a seus pais quando era mais jovem?

....

....

....

Quais são seus sentimentos e suas atitudes em relação a eles agora? ....

....

....

....

A história e os antecedentes da sua família são importantes para você? ....

....

....

....

Você manifesta abertamente suas necessidades reais, ou seja, no fundo você é ambicioso? Você na realidade deseja uma vida fácil? Qualquer comentário que mostre seus reais desejos e necessidades íntimos me ajudará imensamente (por favor, seja bem honesto). Um comentário do tipo "Na verdade eu nunca quis ter filhos" ou "Na verdade eu queria ser cantor de ópera" pode ser de muita valia, desde que seja totalmente honesto e verdadeiro. ....

....

....

. . . .

Se pudesse, você seria criança de novo? . . . .

Havia uma expectativa de que você fosse bem-sucedido na escola ou em seus *hobbies*? Seus pais o pressionavam? . . . .

Você tem consciência de que por dentro é muito diferente do que mostra por fora? Nesse caso, de que forma? . . . .

Se alguém furasse a fila na sua frente, qual seria a sua reação? Você reagiria sempre da mesma forma? . . . .

Quando entra uma pessoa nova no seu círculo de relacionamento, você sente vontade de acolhê-la bem ou fica com um pé atrás até tê-la observado melhor? . . . .

Quando alguém está com algum problema terrível você tem muita vontade de ajudar? Os problemas dos outros deixam-no desconcertado? Você sente vontade de colocar uma distância entre si e os outros? . . . .

Você tem sentidos apurados — paladar, olfato, tato, etc.? Gosta de ver, sentir, cheirar, ouvir coisas bonitas? Qual dos sentidos é o mais importante para você? Qual deles é mais sensível, ou seja: você se perturba com o gosto de algum alimento, com a visão de sangue ou com barulhos desagradáveis ou estridentes? Qualquer informação a esse respeito será útil. . . . .

Você procura se enquadrar em todas as situações em que se encontra ou tende a ser você mesmo em qualquer situação? Tenta manobrar as situações para que elas se ajustem a você? ....

....

....

....

Em geral você usa os outros, ou acontece o contrário? Ou um pouco de cada? ..

....

....

....

Relate algum acontecimento que deixou você realmente zangado. ....

....

....

....

....

Relate algum acontecimento que deixou você realmente feliz. ....

....

....

....

....

Quaisquer outras reações emocionais ou peculiaridades suas serão úteis. Quais são os seus verdadeiros sentimentos sobre os seguintes itens (precisa, adora, detesta, não liga a mínima):

1. Sua casa ....
2. O mar ....
3. Dinheiro ....
4. Ter um parceiro fixo ....
5. Sexo ....
6. Seus pais ....
7. Seus filhos ....
8. O campo, a ecologia ....
9. Avanço pessoal, ambições, etc. ....
10. Ser visto pelos outros como alguém bem-sucedido ....
11. Outras pessoas mais bem-sucedidas que você ....

Qual a estação do ano que você prefere? ....

Num relacionamento íntimo você faz o papel do pai ou o do filho? ....

....

....

....

Quaisquer comentários que você queira fazer sobre os relacionamentos amorosos podem ser valiosos, caso haja algo em especial que provoque em você uma reação de ternura, ou de raiva. ....

....

....

....

....

Este livro não vai falar muito de sexo, mas tudo o que você disser me ajudará a entender muito melhor os signos da Lua. Por exemplo, você se sente atraído por algum determinado tipo de pessoa? Qual a importância do sexo na sua vida em geral, e especificamente nos relacionamentos? (Exemplificando: "eu continuaria achando meu parceiro bárbaro, mesmo sem sexo", ou não.) ....

....

....

....

....

Em geral você tem boa saúde? ....

Se tiver alguma doença específica, algum tipo de enfermidade permanente como diabetes, reumatismo, favor indicar. ....

....

....

....

Você foi operado alguma vez? ....

....

....

....